LCCM住宅の設計手法
デモンストレーション棟を事例として

LCCM住宅研究・開発委員会 編

建築技術

序

LCCM建築のすすめ──低炭素化建築の最終形

独立行政法人 建築研究所理事長　村上周三

運用段階のCO_2排出量と建設段階のCO_2排出量

建築は使用している状態，すなわち運用段階でエネルギーを消費すると同時に，当然のことであるが建設段階でもエネルギーを消費する。これをCO_2排出量の形で示すと，**図1**の円グラフのようになる。

周知のように，運用段階で排出されるCO_2が建設分野全体の約3/4を占め，建設段階のそれよりはるかに多い。一方，国レベルのエネルギー消費の統計資料は一般に，民生，産業，運輸の3部門に分類して表示される。ここで，民生とは民生家庭と民生業務を指す。留意すべきことは，民生部門で計上されているエネルギー消費量が，建物の運用段階で消費されるエネルギーのみを指していることである。建物の建設段階で消費されるエネルギーは，統計処理上，産業部門に計上されている。図1では，産業連関表を用いて，産業部門に含まれる建物建設段階のエネルギー消費量を推計して表示している。

『エネルギー消費の合理化に関する法律』，いわゆる省エネ法がスタートしたのは1981年で，1970年代の石油ショックを受けてのものである。爾来30年，省エネの努力は営々と続けられてきた。その間，省エネといえば一般に運用段階の省エネを指すものとされており，建設段階を含まないで省エネの議論をすることに異論が出されることは特になかったといえる。この原因として，一つには，行政レベルで活用される統計資料の民生部門の数値がもっぱら運用段階のエネルギー消費を指していたことが挙げられる。二つ目の原因として，運用段階のエネルギー消費が建設段階のそれよりはるかに多いことが指摘される。

ゼロエネ建築とLCCM建築

近年，建物の省エネの将来像としてゼロエネルギー建築を目指す動きが世界中で活発である。欧米や韓国など多くの国が，2020年から2025年に向けてゼロエネ建築実現の政策目標を掲げている。これらの動きは一般に，いずれも運用段階の省エネを目指したものである。当然のことであるが，運用段階の省エネが進展すれば，建設段階のエネルギー消費が相対的にも絶対的にも大きくなってくる。省エネのために断熱材を設置したり窓を複層ガラスにすることは，これらを製造するために新たなエネルギー，いわゆるエンボディッド・エナジーが必要とされ，これは建設段階のエネルギー消費増加として計上される。すなわち，運用段階の省エネと建設段階の省エネはトレードオフの関係にある。

これからの建築分野の省エネ計画は，このトレードオフを克服するものでなくてはならない。このような背景を踏まえて現れた概念が，LCCM建築（ライフサイクルカーボンマイナス，Life Cycle Carbon Minus）である。LCCM建築の理念は，建設，運用，廃棄に至るライフサイクルでのCO_2排出量の累積値をマイナスにしようとするものである。LCCM建築提案の背景として，運用段階の省エネの進展により建設段階の省エネの必要性が強くなったことや，太陽光発電をはじめとするオンサイトでの創エネ技術の実用化により，LCCMの実現可能性が高まったことを指摘することができる。

建物のライフサイクルに着目して，運用段階と建設段階におけるCO_2排出量の累積値をイメージとして示せば，**図2**のようになる。

ここでは，従来型の建築，ゼロエネ建築，LCCM建築の3タイプを代表的な事例として選び，比較している。ここで縦軸はCO_2排出量の累積値（一棟あたり），横軸は年数を示す。最初の年に建設段階で大量のCO_2が排出される点は同様であるが，その後の累積値の傾向は，建物の性能により大きく異なる。従来型建築のCO_2排出量の累積値が年を追って増大する一方であるのに対して，LCCM建築では何十年後かにCO_2排出量の累積値をマイナスにすることを目指しており，建

築分野における低炭素化のパラダイムシフトを提示したものと位置づけてよい。

　LCCM住宅を実験住宅として建設することは，それほど難しくない。問題は，これを国民住宅として普及させることである。これを目指して，LCCM建築の技術や制度の基盤を整備するための委員会が，国土交通省の主導により2010年度に発足した[注]。さらに，その成果を受けて，LCCM住宅デモンストレーション棟が2011年に建設された。LCCM住宅の普及を促進するため，国土交通省の省CO_2モデル事業においてLCCM建築支援の取り組みが盛り込まれている。さらに，2011年12月より，CASBEEの枠組みの下でのLCCM住宅認定制度も発足した。

　本書では，上記に示すLCCM住宅研究・開発委員会の活動によってもたらされた一連の成果について報告する。

注）LCCM住宅研究・開発事業は，国土交通省住宅局の主導により一般社団法人日本サステナブル建築協会内にLCCM住宅研究・開発委員会（委員長：村上周三）を2009年に設置し開始された。同委員会のもとに，$LCCO_2$部会，環境設備部会，構法技術部会，LCCM住宅設計部会等が設置され，それぞれの部会における研究の深化と相互連携によりLCCM住宅の評価手法，計画手法，設計マニュアル等の開発を行っている。

　また，本研究の一環として，独立行政法人建築研究所および国土交通省国土政策技術総合研究所との共同研究により，2011年にはLCCM住宅デモンストレーション棟を独立行政法人建築研究所敷地内に建設し，LCCM住宅の設計施工上の課題の検討，居住実験による環境計測，要素技術の効果検証等を行っている。

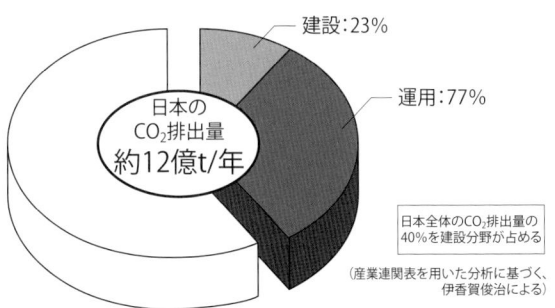

図1　建築分野におけるCO_2排出量の実態

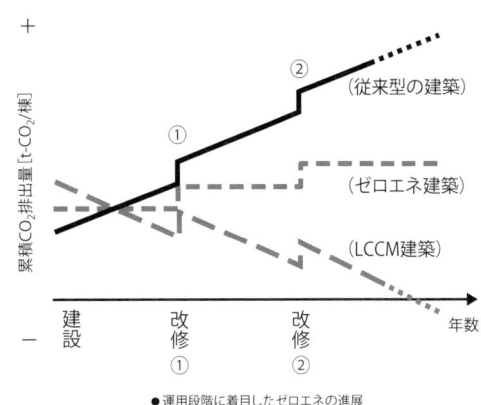

図2　住宅・建築物におけるCO_2排出量の累積値（イメージ）

LCCM住宅の設計手法
デモンストレーション棟を事例として

目　次

序
LCCM建築のすすめ──定炭素化建築の最終形｜村上周三……002

第1章　LCCM住宅の理念
LCCM論1　ライフサイクルカーボンマイナスという考え方｜小泉雅生……010
LCCM論2　ライフサイクルカーボンマイナスをどう計算するか｜伊香賀俊治……014

第2章　LCCM住宅デモンストレーション棟の理念
設　計　論1　居住者行動に応答した「衣替えする住宅」へ｜村田　涼……020
設　計　論2　気候風土と住まいのあり方｜小泉雅生＋金子尚志……024
設　計　論3　環境配慮設計とその現状｜桑沢保夫＋柿沼整三……028

　　　　　　カラーグラフ……033

第3章　LCCM住宅デモンストレーション棟のしくみ
環 境 計 画1　ストライプ状の平面構成｜小泉雅生……052
環 境 計 画2　環境制御のための多層レイヤー｜村田　涼……054
環 境 計 画3　積層された断面構成｜金子尚志……056
環 境 計 画4　6つの環境制御モード｜村田　涼……058
環 境 計 画5　熱区画｜斉藤雅也……060
環 境 計 画6　屋根形状と太陽光発電・太陽熱給湯｜小泉雅生……062
環 境 計 画7　屋根の納まりと太陽光発電・太陽熱給湯｜小泉雅生……064
環 境 計 画8　日射遮蔽ルーバー｜小泉雅生……066
環 境 計 画9　パラボラ壁と通風塔｜金子尚志……068
環 境 計 画10　窓の環境性能と開口面積｜金子尚志＋村田　涼……070
環 境 計 画11　通風計画と風のシミュレーションと開口部｜高瀬幸造……072
環 境 計 画12　自然換気と機械換気の重ね合わせ｜伊藤教子……078
環 境 計 画13　不在時・就寝時の換気計画｜金子尚志＋村田　涼……080
環 境 計 画14　屋外環境｜金子尚志……082

構造・構法1　構造計画｜腰原幹雄……084
構造・構法2　基礎形状とコンクリートヴォリューム｜門脇耕三……086
構造・構法3　地域産木材の活用｜川鍋亜衣子……088

環境設備1	熱環境とそのシミュレーション	桑沢保夫	090
環境設備2	暖冷房設備	桑沢保夫	094
環境設備3	換気設備	桑沢保夫	098
環境設備4	昼光照明と日射遮蔽	三木保弘＋中村芳樹	102
環境設備5	多灯分散照明	三木保弘＋松下 進	106
環境設備6	給湯給排水設備	前 真之	110

第4章　LCCM住宅デモンストレーション棟を建てる

プロセス1	設計プロセスの記録と分析	門脇耕三	114
プロセス2	建設段階CO_2排出量の検討	兼松 学＋清家 剛	122
プロセス3	LCCMの検討	兼松 学＋桑沢保夫	126
プロセス4	LCCM住宅デモンストレーション棟の設計・監理	唐木研介＋門脇耕三	130
プロセス5	LCCM住宅デモンストレーション棟の建設時廃棄物の調査結果	清家 剛＋兼松 学	134

第5章　LCCM住宅デモンストレーション棟に住まう

住まい方1	LCCM住宅デモンストレーション棟の住まい方	篠崎正彦＋深澤たまき	140
住まい方2	LCCM住宅デモンストレーション棟の熱環境の実際	前 真之＋中川あや	144
住まい方3	LCCM住宅デモンストレーション棟の風環境の実際	前 真之＋中川あや	148
住まい方4	LCCM住宅デモンストレーション棟の光環境の実際	前 真之＋中川あや	150
住まい方5	LCCM住宅デモンストレーション棟のエネルギー収支の実際	前 真之＋中川あや	152

第6章　LCCM住宅の普及に向けて

| LCCM認定1 | LCCM住宅の認定 | 吉野 博＋秋元孝之 | 160 |

コラム1	道の駅やいたエコハウス	柿沼整三	032
コラム2	シミュレーションソフト	桑沢保夫＋柿沼整三	033
コラム3	温度差換気を積極的に利用した建物の実例	高瀬幸造	077
コラム4	居住者行動と環境設備（HEMS）	小泉雅生	101
コラム5	住まいのあり方と省エネ	白石靖幸	154
コラム6	諸外国のゼロCO_2規制の動向	吉野 博＋秋元孝之	164

あとがき……166
委員会組織図……168
執筆者略歴……168

第1章
LCCM住宅の理念

　LCCM（ライフサイクルカーボンマイナス）住宅とは，建物が一生（ライフサイクル）の間に排出するCO_2（カーボン）を削減し，最終的にはその収支をマイナスにしようという住宅である。そのためには，建設段階（イニシャル）と運用段階（ランニング）の建物による環境負荷を，十分に予測・把握し，さまざまな環境配慮を費用対効果のように，バランスよく施すことが必要となってくる。

　本書は，この究極のエコハウスである「LCCM住宅」の設計手法を，LCCM住宅デモンストレーション棟の設計建設・研究開発などから得たさまざまな知見をもとに解説し，今後のLCCM住宅の普及に役立てようというものである。

　それではまず，このLCCMという画期的なコンセプトの基本的な考え方，その評価方法から見ていこう。

LCCM論 1

ライフサイクルカーボンマイナスという考え方
小泉雅生

CO_2排出量の削減という命題

　地球環境の保全という観点から，温室効果ガスの排出を削減した低炭素化社会の構築が求められている。1997年に開催された「第3回気候変動枠組条約締約国会議」（COP3）では，いわゆる京都議定書によって温室効果ガス削減の数値目標が定められ，2012年においてはその延長をめぐってさまざまな議論がなされている状況だ。日本におけるCO_2排出量の内訳を見てみると，40%を建設段階と運用段階をあわせた建築分野が占めている。全体に占める割合の大きさを見れば，総CO_2排出量を減らすにあたって，建築分野での取組は不可欠であるといえよう。住宅分野においても，低炭素化に向けた住まいのあり方および住まい方の模索が急務といえる。

運用段階CO_2に加えて建設段階CO_2の削減へ

　そのような背景のもと，近年，いくつかの住宅メーカーやエネルギー企業によって，運用段階のエネルギー/CO_2収支に着目した住宅プロジェクトが実現している（写1,2）。住宅に関わるエネルギー消費は，建設段階と運用段階とを比較すると，運用段階の方が圧倒的に大きいとされている。そこで，まずは運用段階でのエネルギー収支をバランスさせようというねらいがある。建物の性能向上や高効率機器の採用によって，運用段階に排出されるエネルギーを削減し，残りを太陽光発電パネルなどの創エネ技術によって，バランスさせることが意図されている。もちろん日本だけでなく，世界各地でも同様の試みがなされている。イギリスのBRE（Building Research Establishment）でも，写3に示すようなモデル住宅が設計・建設されている。

　これらの試みが一定の成果を出すに至って，次なる課題が浮かび上がってきている。運用段階の消費エネルギー・排出CO_2が削減されるに従って，相対的に建設段階の消費エネルギー・排出CO_2の比率が高くなる。さらに，性能向上を図り，新たな設備を導入していく中で，建設に関わる排出CO_2は増加する傾向にある。運用段階の排出CO_2を減らしたのはいいが，建設段階のCO_2排出量が大きく増えてしまっては元も子もない。むやみに性能向上を図るのではなく，エネルギー対効果を考慮した方策がとられるべきだ。建設段階の消費エネルギー・排出CO_2についても，十分な検討が求められる。

ライフサイクルカーボンマイナスへ

　そこで，建設段階を含めたトータルでの排出CO_2削減の方向性として，打ち出された概念がLCCM住宅である。LCCM住宅とは，"ライフサイクルカーボンマイナス住宅"の略である。ライフサイクルで，すなわち建設段階（イニシャル）と運用段階（ランニング）を通して排出されるCO_2を，自ら創り出したエネルギーによって削減されたCO_2で相殺していき，最終的にCO_2収支をマイナスにしようという住宅である。

　「自ら創り出したエネルギーによって削減されるCO_2」とは，自らが創り出したエネルギー（電気）の分だけ，発電所における発電量が減らせるので，発電所で同等量のエネルギーを創り出すために排出されるはずであったCO_2が償還されたとして，償還量を算出したものである。また，建設に関連して，修繕・更新時，解体時にもCO_2が排出される。

　本書では，建設時，修繕・更新時，解体時をあわせて，「建設段階」と呼ぶこととして，運用段階，建設段階をあわせた，住宅に関わるトータルのCO_2収支をマイナスにしていこう，ということがLCCM住宅の趣旨である。

　図1が，このLCCM住宅の概念を示すものである。一般の住宅は，建設時にCO_2を排出し，その後運用する段階でも毎年CO_2を排出し続けていく。さらに，定期的な修繕・更新時にも，さらなるCO_2排出が想定される。そのため，住宅に関わる累積のCO_2排出

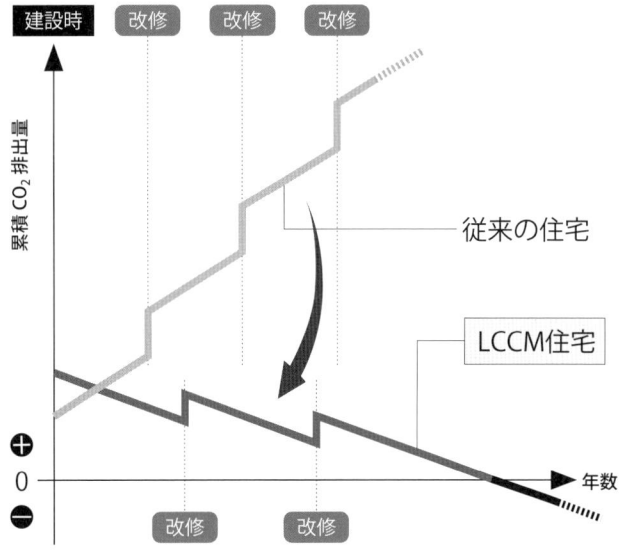

図1 ライフサイクルカーボンマイナス概念図（イメージ）

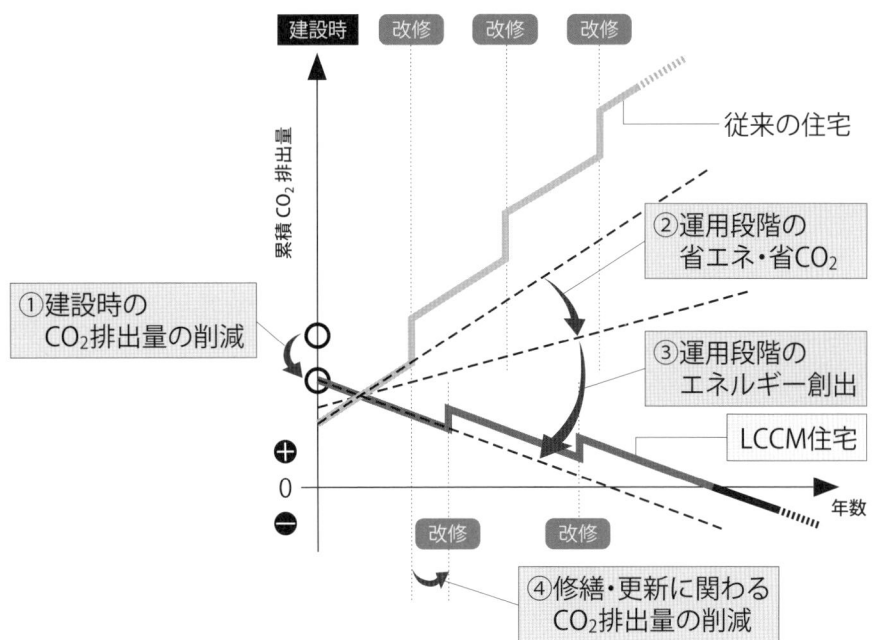

図2 ライフサイクルカーボンマイナスへのステップ

量は年を追うにつれ，増える一方となる。それに比べ，LCCM住宅でも，初期の建設時にCO_2が排出されるが，創エネルギー技術の活用によって累積のCO_2を年々少しずつ減らしていく。時々の改修で，CO_2排出量が再び増加する局面もでてくるが，のこぎりの歯のような形状を描きながら，中・長期的にはCO_2収支がマイナスへと転じていく。住宅ローンをイメージすると，わかりやすいかもしれない。建設時に債務を抱えつつも，それを少しずつ返済・償還していき，最終的には完済するイメージである。

では，実際にCO_2収支をマイナスに転じるためには，何が求められるのか。図2にあるように，①まず，初期の建設時のCO_2排出量を削減し，グラフのスタートとなるポイントを低く抑えることが必要だ。②次に，運用段階に排出されるCO_2をできるだけ削減し，グラフの右上がりの勾配を緩やかなものとすることがあげられる。③そして，勾配を緩やかに抑えたうえで創エネルギー技術を適用することで，運用段階のCO_2収支がマイナスとなり，グラフが右下がりとなる。④さらに，改修のインターバルを長くできるような性能向上を図り，収支がマイナスになる年限を短くすることも重要だ。これらの運用段階と建設段階のCO_2収支をあわせて，総合的に考えていくことが求められる。

自然エネルギーの活用と断熱性能の向上，高効率機器の導入

運用段階のCO_2を削減するには，先述したように，すでに環境工学分野を中心として多くの知見が蓄積され，その手法もある程度確立されている。主たる事項として，まず，光や熱・風といった自然エネルギーを適切に取り込むことによって，化石エネルギーを用いない環境制御を行うこと，建物の断熱性能向上を図り，暖冷房負荷を削減すること，さらに機器効率の高い設備機器の導入によって消費エネルギーの削減を図ること，などが挙げられる。さらに，太陽熱給湯や太陽光発電といった，自然エネルギーの高度利用や創エネルギー技術も，運用段階のCO_2削減に大きく貢献する。

課題の多い建設段階CO_2の削減

一方，建設段階のCO_2の具体的な削減手法については，まだ多くの知見があるとは言い難い。近年の住宅性能向上の流れの中で，使用建材の種類や量は増える傾向にある。創エネルギーに寄与する太陽光発電パネルも，従来の住宅建築に比べ，建設段階のCO_2排出を押し上げる方向にある。

削減にあたっては，CO_2排出量の少ない製造方法に基づいた素材を選択すること，それらの輸送に関わるエネルギー消費を極力減らすこと，部材の量が不要に増えないような構工法を採用すること，などが挙げられる。木材のように，素材そのものに由来するCO_2排出はなくても，その加工・輸送時にCO_2が排出される場合もあるので，留意が必要だ。

また，人件費の高い日本においては，多少材料が無駄になっても，省力化を図る方がコスト的には有利である。省力化のために，使用材料が増える構工法が，慣習的に採用されているケースもある。建設段階を含めたトータルでのCO_2削減を考えていく中では，再考されてしかるべきだろう。

求められる設計者・施工者の工夫

これらの事項を踏まえて，ライフサイクルカーボンマイナスを目指すこととなるが，運用段階のCO_2をバランスさせるのですら大変なのに，さらにライフサイクルのCO_2収支を考慮するとなると，設計や施工のハードルはますます高くなる。特に，設計の自由度はなくなってしまうのではないか，そういった懸念を持たれる向きもあろう。

一般に，環境配慮住宅というと，さまざまな技術や機器がたくさん付けられた重装備な住宅という先入観がある。LCCM住宅では，さらに重装備になっていくということなのだろうか。

確かに，運用段階のCO_2をバランスさせるには，省エネにつながりそうな技術や機器をできるだけたくさん適用すればよい。予算が許す限り，オプション的に付加していけば，実現できる。いうなれば，力業で押し切れる。しかし，建設段階を含めたCO_2のバランスを考えるとなると，むやみにオプションを増やすことの是非が問われる。費用対効果ならぬ，エネルギー対効果を考えなければならない。

そこでは，安易にオプションを追加するのではなく，建設段階のエネルギーを増やさずに実現する方策，たとえば設計・計画上の工夫や居住者行動を誘発するアイディアなども重要な役割を果たす。どのような技術・アイディアを適用するのが効果的なのか，取捨選択がなされることとなる。力業だけでは，押し切れないのである。重装備な環境配慮住宅とは異なる，「スマー

ト」な環境配慮住宅が求められるのだ。

　もちろん，従来型の設計手法では不足する部分もあろう。確かに，設計のハードルは高くなる。しかし，今まで以上に，設計フェイズでの創意工夫が求められるのだ。ライフサイクルで考えていくことによって，設計という創造行為の新たな可能性が示されているとはいえないか。

居住者行動の重要性

　ライフサイクルでの CO_2 収支を考えていくうえでは，さらに，住まいのあり方だけではなく，住まい方・居住者行動も，同時に考えていかなければならない。住宅に関わるさまざまな性能があるなかで，省エネルギー性という性能に関しては，住まい手の積極的な関与が不可欠である。たとえば，耐震性能は建築物そのものが持つ性能であり，特に住まい手がどのような住まい方をしても，大きくその性能に影響はない。それに比べ，建物の省エネルギーというのは，いくら建物の断熱・通風仕様を上げたところで，その中で生活する住まい手がかまわず，エネルギーを浪費してしまうようであれば実現しない。住まい手が積極的に参加して，すなわち適切に運用されて初めて，省エネルギー性能が発揮されるものである。その観点からすると，住宅というハードが提供されるだけでなく，住まい手がいかにスマートになっていくか，ということも，大きな課題である。

究極のエコハウス

　LCCM 住宅においては，建築に関わる環境負荷を究極的に減らすことが目されている。そのためには，これまで述べてきたように，CO_2 排出量の少ない構工法・材料であること，運用段階のエネルギー消費が削減できる住性能・設備であること，エネルギーをつくり出す設備機器が装備されていること，が求められる。横断的，総合的な視点での家づくりである。そして，人的にみれば，それを積極的に捉える住宅の専門家（設計者・施工者・住宅メーカー・デベロッパーなど），それを理解した「スマート」な住まい手の存在が不可欠だ。ハード・ソフトのいずれかが欠けても，実現は難しいだろう。それらが一つに統合されたときに，環境への負荷を可能な限り減じた，究極のエコハウスが実現するのである。

写1　創エネハウス

写2　山形エコハウス（提供：東北芸術工科大学竹内・馬場研究室）

写3　Kingspan Lighthouse（提供：田辺新一）

LCCM論 2

ライフサイクルカーボンマイナスをどう計算するか
伊香賀俊治

LCCM住宅評価ツールの開発

LCCM 住宅を設計するにあたっては，まず CO_2 排出量を把握するところから始めなければならない（**図 1**）。このために，資材製造・建設・運用・改修・廃棄の各時点を通しての $LCCO_2$ 計算を行う LCCM 住宅評価ツールを開発している。このツールは，日本建築学会「建物の LCA 評価ツール（戸建住宅版）」をベースにより使いやすく開発しているものである。また，戸建住宅の大部分を地域の工務店・設計事務所が担っていることを考慮し，適切な計算精度を保ちつつも，簡易な評価ツールの開発も進めている。

LCCM 住宅評価ツール（詳細版）の入力項目と出力項目の概略図を，**図2**に示す。入力項目としては「建物条件」，「資材・設備投入量」，「省エネ行動実践度」の 3 つに大別される。出力項目としては，建設段階および運用段階における CO_2 排出量と，それらを足し合わせた $LCCO_2$ である。

資材製造・建設・改修・廃棄の各時点については，日本建築学会 LCA ツール（戸建住宅版）[1]，運用段階については，日本建築学会住宅マクロモデル[2] に準拠している。

以降，入力項目について，その選択肢と入力例を示しながら概説する。

入力項目 1：建物条件

建物条件に関する入力画面を，**図3**に示す。なお，ここでの入力内容は運用段階の CO_2 排出量に影響する。入力形式には，あらかじめ用意された選択肢から該当する項目を選択する形式と，直接値を入力する形式の 2 種類がある。直接入力する項目に関しては，参考値が示されているので，仮に詳細な値がわからない場合はその値を入力する。なお，参考値は入力結果に応じて変化する（例：機器効率の参考値は，使用する機器の入力結果によって変化する）。

入力項目 2：省エネ行動実践度

省エネ行動実践度に関する入力内容は，運用段階の CO_2 排出量に影響する。入力形式は，あらかじめ用意された**表1**に示す省エネ行動に対し，「はい（する）」，「いいえ（しない）」を選択する形式である。

入力項目 3.1：資材・設備投入量

資材・設備投入量に関する入力内容は，建設段階（建設，修繕・更新，解体含む）の CO_2 排出量に影響する。現在公開されている日本建築学会 LCA ツール（2006年版）では，主要な建材と設備機器について，1995年の産業連関表を利用して，さまざまな産業に波及する間接的な CO_2 排出量が加算された CO_2 排出原単位が選択できるようになっている。LCCM 住宅評価ツールの開発を契機として，最新版の 2005 年産業連関表に更新し，さらに，産業関連表では区別されない木材などの建材の詳細な CO_2 排出原単位を現地調査と産業連関分析を組み合わせたものとして整備したものを採用している。

入力項目 3.2：使用する木材の詳細条件入力

木材の CO_2 排出原単位をより詳細に評価したい場合には，**図4**に示す要領で木材の生産フローに応じた値を LCCM 住宅評価ツールに反映することができる。詳細条件入力により得られる木材の CO_2 排出原単位の検討例を，**図5**に示す。図 5 の破線部分は，木材乾燥時に，現状平均の木質バイオマス燃料利用率での CO_2 排出量に対して，バイオマス利用率が 100％の工場で生産された木材を選択した場合に見込める CO_2 低減量を示している。このように，木材選択の努力が反映できるようになっている。

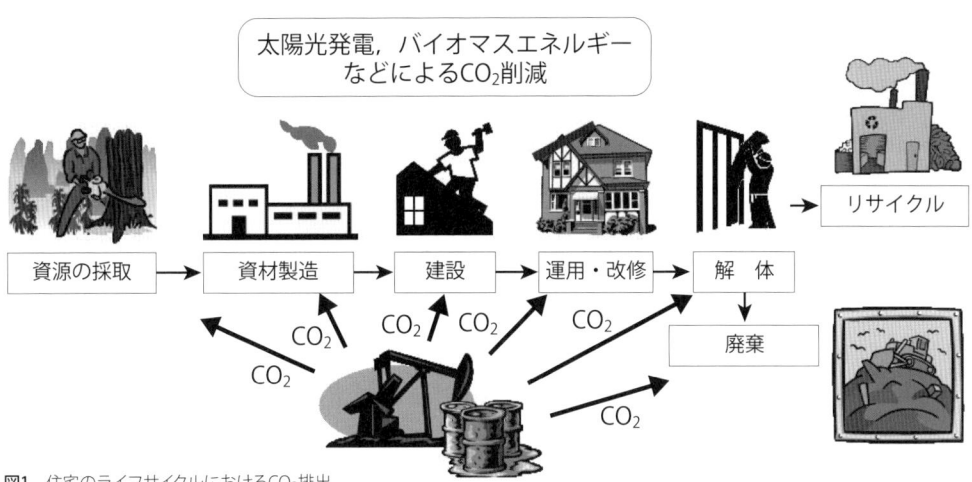

図1 住宅のライフサイクルにおけるCO₂排出

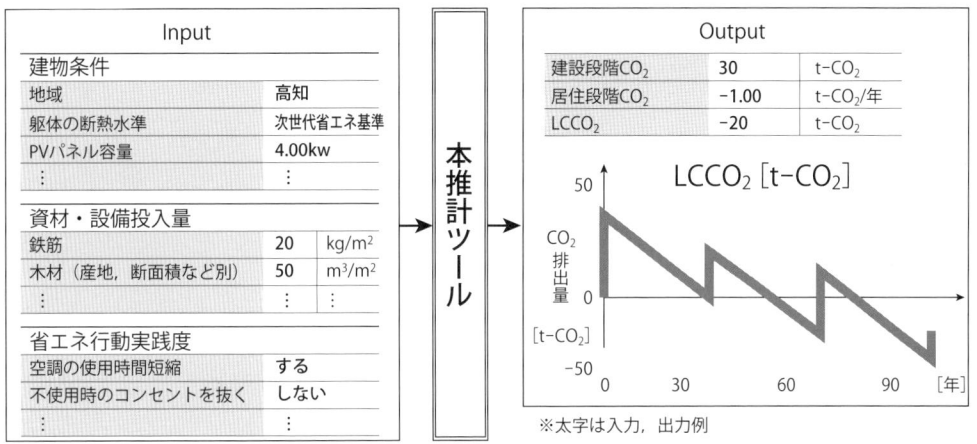

図2 LCCM住宅評価ツール（詳細版）の概要

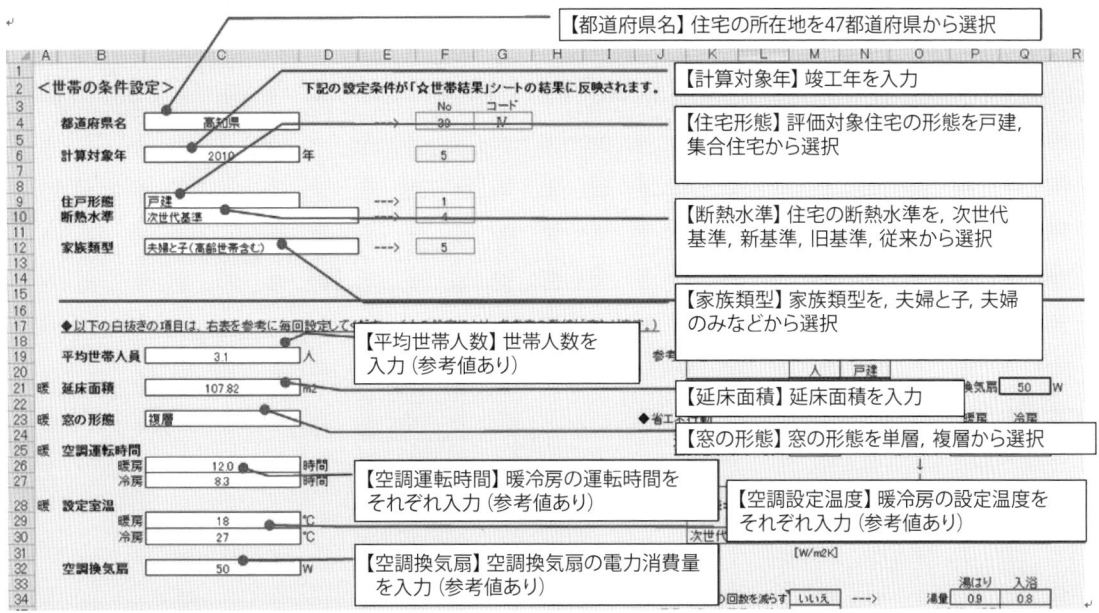

図3 建物条件の入力画面

出力結果例

1) 建設段階のCO_2排出量

建設段階のCO_2排出量を，図6に示す。なお本稿では，建設段階のCO_2排出量は，建設，改修（修繕・更新），解体の合計値とした。評価対象住宅1棟あたりのCO_2排出量は，108（$t\text{-}CO_2$/棟）である。

2) 運用段階のCO_2排出量

運用段階のCO_2排出量を，表2に示す。住まい方によってCO_2排出量が変わってくるため，浪費型，標準型，省エネ型のケースを想定した。省エネ行動を一切実践しない浪費型のケースでも，運用段階のCO_2排出量がマイナス（以降，カーボンマイナス）となっているが，これは太陽熱給湯器および太陽光発電による省CO_2効果によるものである。

3) $LCCO_2$の推計

1) にて推計した建設段階のCO_2排出量（$t\text{-}CO_2$/棟）と，2) にて推計した運用段階のCO_2排出量（$t\text{-}CO_2$/年）により，住宅の$LCCO_2$を推計した結果，図2のように表示される。

用途	省エネ行動
暖冷房	空調設定室温の調節
	空調運転時間の調節
給湯	風呂の回数を減らす
	風呂の湯の使用量を減らす
	節水シャワーヘッドの使用
	給湯設定温度の調節
	洗顔と炊事で湯を使うのを減らす
	夏の洗顔炊事には水を使う
照明他	不使用時に家電のコンセントを抜く
	風呂の残り湯を洗濯に使う
	洗濯をまとめ洗いする
	スピードコースで洗濯する
	照明を白熱灯から蛍光灯に取り替え
	省エネ家電の買い替え促進（TV, 冷蔵庫）
	温水洗浄便座のふたは使うときだけ開ける
	温水洗浄便座の温度設定を季節で調節

表1 省エネ行動の種類

ケース	住まい方	太陽熱給湯 m^2	太陽光発電 kw	CO_2排出量 $t\text{-}CO_2$/世帯・年
1	浪費型	6.00	4.375	-0.052
2	標準型	6.00	4.375	-0.28
3	省エネ型	6.00	4.375	-0.91

表2 各ケースにおける運用段階のCO_2排出量

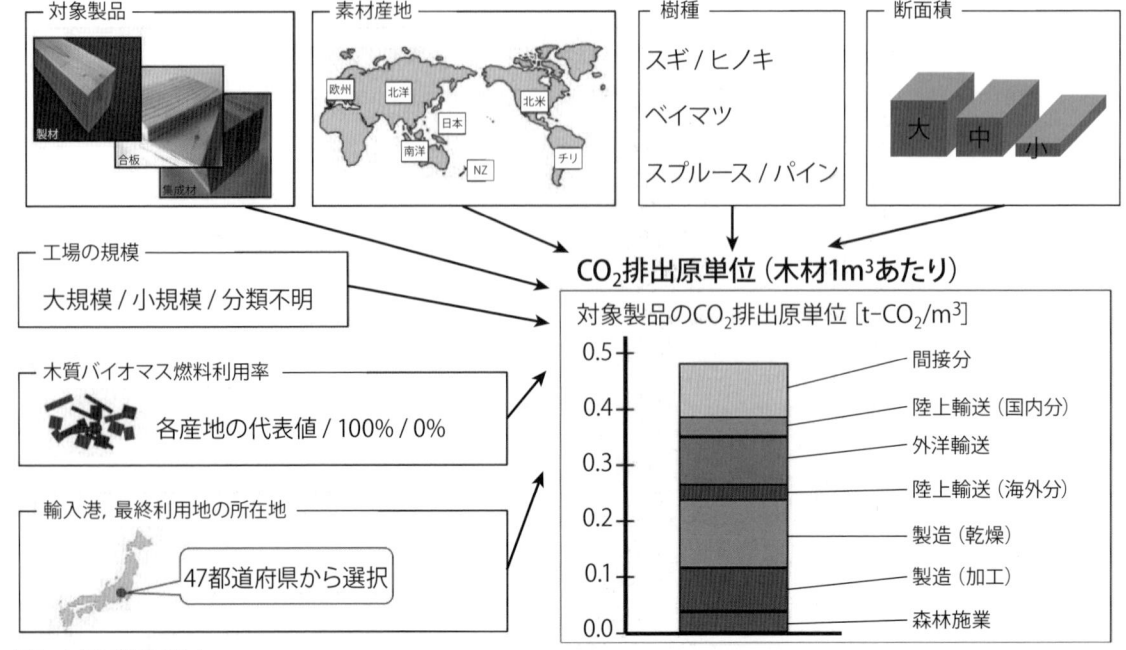

図4 木材の詳細条件入力

今後の課題

LCCM住宅評価ツールで選択できる建材，設備機器のCO$_2$排出原単位は，2005年の産業連関表に基づく100種類程度の粗い分類となっている。木製品については，現地調査を組み合わせた詳細なCO$_2$排出原単位が採用できるようになっているものの，その他の建材，設備機器についても，充実が求められている。また，建設段階のCO$_2$，運用段階のCO$_2$などの計算精度の向上などの点でも，LCCM住宅デモンストレーション棟の建設と検証の意義は大きい。

【参考文献】
1) 日本建築学会：建物のLCA指針〜温暖化・資源消費・廃棄物対策のための評価ツール〜，丸善，2006年11月
2) 伊香賀俊治，三浦秀一，外岡豊，下田吉之，小池万里，深澤大樹，水石仁：住宅のエネルギー消費量とCO$_2$排出量の都道府県別マクロシミュレーション手法の開発，日本建築学会技術報告集第22号，pp.263-268，2005年12月
3) 南部佑輔，伊香賀俊治，本藤祐樹，小林謙介，恒次祐子：建築用木材のLCAデータベースの構築，日本建築学会技術報告集 Vol.18, No.38, pp.269-274, 2012年2月

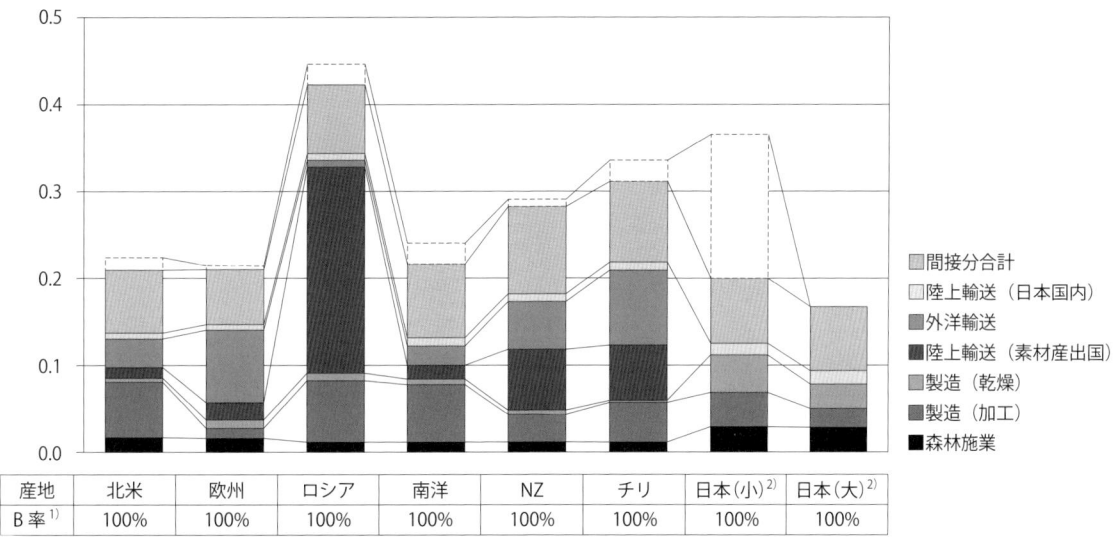

図5 木材の詳細入力によって得られるCO$_2$排出原単位の例
1) B率とは，木材の人工乾燥用燃料に占める木屑などの木質バイオマス利用率
2) 日本（小）とは，国内の小規模製材所の製品品。日本（大）とは，日本の大規模製材所の製品品

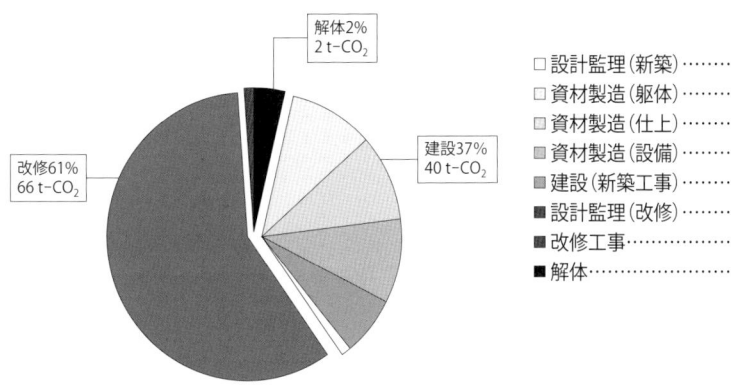

図6 建設段階のCO$_2$排出量の内訳

第2章
LCCM住宅デモンストレーション棟の理念

　本章からは，茨城県つくば市の独立行政法人建築研究所敷地内に建てられた「LCCM住宅デモンストレーション棟」について解説していく。

　このデモンストレーション棟は，郊外の一般的な住宅地に建つ4人家族のための戸建住宅である。実際の建設を通じてLCCM住宅という新しい概念を具体的に示すことで，その課題と可能性を検証し，概念普及を図ることを目的とした「実証住宅」である。

　ここではまず，「居住者行動」「日本の気候風土」「環境配慮設計の現状」という3つの視点によって，LCCM住宅デモンストレーション棟の設計理念とその背景を解き明かしていこう。

設計論 1

居住者行動に応答した「衣替えする住宅」へ
村田 涼

建築のフィジックス

　人間の身体は，周囲の気候の変化に応答して体温を一定に調節する，高度な機械のように洗練された機能を備えている（図1）。だが，自然の気候は場所や時間によってさまざまであるから，居住環境として理想的な穏やかな気候の地域もあれば，季節によっては暑さや寒さが厳しいときもある。そこで，私たちは自身のフィジカルな性能を補うように，衣服を纏い，建物をシェルターとし，時には火を起こすことで，快適な室内気候を求めてきた。

　屋外の自然環境への対応として，建物のあり方を眺めてみると，世界各地のヴァナキュラー建築には，地域ごとにさまざまな気候風土を活かし，快適な室内環境を得るための建築的な工夫が，長い年月をかけて実にバリエーション豊かに醸成されてきたことがわかる（図2）。そして，そのようなヴァナキュラー建築によって，経験的に育まれてきた環境制御の原理を源泉とし，現代における"建築のフィジックス（光，熱，空気，音といった物理的条件の研究分野）"として科学的に進化させたのが，"パッシブデザイン"である。パッシブデザインを，一言でいえば「暖冷房設備に頼らず，建築的な方法によって快適な室内環境をつくること」であろう。つまり，外界の自然から身体を保護し，室内気候を快適に保つシェルター（器）としての，建物のフィジカルな性能をいかに高めるかがキーポイントだ。

ブラックボックスとしての住居

　一方，20世紀半ば以降の安価で大量のエネルギー供給は，暖冷房や照明などのアクティブな環境設備技術の著しい普及と発展を後押しした。地域や季節による気候条件や建物の性能のいかんにかかわらず，思いどおりの室内環境を人工的につくり出すことが可能になった。しかし，そのような機械による制御にとっては，変化に富んだ自然の気候は安定した環境制御を乱す「外乱」となりかねない。環境との接点であるはずの建物は，ともすれば外界からの影響を最小化するために，「閉じる」方向へと舵を取ることにもなった。

　そして，そのようなエネルギー依存症的な建築の行く末を警鐘として示したのが，R. バンハムの「エンバイロメンタル・バブル」である（図3）。そこに描かれた未来の住居は，無尽蔵なエネルギー供給と機械による環境制御が頼みの綱の，儚い「環境の泡」である。シャボン玉のような弱々しい外皮に包まれていながら，室内環境は完全に人工的にコントロールされ，その内部には，もはや衣服すら不要となった裸の人間と通信機器が置かれるのみだ。しかし，今にも弾けて消えてしまいそうな姿には，自身の持続可能性の危うさに加えて，さまざまな気候条件に応える建物の工夫や，自然の変化を豊かさや快適さとして身をもって感じる居住者の姿は，もはや望むべくもない。

レスポンシブな住宅

　私たちの日常を支える住宅の「環境」を，どう設計するかが問われている。現代の私たちは，自然と向き合い，そのポテンシャルを汲み取る術も，力ずくで自然を意のままに抑えつける方法も，すでに掌中に収めている。だからこそ，建築のシェルターとしての原初的な意味をあらためて思い起こし，住宅のフィジカルな性能のあり方を問い直したい。私たち自身の身体的な機能のような柔軟さで，あるいは衣服を纏うような軽やかさで，人間と周辺環境とをつなぎ，応答（レスポンシブ）する住宅の新たな可能性を見出せないだろうか。

　ここで，パッシブデザインの古典的名著であるV. オルゲーの『Design with Climate』（1963年）に倣えば，快適な室内気候をつくるには3つの段階がある（図4）。屋外の気候条件は最も大きな振幅を描き，常に変動している。そのような外界からの影響を緩和し，快適な室内気候を得るには，第1に建物周辺の

環境を整え（microclimatology），第2に建物自体のデザインにより気候的なバランスを調整し（climate balance of the structure），第3に暖冷房設備を補助的に用いる（mechanical heating or cooling）というように，段階を追った手法が必要となる。つまり，建物まわりのランドスケープ，建物，設備の，それぞれが補い合うようなデザインが求められている。

言い換えれば，建物による室内気候のコントロールとは，入れ子状に連鎖する環境の中で，外部の自然環境と内部の人工的に制御された環境とをバランスさせるための，インターフェースとしての建物をデザインするということでもある（**図5**）。それゆえ，刻々と変化する外界の気候に建物が応答するためには，単に外部から室内を遮断するだけでなく，状況に応じて環境に「開く」ことで必要な要素は取り入れ，不要な要素を遮断するためには「閉じる」ことが求められる。

環境の選択とライフスタイル

このように室内気候をつくる方法には，ヴァナキュラーに通じる建築的工夫のパッシブと機械的手法のアクティブという大きく二つのアプローチがある。特に，日本のような温暖地では，夏の暑さと冬の寒さという両極端な気候特性への対処が必須となる。それゆえ，建物の熱的な性能を決める要因は季節ごとに大きく変貌する（**図6**）。たとえば，冬には集熱のために必要な日射が，夏には遮断されなければならないように，夏と冬では多くの気候要素に対して，建物の「開く」と「閉じる」が逆になる。あるいは，集熱のための大きな窓が，夜間には建物からの熱損失を増やすといった難しさもある。

このような個々の手法どうしの矛盾や対立の調整を踏まえつつ，さまざまな条件に応じてどのようにそれらを組み合わせるかは，場所（地域）や時間（歴史）によって異なるだろうし，さらには居住者の住まい方も大きな決定要因となり得るだろう。なぜなら，もしも建物による環境負荷が同じならば，自然のように変化のある快適さと，自然を遮断し安定した環境のどちらを選ぶかは，どのようなライフスタイルを望むのかにもより，住まい手の存在を抜きには語れまい。特に，現代の住まい方の多様化，住まい手の意識の変化に応えるためには，二者択一といった固定的なものではなく，状況に応じて「開く/閉じる」や「パッシブ/アクティブ」を柔軟に組み合わせることで，こまやかに

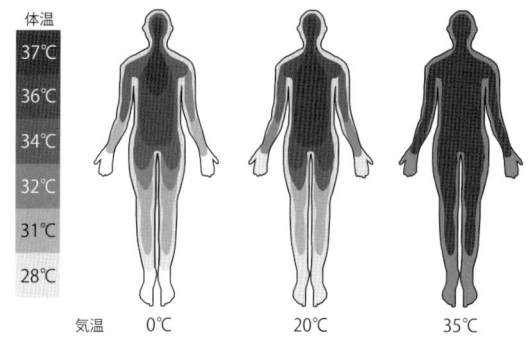

図1 体温と気温の関係

図2 一対の通風塔をもつ古代エジプトの住宅
（出典　B. ルドフスキー：THE PRODIGIOUS BUILDERS, Harcourt Brace Jovanovich, 1977年）

図3 Environmental Bubble (R. バンハム＋F. ダルグレ、1965年)
（出典　C. ジェンクス：Architecture 2000, Studio Vista, 1971年）

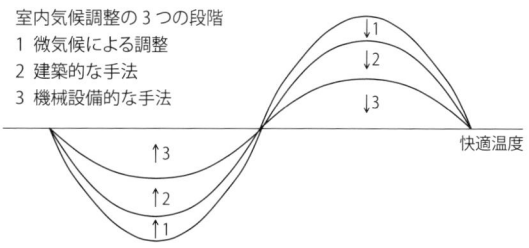

図4 室内気候調整の3つの段階

環境を整え，選べるような住まいのあり方が望ましいといえるのではないだろうか。

衣服を着こなすように住まいの環境を調節する

そこで，LCCM住宅デモンストレーション棟では，住まい手が建物のフィジカルな性能を積極的に調節し，衣服を着こなすように住まいを使いこなすための仕組みとして，建物があたかも「衣替え」をするかのように様相を変え，環境と自在に応答する住宅が志向された(写1)。そのため，設計時の早い段階から「衣替えする住宅」をキーワードに，ハード（建築，設備）とソフト（住まい方）の適切な組合せが，温熱環境や風環境，光環境のシミュレーションとのフィードバックを通して，繰り返し検討されることとなった。

さらに設計の過程では，居住者による省エネ行動には建物の断熱性能の向上との組合せで，相乗的なCO_2削減効果が期待できることも明らかになった(図7)。デモンストレーション棟が立地する茨城県つくば市は，次世代省エネルギー基準の暖房度日地域区分ではⅣ地域に該当するが，居住者がこまめに窓の開け閉めをすることを前提とすれば，今回のように北東北（Ⅱ地域）相当の断熱性能でも，北海道（Ⅰ地域）と同程度の空調負荷削減が見込まれるのだ。

生活行動に応答するしなやかな環境制御

建物のシステムと居住者の生活行動を結びつける鍵となったのは，窓やルーバーなど，さまざまな機能の外皮を緩衝空間とともにレイヤー状に重ね合わせる「多層レイヤー」と，住宅内に異なる熱環境を許容する「アクティビティに応じた温熱環境」というコンセプトである。その原型は，たとえば日本の伝統的な住宅にみられる障子や簾など，さまざまな建具を組み合わせて，生活に合わせた仕切りをつくる「建具替え」の文化に見出すことができるだろう(写2)。あるいはまた，季節ごとに使用する空間の範囲を変化させ，必要な熱性能を得るという考え方は，日本の田の字型プランや縁側の設え，さらには巨大な縁側空間（マル）と最小限の気積の暖房空間（オンドル）を組み合わせた韓国の伝統的な住宅などにつながる，住まいのあり方ともいえるだろう(写3)。

つまり，このLCCM住宅デモンストレーション棟では，これらアジアをはじめとした地域の伝統的な住宅の知恵を参照しながら，その原理を現代の先端的な設計技術と組み合わせ，進化させる試みともいえよう。そして，一室空間を均質に制御する近代主義的な方法とは極めて対照的な，住宅全体をさまざまな空間やデバイスに解体・再統合し，それらが相互に有機的に連係する，しなやかな環境制御のあり方が目指されたのである。そのため，住まい手のさまざまなアクティビティが空間的・時間的に精緻に捉えられ，プランニングへと慎重に変換されている。

環境をつくり，選びとる住まい方へ

こうして，LCCM住宅デモンストレーション棟はさまざまな環境制御レイヤーと空調換気設備のON/OFFを組み合わせ，季節や時間，さらには住まい手の行動にあわせて，建築空間があたかも伸縮するかのようにパッシブとアクティブを柔軟に，効率的に切り替える住まいとなった。生活のさまざまなシーンに応じて変化する建物の様相は，6つの「環境制御モード」(58頁)として示されている。その原理はいかにもシンプルであるが，時々刻々と変化する屋外環境や生活行動に応答し，住まいの環境がさまざまにアレンジ可能であることがわかるだろう。そして同時に，モードの「切り替え」という環境制御の重責の多くを担うのが居住者の行動であり，それゆえ，住まい手のさまざまな好みに応じた，カスタマイズの可能性が大きく開かれているのである。

竣工後の居住実験では，あらかじめ想定された6つのモードを基本形として，実際の生活上のさまざまな条件に応じて，さらなるバリエーションの展開と効果の検証が進められている。そして，居住者がそれぞれの好みにフィットしたモードを身につけるまでの過程には，建物や設備の「開けたり閉めたり」「点けたり消したり」といった操作が，ともすれば面倒に感じられたり，適切なタイミングを逃せば期待したとおりの効果が得られないといったこともあるかもしれない。だがこれは，裏を返せば，環境を居住者が自らつくり，選ぶという住まいのあり方には，常に変化する自然の流れを読み，アレンジするスキルが求められるということでもある。つまり，私たちの環境のリテラシーが問われ，自然に応答するための人間の身体性があらためて試されているといえるだろう。その道程の先に見据えられているのは，単なる環境負荷削減の手段にとどまらない，環境を肌で感じることのできる真にスマートな住まいの実現である。

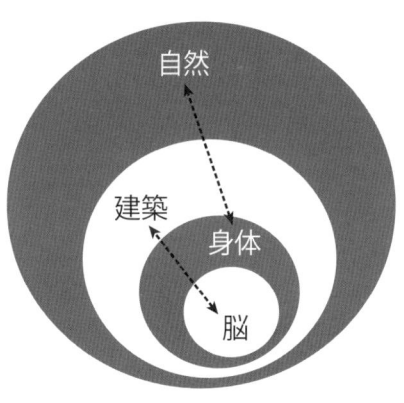

図5　環境の入れ子構造

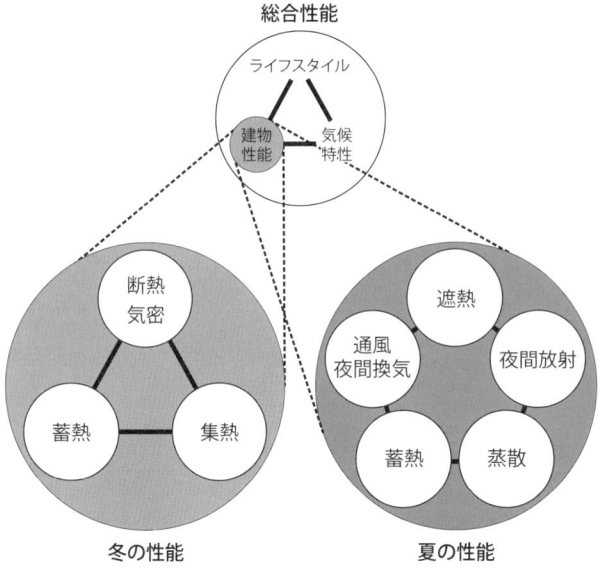

図6　住まいの熱的性能を決める要因

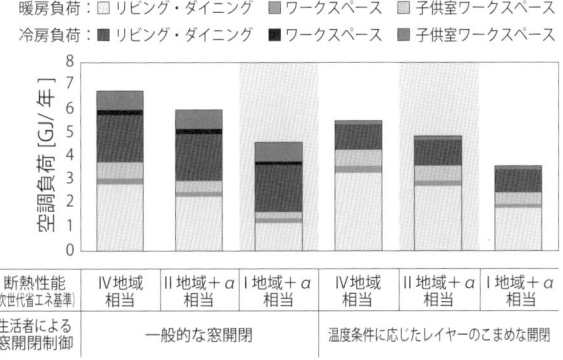

図7　断熱・開閉による空調負荷

写1　LCCM住宅デモンストレーション棟

写2　日本の伝統的な住宅の「建具替え」（石見銀山・熊谷家住宅，撮影：北田英治）

写3　韓国の伝統的な住宅。季節ごとに使用する空間の範囲を変化させる

設計論 2

気候風土と住まいのあり方
小泉雅生＋金子尚志

気候風土

　自然環境のポテンシャルを活かすためには，まず，その環境を知る必要がある。太陽の動き，風の流れ，空気の流れ，四季の変化，朝夕の変化を，環境から建築へ，建築から住まい手へと，つながる環境のなかに組み込んで考えることが重要である。地域の環境特性が，よく現れているのが気候である。「気候」の語源は太陽黄経を示す暦をもとにした，24節気72候にあるといわれている（図1）。また，英語で気候を意味する"climate"（クライメイト）はギリシャ語の"klima"が語源と言われ，「傾き」という意味をもつ。地球の地軸が公転面の法線に対して約23度の傾きをもつことにより，地球の地表面が受ける太陽エネルギーの偏在が，風などの物理現象を生じさせ，結果として「気候」という状態となって現れるということである（図2）。どちらも意味するところは，気候は地域的に偏在するだけでなく，周期的な時間の変化でもあることである。

　世界の気候を区分して表した一人が，W.P.ケッペンである。ケッペンは植生の地域的偏在に注目して，気温と降水量の2変数から単純な計算で気候区分を決めている。植生，風土の特徴が反映され，立地条件など気候の成因などとも相関していることから，実用的な気候区分図として周知されている（図3）。このように気候は，気温，降水量，日照，風などの気象要素が組み合わされた大気の状態として捉えることができる。地域の特性と連続的な時間の流れの両方を含んだ気候という要素が，住まいのあり方を大きく規定している。

日本の気候

　日本は北海道から沖縄まで，北緯28度から45度にわたる南北に細長い島国である。南からは太平洋側に黒潮と日本海側に対馬海流，そして北から太平洋側に親潮と日本海側にリマン海流が流れており，海流や季節風などの条件が気候に多様性をもたらしている。太平洋沿岸では，気温が下がる冬でも低緯度であることで豊かな日射量に恵まれ，一方で，夏は高温多湿で多くの地域で30度を超える蒸し暑い日が続く。

　各月ごとの平均気温と平均湿度の変化を示したクライモグラフで比較すると，日本の気候特性が見えてくる（図4）。たとえば，夏の湿度が低いパリは，冬に乾燥する東京に対して対象的な傾向を示し，右下がりのグラフとなっている。また，ニューヨークはグラフの形状が縦方向に変移している。それに対して，東京の変移は右上がりの形状となっている。気温の変動幅はどちらも同じくらいでありながら，また，ニューヨークは湿度の変化が小さく，東京は湿度の振れ幅が大きいためである。日本でも，東京と札幌では違いがみられる。札幌の冬季は，気温が零下に達することはいうまでもないが，湿度は東京に比べて高く推移し，夏季だけでなく，冬季にも高い湿度を示すことに特徴がある。このように，世界の地域と比較すると，年間を通して気温と湿度，両方の変動が大きいことが日本の気候の特徴であることがわかる。

「夏を旨」とする住まい

　そのような気候を背景として，日本の伝統的住宅は「夏を旨とすべし」として，高温多湿な夏季の気候に対して周到な建築的配慮がなされてきた。たとえば，大きな屋根は日射を遮蔽するためのものであり，建具で仕切られた開放的な開口部と室内構成は，通風を確保するための建築的工夫である（写1）。断熱，気密が低く，開放的な開口部を補うように縁側が配置され，室内の環境調整を行うための空間としても機能している。囲炉裏やこたつといった，部分的な採暖手法は，断熱，気密が劣る日本の住宅における住まい方の方法である（写2）。また，夏の日中は日射を遮蔽して，室内の温度上昇を抑えつつ，自然の風を取り入れる，気温の下がった夜間には窓を開けて冷気を取り込むといった，昼夜の気候の変化に対する工夫がなされていた

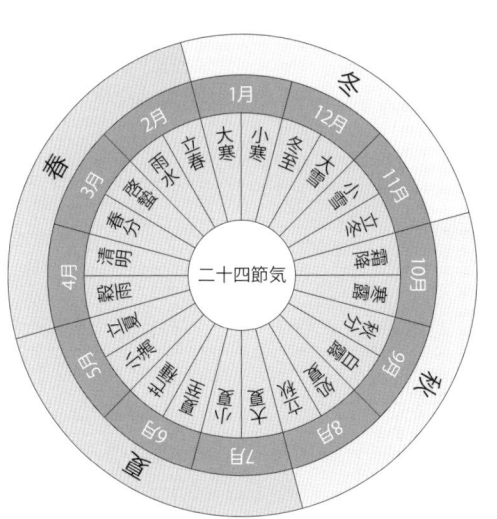

図1 四季と24節気

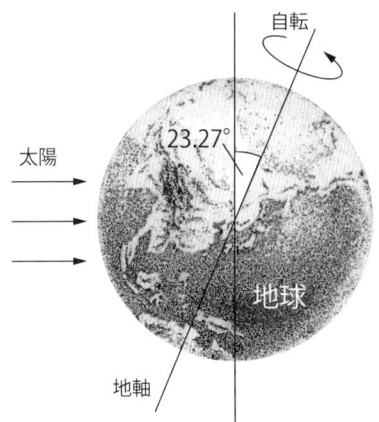

図2 公転面の法線に対する地軸の傾き

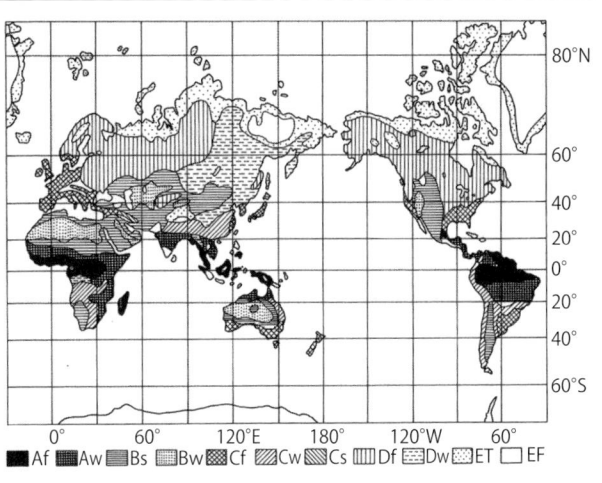

図3 ケッペンの気候区分（出典　高橋浩一郎：気象なんでも百科, 岩波ジュニア新書, 1984年）

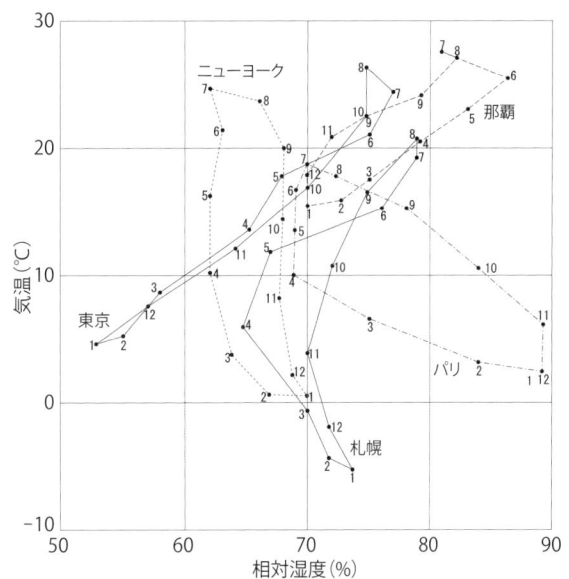

図4 クライモグラフ

写1 日本の伝統的な空間（掬月亭）

写2 囲炉裏（白川郷）

ことも忘れてはならない。

このように，四季のある日本では外部環境に応じて建物の状態を変えて，外部の変化を利用し，暖冷房に頼らないで，室内気候をコントロールすることを基本として考えられてきた。

日本の環境住宅

1928年に完成した，京都・山崎に建つ「聴竹居」（写3）。日本における建築計画原論の基礎を築いた一人，藤井厚二が自ら設計した5番目の実験住居である。藤井厚二はヨーロッパに渡航し，建築設計の科学的アプローチを日本へ導入することを試みる。ヨーロッパの寒地型手法は内外を遮断して理論を構築することで，科学的分析の条件設定も比較的容易にすることが可能であった。しかし，そこで大きな障害となったのが，ヨーロッパと日本の気候風土の違いである。藤井厚二は，温暖でありながらも多様な変化をみせる日本の気候風土では，内外を遮断して構築することに無理があると考え，独自のアプローチを選択する。多くの気候要素と，内部と外部の境界が曖昧な条件を科学的に根拠づけることは容易ではなかったが，経験と科学的知識に基づいて実験住宅を設計し，自らが住まい手となってその性能を実験的に検証したのである。

「夏を旨」とした住宅は，冬には住まい手に厳しい寒さを強いた。特に北海道では，寒冷地としての閉じる住宅，いわば「冬を旨」とした方向へ進むことが求められた。1982年，北海道・札幌に寒地型の気候特性をかたちにしたモダニズム建築が完成する。建築家上遠野徹が，寒冷地での住まいのあり方を模索した，自邸（上遠野邸）である（写4）。100mm厚のコンクリートブロックの外側をれんがで仕上げ，内側には100mm厚の発泡スチロールを用いた断熱材で構成している。厚い壁で住まいの空間をくるみ，ブロック積みによる開口部の制限を，コールテン鋼を用いた鉄骨造とすることで解決している。南側に大きく開いた開口部には，複層ガラスのサッシが取り付けられている。その内側には断熱戸となる太鼓張りの障子，外側にはコールテン鋼のフレームによって建物と一体的に，庇と袖壁に囲まれた縁側状の空間が配置されている。このように，すぐれた断熱工法や気密工法，換気システムの導入は，北海道から始まっている。外部環境の変化に合わせて，建築的な工夫によって，その状態を変化させながら室内環境を制御する「選択的制御」に対して，建物の内外を遮断することで，内外を遮断する「防御・遮断型」である。

「夏を旨」から「夏も冬も旨」とする住まいへ

さらに，20世紀の後半以降，人工エネルギーによる内部環境を調整する方法が普及するようになる。室内にエネルギーを持ち込み，制御する「人工環境制御型」である（図5）。オイルショックを経て，住宅が持続可能な社会，循環型社会のための環境装置として考えられるようになると，自然環境への負荷を少なくするため，内部の人工エネルギーを効率的に使う手法とともに，自然エネルギーを活用する方法が模索されるようになる。日本の住まいは，北方での閉じる技術に加えて，自然環境を選択して取り込むための，開く技術を備えることが求められる。「夏を旨」としていた住まいから，「夏も，冬も旨」とする住まいへの変貌である。

閉じて開く，動的な状態の建築へ

LCCM住宅デモンストレーション棟では，次世代省エネルギー区分のⅡ地域に相当する断熱性能と気密性能を備えている。それを踏まえて，開くための建築的工夫が「多層レイヤー」（54頁）として備えられている。温暖でありながらも多様な変化をもつ気候風土を読み解き，環境のポテンシャルを活用するために住まいが備える，開く技術といっていいだろう。

閉じる技術が環境要素を固定する方向の手法とすれば，開く技術は閉じた状態から開いて外部環境を取り入れる，固定化した状態から動的な状態へ移行する手法といえる。そのためには，断熱，気密化された閉じる基本性能に加えて，開くための「動く」部分の建築的工夫が必要である。「多層レイヤー」には，高断熱ガラスを備えた木製気密サッシ，ハニカムスクリーン，木製の日射遮蔽ルーバー，木製建具，ロールスクリーンといった，閉じて開くための，動く建築的要素が用意されている。

LCCM住宅デモンストレーション棟では，住まい手の様子と環境の状態によって，6つ環境制御モードを想定している（58頁）。この6つは基本形であり，四季が24節気72候に分けられるように，その状態を細かく割って考え，さらに，雨，日照，風などの気象の変化も含めて，外部環境の状態を多様に捉えれば，閉じて開くための，動く建築的要素はさらにポテンシャルを持った環境制御装置として機能するだろう。

写3 聴竹居（京都・山崎）

防御・遮断　建物の内外を遮断する

選択的制御　外部の環境に合わて建物のモードを変える

人工環境制御　室内にエネルギーを持ち込む

写4　上遠野邸（北海道・札幌）　　　　　**図5**　室内気候を形成する三つの方法

設計論 3

環境配慮設計とその現状
桑沢保夫＋柿沼整三

環境に配慮した設計とは

　建築を設計するに当たって求められることの一つに，快適な内部環境の創造が挙げられる。そのためにはさまざまな手法が存在するが，たとえば設備機器を導入すればその製造・廃棄や稼働時にCO_2を排出することになり，また，風や太陽熱，太陽光といった自然エネルギーを活用するための建築的手法にしてもそのための材料が必要になるなど，いずれなにがしかの影響を外部環境に対して与えてしまう。そこで，建築環境工学的な視点に立ってみると，内部環境の快適さと外部環境への影響の度合いを考慮して，前者をなるべく向上させつつ，後者をなるべく減らすことが，「環境に配慮した設計」ということになる。

　内部環境については，すべてを単純に評価できるような指標はなく，熱・空気・光・音・水などにかかわるそれぞれの環境が一般的に快適な状態といえるかどうか，という点から判断される。つまり，設計者や居住者などの主観によるところが大きい。シミュレーション技術などで，ある程度は予測できるが，多くは設計者の常識と経験や勘が頼りである。一方，LCCM住宅の場合，外部に与える影響はすべてCO_2に換算して評価するため大変明快である。

　内部環境の快適さと外部環境への影響の度合いの関係には，相乗効果やトレードオフを示すさまざまな場面が存在する。断熱性を高めれば内部環境の快適さを少ないエネルギー消費量で実現できるので，相乗効果を上げているともいえるが，断熱材を多く使用することになるので，外部環境への影響の度合いは材料が増えた分だけ大きくなり，トレードオフの関係にあるともいえる。このように，環境に配慮するといってもある一面から見るだけでは不十分で，さまざまな角度から本当に「環境に配慮した設計」といえるかどうかを確認する必要がある（図1）。

環境配慮の現状

　建築の環境に配慮した設計の考え方を示す書籍やガイドラインは，すでに数多く出版されており，その具体的な設計手法も詳述されている。

　その概要を示せば，まず，いわゆるパッシブデザインとして，自然の光や風・熱などを活かして，すなわち自然エネルギーによって環境制御を行うことがある（図2）。当たり前ではあるが，十分に配慮検討すべき事項である。次に，断熱性能や気密性能を十分確保し，外界からの影響を低減する外皮の性能をもたせることが挙げられる。平成11年の次世代省エネルギー基準では6つの地域区分において，確保すべきQ値（熱損失係数）などが定められており，参考になる（図3，表1）。さらに，機械を用いて環境制御を行うにあたっては，少ないエネルギーで効果的に行うために高効率な設備機器・システムの導入がある。給湯設備や暖冷房設備・照明機器などを，省エネルギーという観点から考えていく必要がある。進んで，太陽光発電パネルのようなエネルギーを創り出す機器や，設備機器を効率的に制御するためのHEMS（HOME ENERGY MANAGEMENT SYSTEM）などを組み込んでいくことも考えられるだろう（図4，表2）。また，これらの環境配慮技術を建物に組み込んでいくにあたって，建築と設備とをデザイン的に融合させていくことも求められる。

　こういった建築における環境配慮の考え方は広く理解され，設計の実践へと徐々に移行しているともいえる。たとえば，環境省で進められた21世紀環境共生型住宅のモデル整備事業（エコハウス事業（32頁））も国内に20例をつくることで進められた。

　また，建築設計の環境配慮としてこれを評価する建築環境評価手法として，わが国ではCASBEEが発行され，これらを基に建築の環境性能を評価する考え方が顕在化している。さらに，何らかの後押しがあれば，一気に拡張できる現状にある。だが，多くの住宅の設

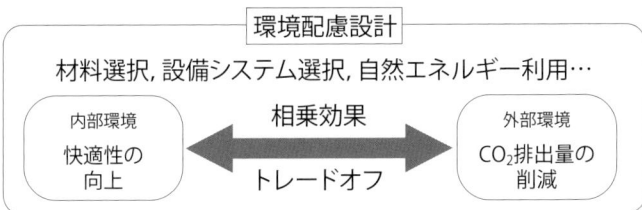

図1 建築環境工学的な視点に立った環境配慮設計

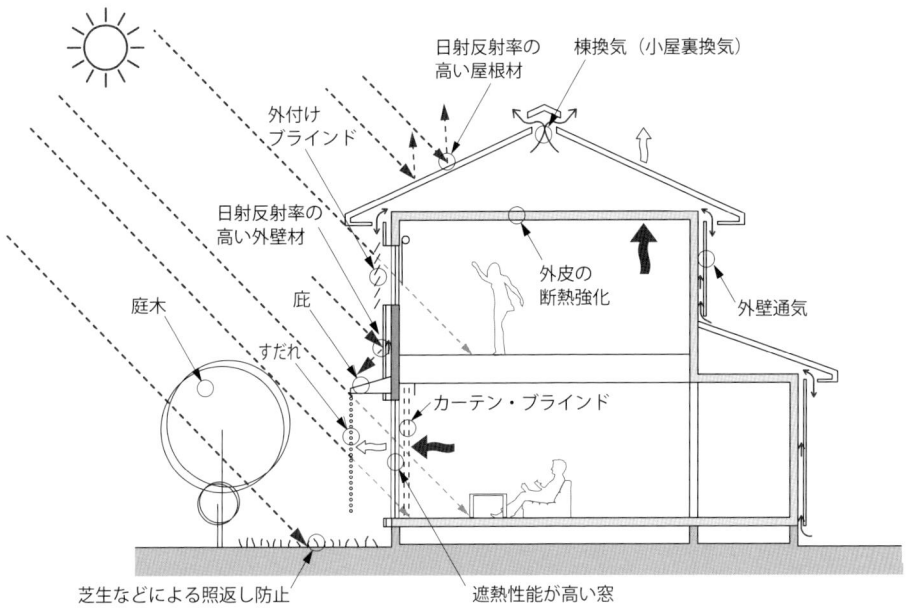

図2 パッシブな省エネルギー手法の例
（出典　国土交通省国土技術政策総合研究所・独立行政法人建築研究所 監修：自立循環型住宅への設計ガイドライン，財団法人建築環境・省エネルギー機構）

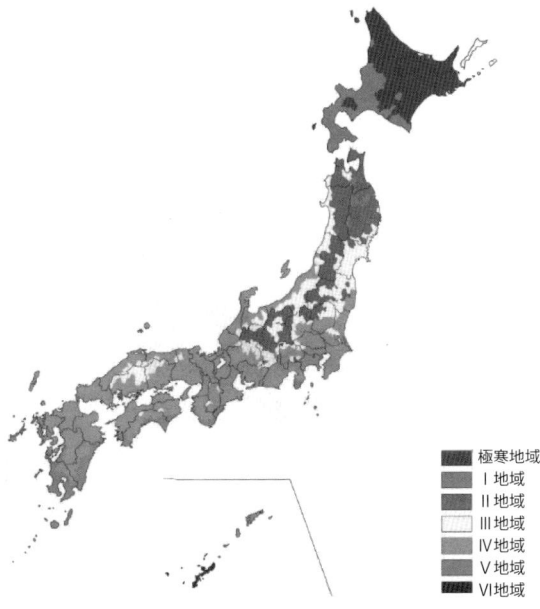

熱損失係数の基準値

単位	地域の区分					
	I	II	III	IV	V	VI
W/m²K	1.6	1.9	2.4	2.7		3.7
kcal/m²h℃	1.376	1.634	2.064	2.322		3.182

夏季日射取得係数の基準値（単位：無次元）

地域の区分					
I	II	III	IV	V	VI
0.08		0.07		0.06	

表1 省エネルギー基準における熱損失係数と夏季日射取得係数の基準値

図3 次世代省エネルギー基準の地域区分／暖房度日マップ
（出典　次世代省エネルギー基準解説書編集委員会：住宅の省エネルギー基準の解説，財団法人建築環境・省エネルギー機構，2002年）

計者や，施工に携わる住宅メーカーや工務店においては，まだまだ環境に配慮した技術を組み込んだ住宅をつくることに苦手意識がある，というのが実状ではないだろうか。そのためには，設計段階で環境配慮での考え方をサポートする体制を構築することが，現状では必要といえる。

住宅における環境に配慮した設計の不在と人材不足

そこで，住宅における環境に配慮した設計のサポートとして，設備設計者をより多く活用することが考えられる。彼らは設備設計の専門家であるが，一般的に住宅設備設計の経験は少ない。その理由として，住宅は規模が小さく高度な設備設計を行うことが少なく，意匠設計者が設備の専門家に依頼せずに経験に基づいて設計していることが挙げられよう。

住宅設備設計の経験は少ないというものの，設備設計者は要求された建築に十分な空調，電気，給排水の設計をすることはできる。そして，省エネルギー上効果的といわれている技術を組み込みながら，設備システムを構築する能力を持っている。住宅設計向けの教育を行うことで，環境設計補助を行う能力は十分にあるといえる。特に過去の設備技術者は，建築系の出身者が少なく，建築への愛情が少なかった。しかし，中堅以下の設備技術者は建築系出身も多くなっている。彼らに環境設計への魅力や思いを喚起させ，意匠設計者と設備設計者との協働体制を敷くことが有効なのではないか。

そこで，環境配慮の設計を行うとき設備設計者へ，以下の5つの提案をしたい。
①意匠設計者との共通言語の確立，②専門性での協調，③建築イメージ（コンセプト）の共有，④統合力と指導性，⑤環境適応性と表現力。これらは，設備設計者が設計を行うときの重要な視点であり，LCCM住宅の設計ばかりでなく，一般的な建築設計でも堅持いただきたい。

意匠設計者の意識課題

設備設計者と意匠設計者は，敵対する関係ではないはずである。お互いが理解し合うことで，より高いレベルで環境配慮技術が組み込まれた住宅を実現できるのではないか(図5)。

そのような観点から，建築教育分野でも住宅における環境設計への考えを実施する必要も考えられる。そして，環境配慮設計を行うとき，容易に建築設備的アイデアで解法を考えるだけでなく，建築フィジックス（建築計画原論，建築環境工学，建築原理とも呼ばれる教科名）的な考えの重要さも認識されることが望まれる。

シミュレーション技術の発展と可能性

意匠設計者と設備設計者が言語を共有化していくにあたって，大きな助けとなるのが，各種のシミュレーション技術である。熱や風・光などの環境を事前にコンピュータで予測しておき，その結果を計画へとフィードバックしていくことが可能である。グラフや流線図などに視覚化されるので，わかりやすく，設計者間で共通の認識を持つのが容易である。LCCM住宅デモンストレーション棟の設計中でも，シミュレーションソフト(表3)が使用され，建築性能の確認に用いられ設計に反映された。その具体的な内容は第3章を参照いただきたい。

国土交通省は，住宅事業主の判断の基準で住宅のエネルギー消費量を求めるための計算ソフトを公開している。これは，独立行政法人建築研究所および国土交通省国土技術政策総合研究所が共同で開発してきた，『自立循環型住宅への設計ガイドライン』における各種設備などの評価手法をベースに開発されたものである。住宅の断熱性などを考慮し，暖冷房・換気・給湯・照明の各設備によるエネルギー消費量，太陽光発電によるエネルギー生産量を求めるもので，今回のLCCM住宅デモンストレーション棟における運用段階のエネルギー消費量予測にも活用された。また，米国エネルギー省（DOE）ではe-QUESTを開発し，フリーソフトとしている。e-QUESTは，建築の年間エネルギー消費量と省エネルギー率を米国版建築環境評価手法であるLEEDに表示する時によく使われている。

現状では，まだシミュレーションソフトが高額であったり，入力が煩雑なものも多く，住宅規模の設計実務で日常的に利用するには，ハードルが高い面もある。その一つのかかわり方として，意匠設計者と設備設計者の間に設備系研究者を加えることもよい。LCCM住宅デモンストレーション棟の設計プロセスにおいても，多くの設備系研究者が参加しているように，実務上でも，研究者がシミュレーション技術でのサポートとして参画することは，研究内容の実践としても効果的であり，シミュレーションソフトの費用負担軽減にもなると考えられる。だが，この手の技術は急速に進化する。実効性の高いLCCMをシミュレーションするために，必要なソフト開発や提供がなされることを期待したい。

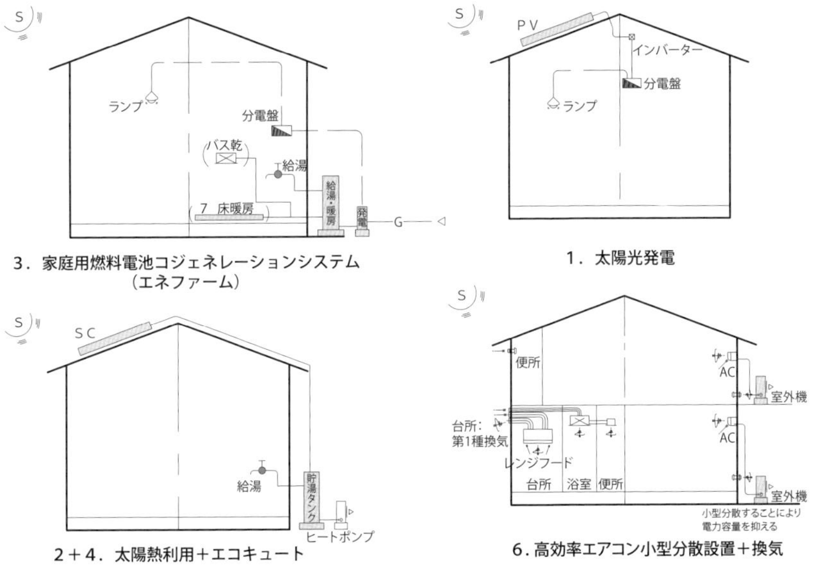

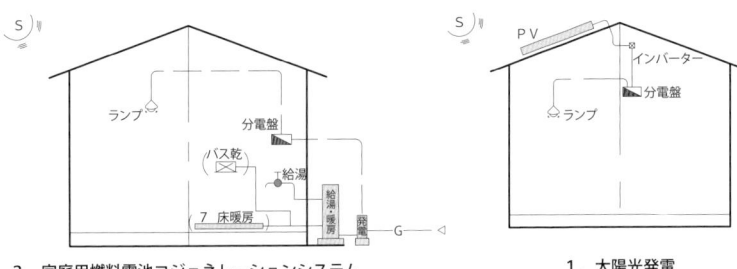

図4 機械設備を用いた省エネルギー手法の例

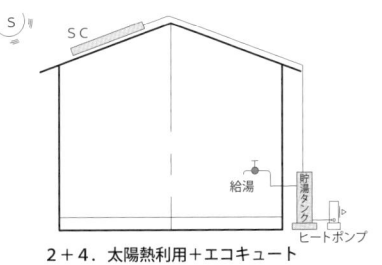

	設備技術		自然エネルギー形/省エネ形
熱源	1	太陽光発電	自然エネルギー
	2	太陽熱利用	自然エネルギー
	3	家庭用燃料電池コジェネレーションシステム（エネファーム）	省エネ
給湯	4	ヒートポンプ式給湯器（エコキュート）	省エネ
	5	太陽熱利用ヒートポンプ式給湯器（太陽熱利用エコキュート）	自然エネルギー/省エネ
	6	潜熱回収形ガス給湯機（エコジョーズ）	省エネ
冷暖房	7	高効率形 ルームエアコン	省エネ
	8	温水式床暖房（ガス温水式・電気ヒートポンプ式）	省エネ
	9	地中蓄熱	自然エネルギー
	10	バイオボイラ（チップ・ペレット・薪）	自然エネルギー
	11	井水利用涼房	自然エネルギー
換気	12	全熱交換形換気扇	省エネ
	13	重力換気・通風	自然エネルギー
	14	クールチューブ	自然エネルギー
照明	15	高効率形蛍光灯	省エネ
	16	LED照明	省エネ
	17	昼光利用・制御	自然エネルギー/省エネ
水	18	節水器具	省エネ
	19	雨水利用	自然エネルギー
	20	雨水浸透（桝・トレンチ）	自然エネルギー
ゴミ処理	21	コンポスト	自然エネルギー
	22	生ゴミ処理機	自然エネルギー/省エネ
	23	ディスポーザシステム	省エネ

表2 自然エネルギー・省エネルギー設備技術の例

ソフト名称	目的	備考
Solar Designer	室温・消費エネルギー量などを計算し，建築計画に活かす	
TRNSYS	多数室熱負荷シミュレーションを行い，機器性能などを検討する	○
COMIS	多数室換気シミュレーションを行い，換気性能など検討する。TRNSYSと連成解析が可能	○
AE-Sim/Heat	熱回路網による多数室の動的熱負荷計算を行い，エネルギー消費量や快適性を検討する	
オフグリッド	温熱・エネルギー使用の状況をCG，グラフで表現し，運転条件の違いなどの比較検討を行う	
Radiance	照明シミュレーションプログラム。正確なイメージを作成し，光環境の解析を行なう	○
STAR-CD	熱流体解析を行い，室内の温熱環境性状を把握する	
STAR-COM+	熱流体解析を行い，室内の温熱環境性状を把握する	○
サーモレンダー	3次元モデルに対して，屋外表面温度計算のグラフィック表示ができるため，緑化の有用性や材料の検討，既存建物の熱的付加の観測，施主へのプレゼンテーションなどに使用できる	

○印はLCCM住宅デモンストレーション棟で使用したソフト

表3 環境シミュレーションソフトの例

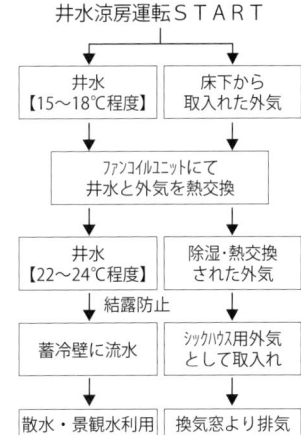

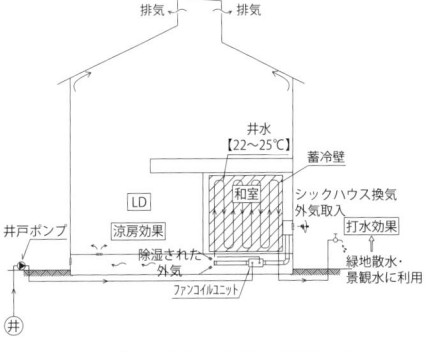

図5 高度な環境配慮技術の例（井水利用涼房システム）

井戸を用い，取り入れた外気を冷却し，さらに冷却に用いた井水を蓄冷壁に利用し，最後は散水にて周辺の打水効果を期待する井水の熱的カスケード利用システム

道の駅やいたエコハウス

柿沼整三

　この建物は，環境省の21世紀環境共生型住宅のモデル整備事業のひとつであり，エコハウスとして2010年4月にオープンした。全国にあと19のエコハウスがある。このエコハウスでは，地産地消を試みることで地方活性化を期待しながら，地域の特色を持たせエネルギー使用の削減を目的とするとともに，廃棄時も容易に廃棄できる資材を用いることや，資源として再利用可能な材料選定を心掛けている。

　その一つとして，地元の高原スギを多く用いて構造や仕上材として利用している。栃木県矢板市内の平均的住宅と同程度の規模であり，本建築の効果が近隣の住宅と比較できる対象となっている。

　2階の屋根に地元企業の太陽光発電（最大出力4kW）を設置。1階の東西屋根にそれぞれ6m²の太陽熱集熱器を設置して，年間給湯負荷削減と，秋中ばから春先までの地中蓄熱用に利用することで，暖房負荷軽減を期待している。一般的な住宅の使用エネルギーの3大要素である照明電力，給湯，暖房用エネルギーの半分以上の削減を可能にしている。

　また，これらを補完するシステムとして，雨水利用，庭の樹木，薪ストーブの排熱回収型全熱交換換気システムなどがある。

外観

蓄熱槽温水配管

地中蓄熱
① 太陽光で発電する。
② 太陽熱を地中蓄熱，給湯用熱交換器の熱源とする。
③ 集熱ポンプは①の一部を利用。
④ 地中蓄熱部の拡大による断熱を広げる。

給湯
⑤ 1F屋根の太陽集熱器で集熱。
⑥ 太陽熱を給湯用熱交換器の熱源とする。
⑦ 給湯用熱交換器とエコキュートで熱交換。

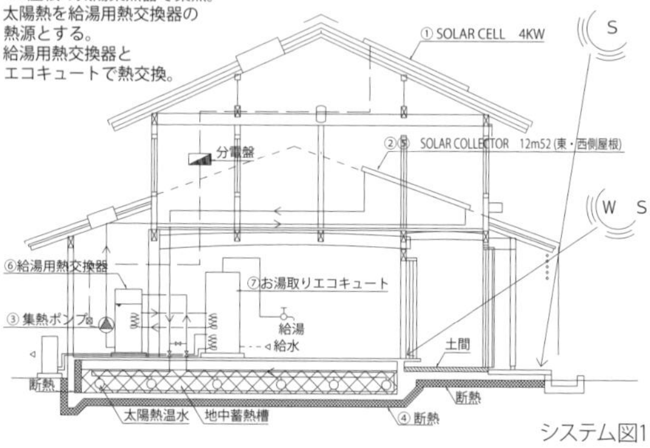

システム図1

① 冬期日射を土間に蓄熱。
② 地中蓄熱より冬期床に放熱。
③ 外気取り入れは全熱交換気扇と煙突により熱交換し，床下に吹き込む。
④ 地中蓄熱された熱を室内に吹き出す。
⑤ シーリングファンで夏は気流をつくり冬は室内上下温度差をなくす。
⑥ 雨落ちで雨水を集水したり，夏には雨水を溜めたりして涼を得る。

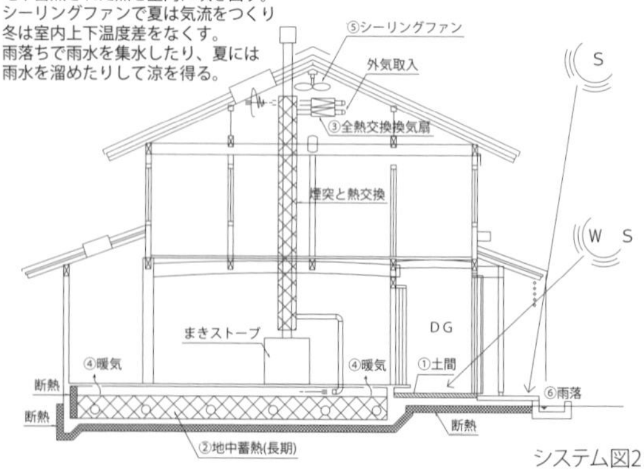

システム図2

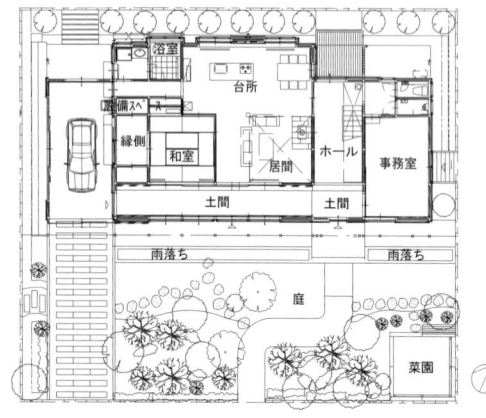

1階平面図

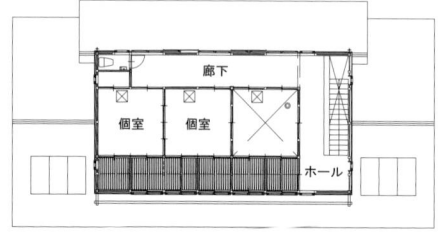

2階平面図

シミュレーションソフト
桑沢保夫＋柿沼整三

　見える化。このことで，関係者へのアピールとなり，相乗効果となって目的を達成しやすくすることが期待される。見えるかどうかわからないことを，これまでは専門家の経験に頼ってきた。まるで，占い師になったように専門家はその問いに答えていた。

　ところが最近は学生など，もはやコンピュータゲームの延長のようにモニターを見ながらキーボードを叩く。

　シミュレーションソフトは特定の条件ではあるが，その断片を示すことで，生半可な経験者以上の結果を示してくれる。経験の少ない者たちはここからより多くの断片を集めて，経験を重ねていく。その次には，サイバー空間から脱皮して，現実との対話ができるシミュレーションソフト利用者になってもらいたい。

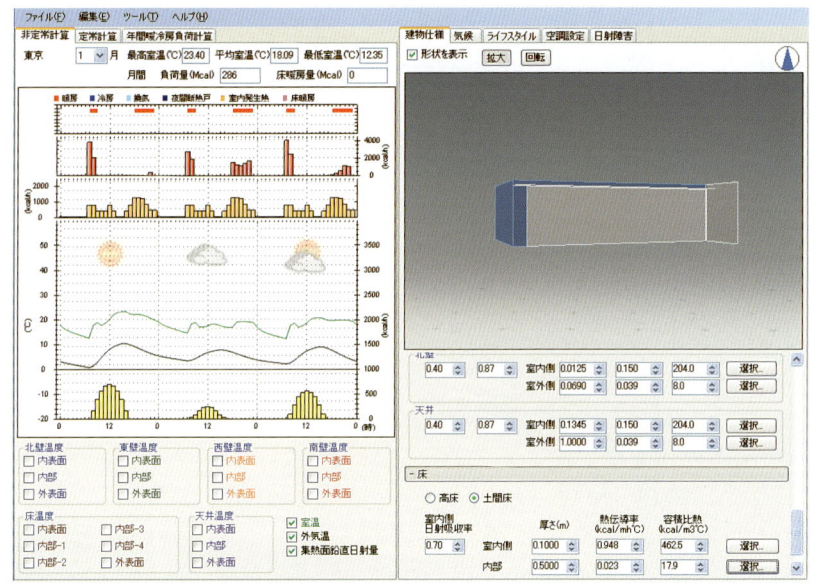

図1　熱のシミュレーション：Solar Designer

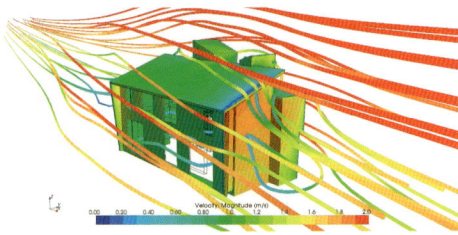

図2　通風のシミュレーション（提供：東京大学前研究室）

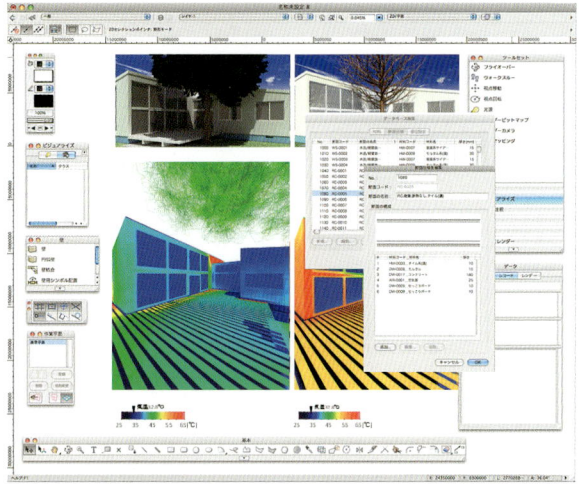

図4　屋外の熱環境のシミュレーション：サーモレンダー（提供：東京工業大学梅干野・浅輪研究室）

図3　光のシミュレーション（提供：東京工業大学中村芳樹研究室）

033

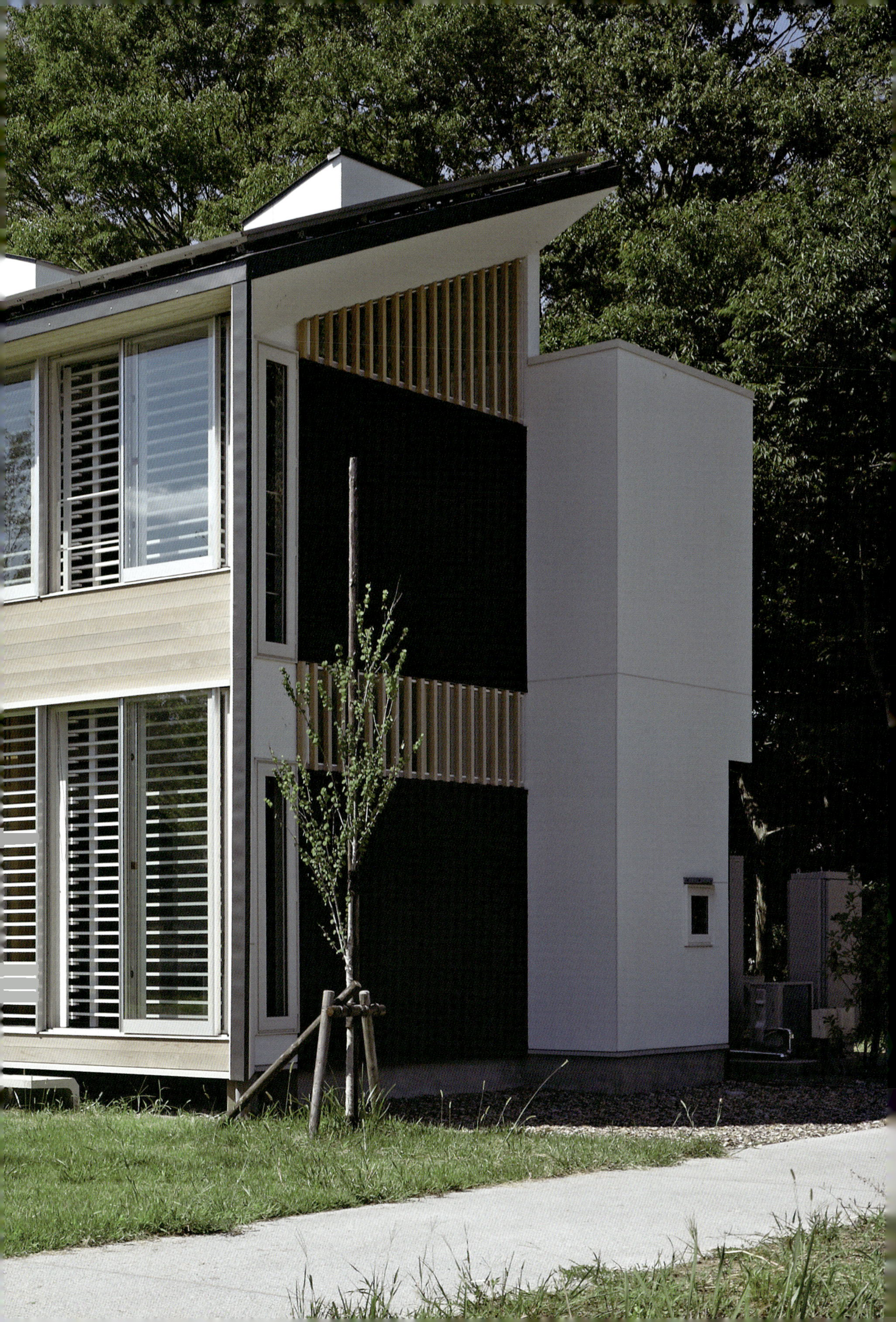

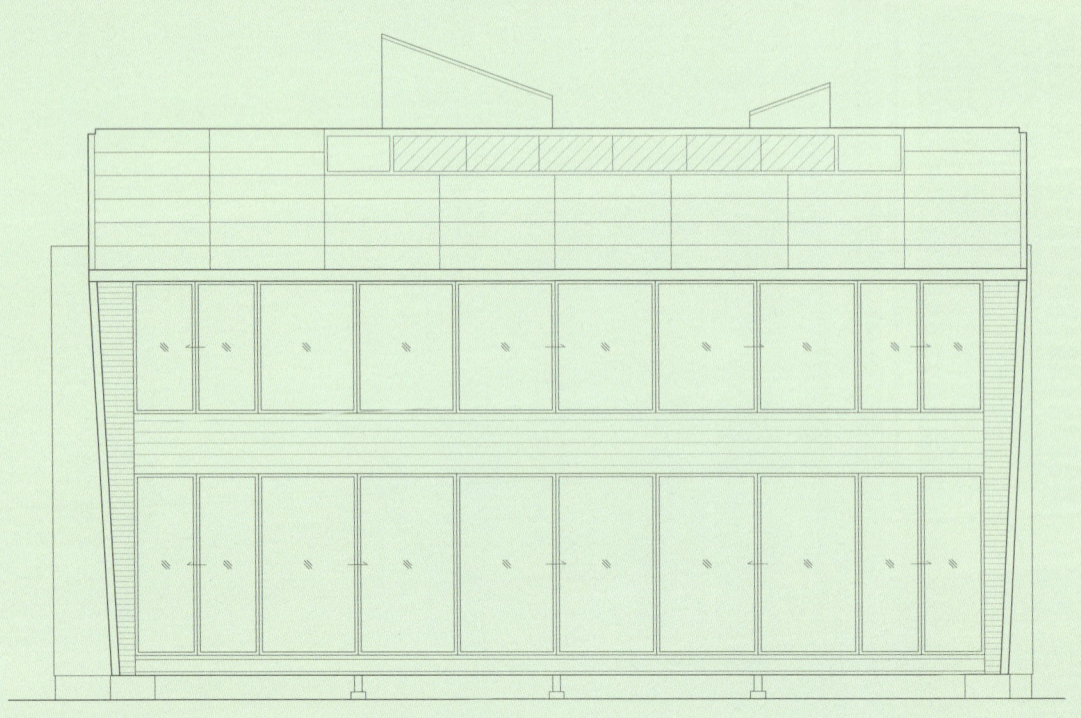

南立面図　S＝1:100

036　第2章　デモンストレーション棟の理念

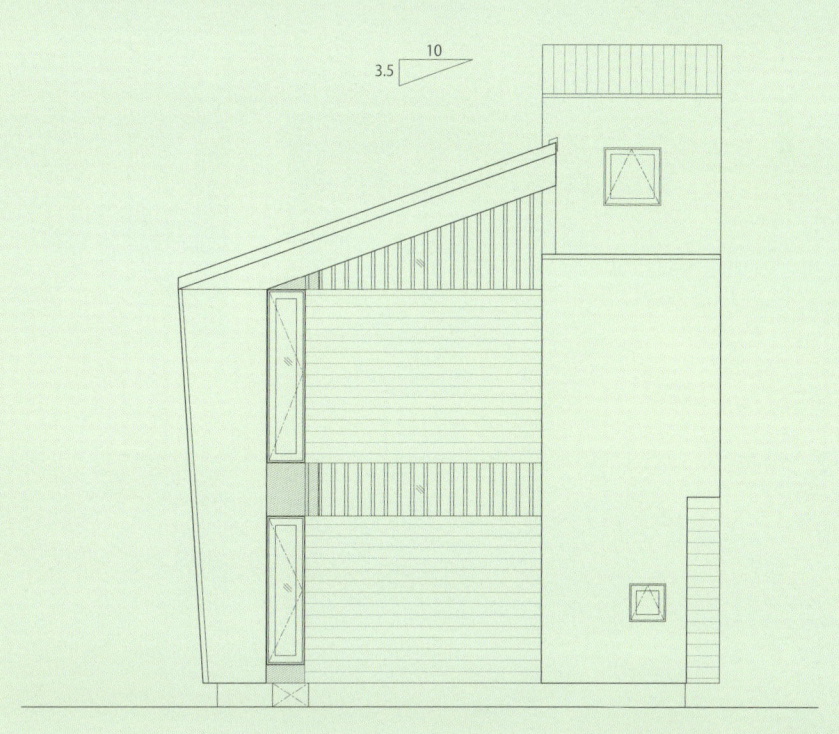

東立面図

037

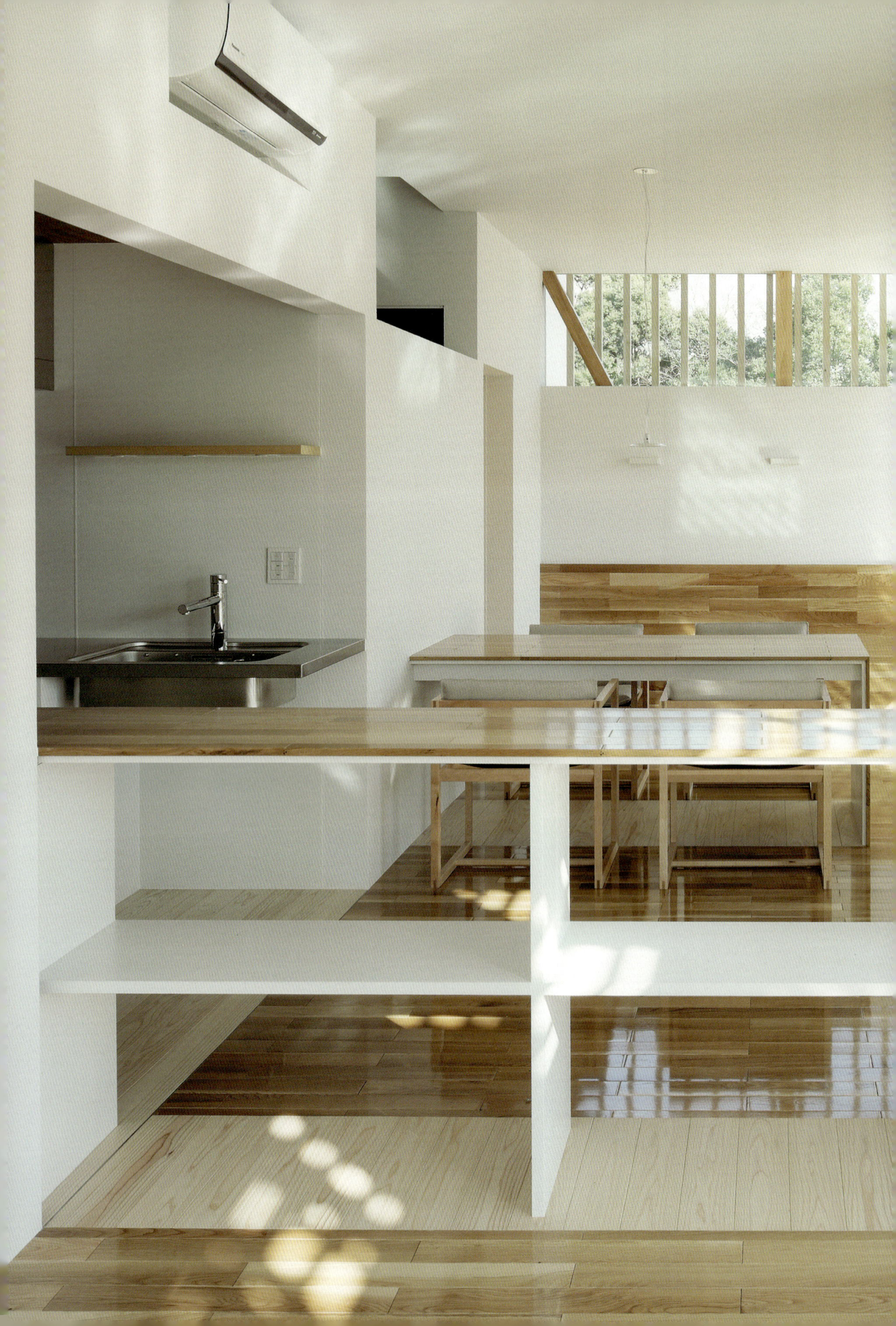

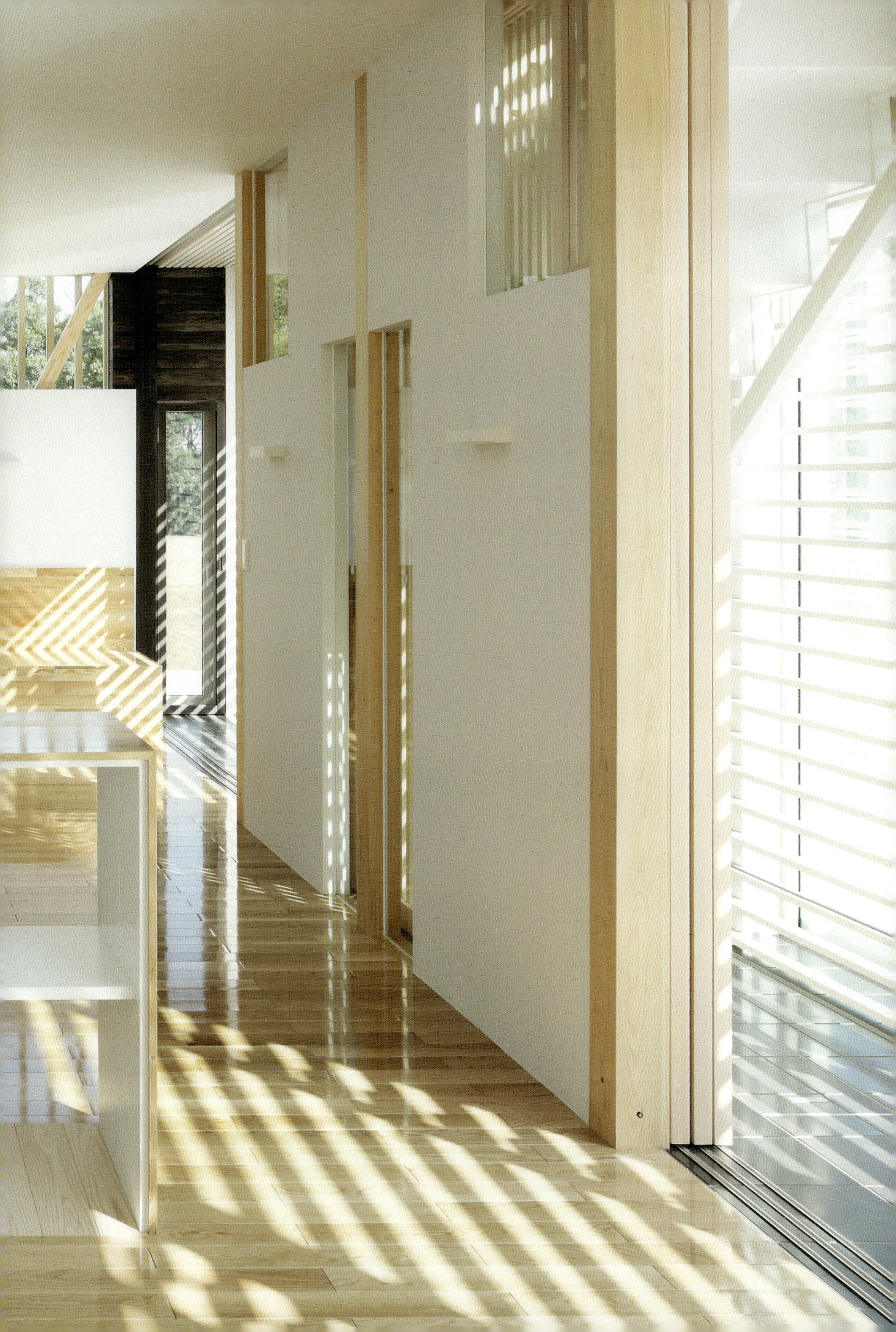

1階平面図　S＝1：100

外壁：窯業系サイディング　t＝12
　　　＋不透明撥水材
通気胴縁　t＝18
透湿防水シート
構造用合板　t＝9
高性能GW16K　t＝90
間柱105×45@455

床：無垢フローリング(スギ)

SUS
キッチンカウンター

外壁：木羽目板　t＝12
　　　＋木材保護塗料
通気胴縁　t＝18
透湿防水シート
構造用合板　t＝9
高性能GW16K　t＝90
間柱105×45@455

壁：PB t＝12.5＋繊維系クロス貼
防湿気密フィルム

玄関庇

ポーチ

小庇：AI

壁：エコカラット
PB t＝12.5

CL
床：シナ
合板素地

ゲストルーム
床：無垢フローリング(スギ)

玄関土間
床：再生材利用タイル

玄関
床：無垢フローリング(スギ)

キッチン

キッチンパネル
t＝5

WC

洗面室
床：無垢フローリング(スギ)

PS

浴室

外壁：木羽目板　t＝12
　　　＋木材保護塗料
通気胴縁 45×80@455
透湿防水シート
高性能GW16K　t＝90
間柱105×45@455

壁：PB t＝12.5＋AEP

造付食器棚

造付ダイニングテーブル

造付ベンチ

リビング

ダイニング

造付ベンチ

外壁：窯業系サイディング　t＝12
　　　＋不透明撥水材
透湿防水シート
構造用合板　t＝9
高性能GW16K　t＝90
間柱105×45@455

床：無垢フローリング(ナラ)

壁：PB t＝12.5＋AEP
木胴縁　30×45@303
構造用合板　t＝9
防湿気密フィルム

壁：スギ板　t＝12　＋木材保護塗料
床：漆喰タイル

1階縁側

縦樋：VU50

SUS鋼板　t＝0.4

床面給気口(夏季用)　日射遮蔽ルーバー

910　2,730　2,730　2,730　2,730　910

455
1,820
3,185
1,213
650

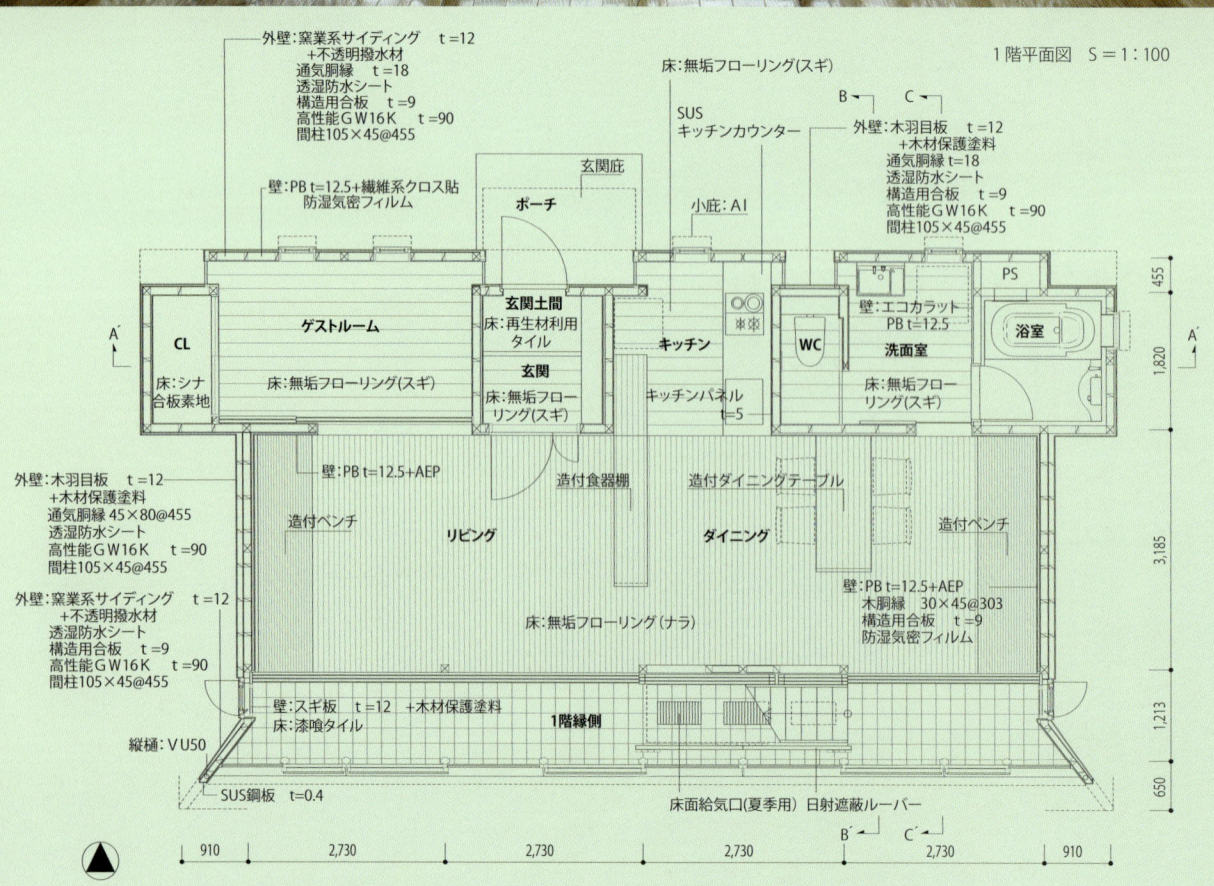

2階平面図

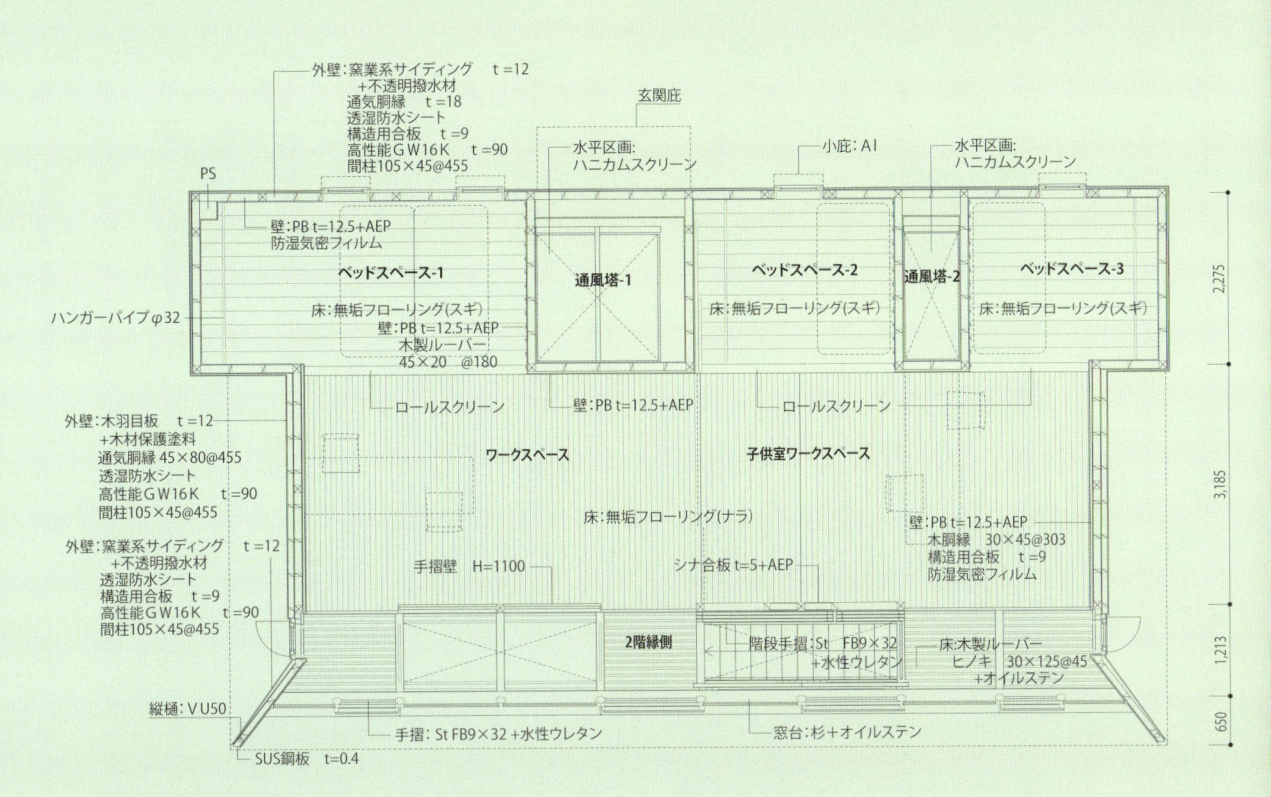

外壁：窯業系サイディング　t=12
　　　＋不透明撥水材
通気胴縁　t=18
透湿防水シート
構造用合板　t=9
高性能GW16K　t=90
間柱105×45@455

玄関庇

水平区画：
ハニカムスクリーン

小庇：AI

水平区画：
ハニカムスクリーン

PS

壁：PB t=12.5+AEP
防湿気密フィルム

ベッドスペース-1

通風塔-1

ベッドスペース-2

通風塔-2

ベッドスペース-3

床：無垢フローリング（スギ）

壁：PB t=12.5+AEP
木製ルーバー
45×20 @180

床：無垢フローリング（スギ）

床：無垢フローリング（スギ）

ハンガーパイプφ32

外壁：木羽目板　t=12
　　　＋木材保護塗料
通気胴縁 45×80@455
透湿防水シート
高性能GW16K　t=90
間柱105×45@455

ロールスクリーン

壁：PB t=12.5+AEP

ロールスクリーン

ワークスペース

子供室ワークスペース

壁：PB t=12.5+AEP
木胴縁 30×45@303
構造用合板 t=9
防湿気密フィルム

床：無垢フローリング（ナラ）

外壁：窯業系サイディング　t=12
　　　＋不透明撥水材
透湿防水シート
構造用合板　t=9
高性能GW16K　t=90
間柱105×45@455

手摺壁　H=1100

シナ合板 t=5+AEP

2階縁側

階段手摺：St FB9×32
　　　　　＋水性ウレタン

床：木製ルーバー
ヒノキ
30×125@45
＋オイルステン

縦樋：VU50

手摺：St FB9×32＋水性ウレタン

窓台：杉＋オイルステン

SUS鋼板　t=0.4

2,275
3,185
1,213
650

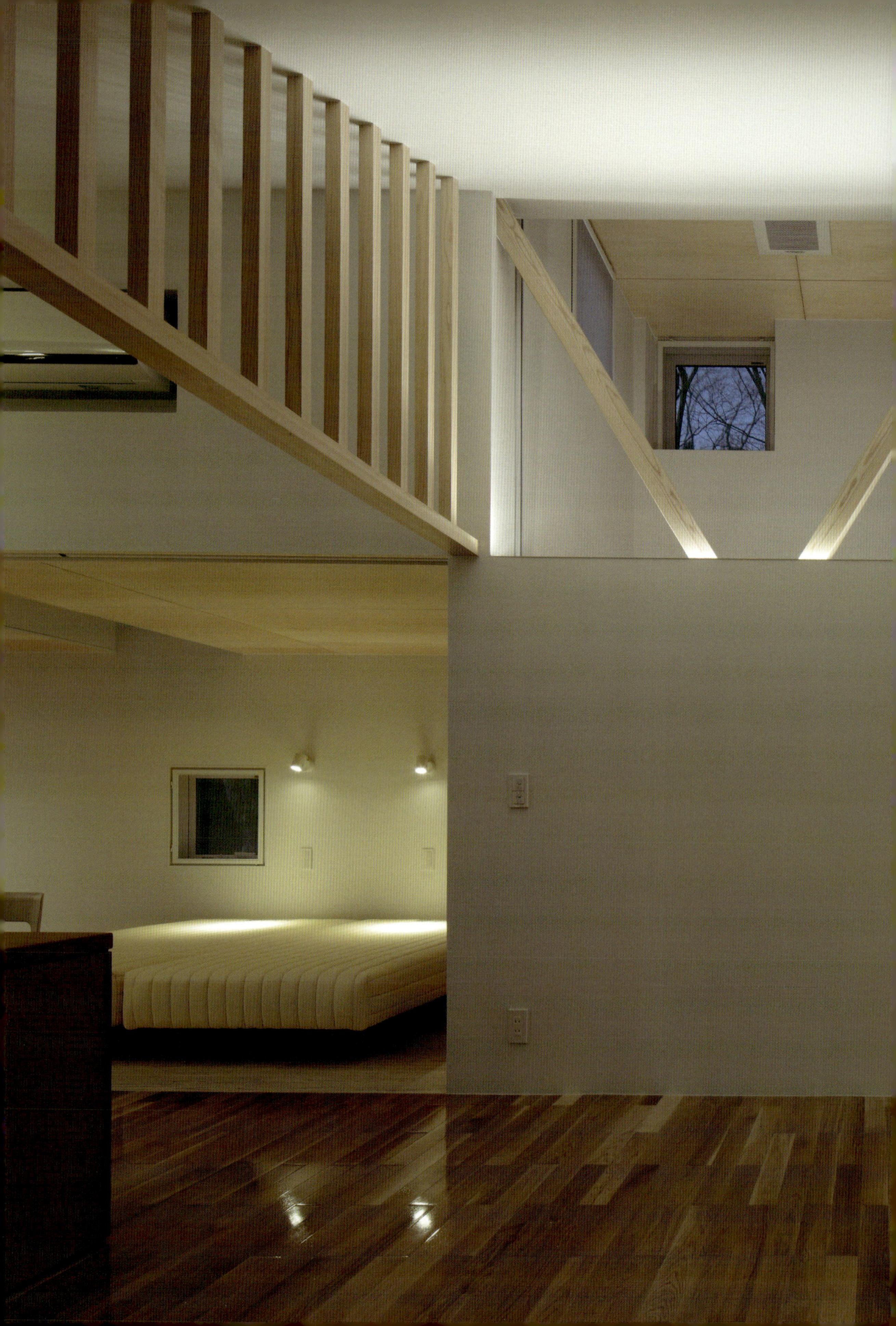

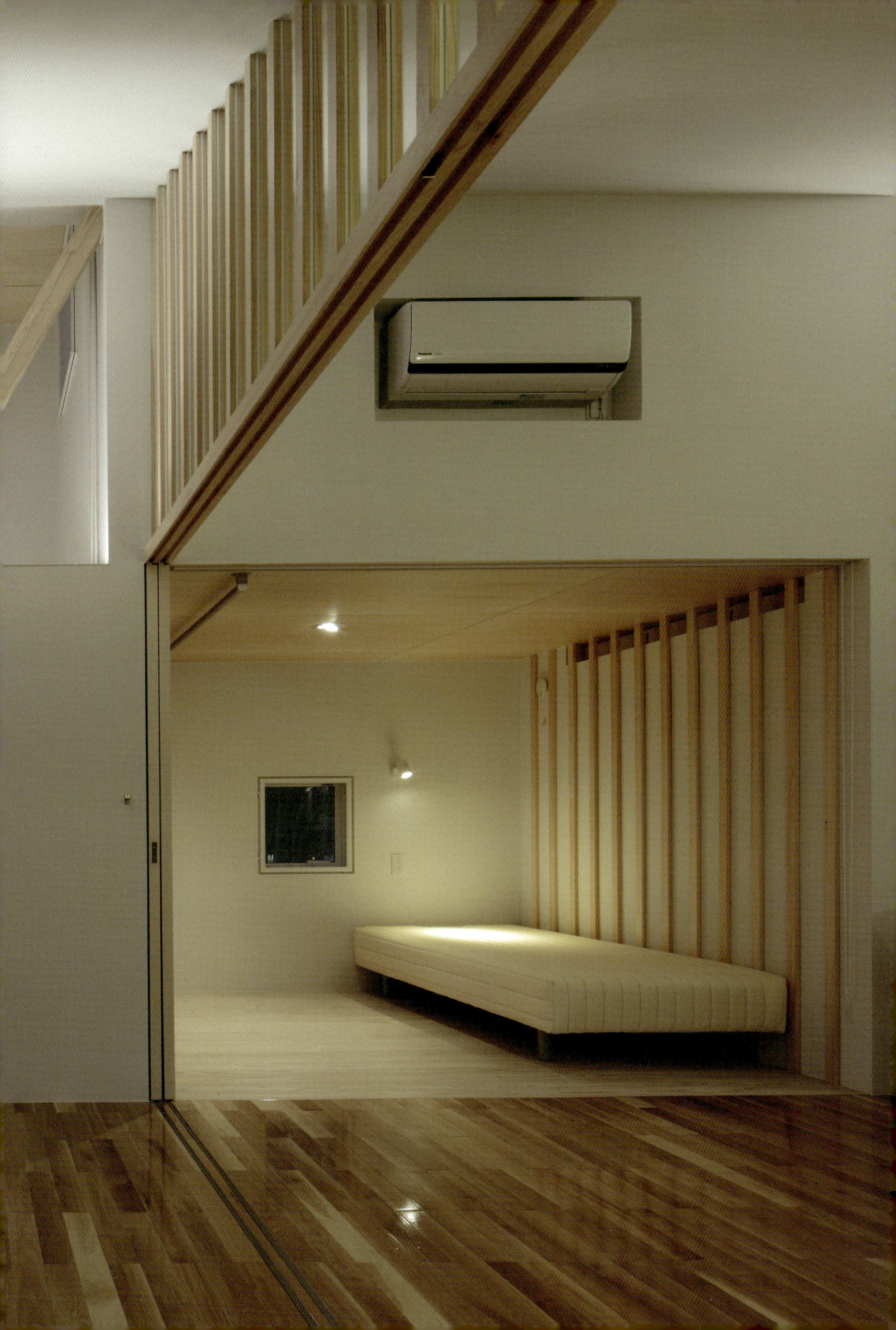

A-A'断面図　S＝1：100

通風塔-1
通風塔-2
ベッドスペース-1
ベッドスペース-2
ベッドスペース-3
CH=6,831
CH=1,950
CH=2,200
ゲストルーム
玄関
キッチン
CH=1,938
洗面室
WC
CH=2,022
浴室

3,009.5
2,184
800
3,000
584
GL

10 / 3.5
10 / 3.5
10 / 3.5

700
180

1,365　910　2,275　2,730　2,730　2,730　910
13,195

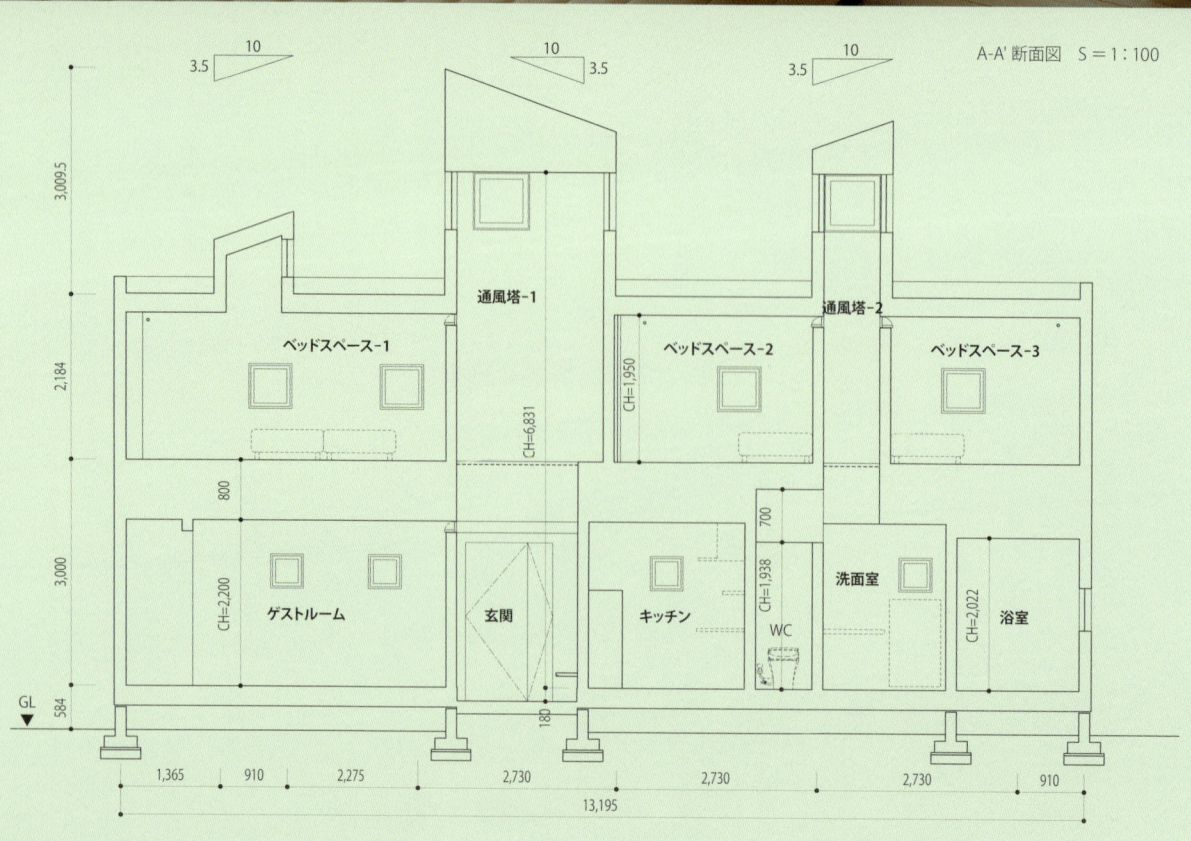

B-B' 断面図　　　　　　　　　　　　　　　　　　C-C' 断面図

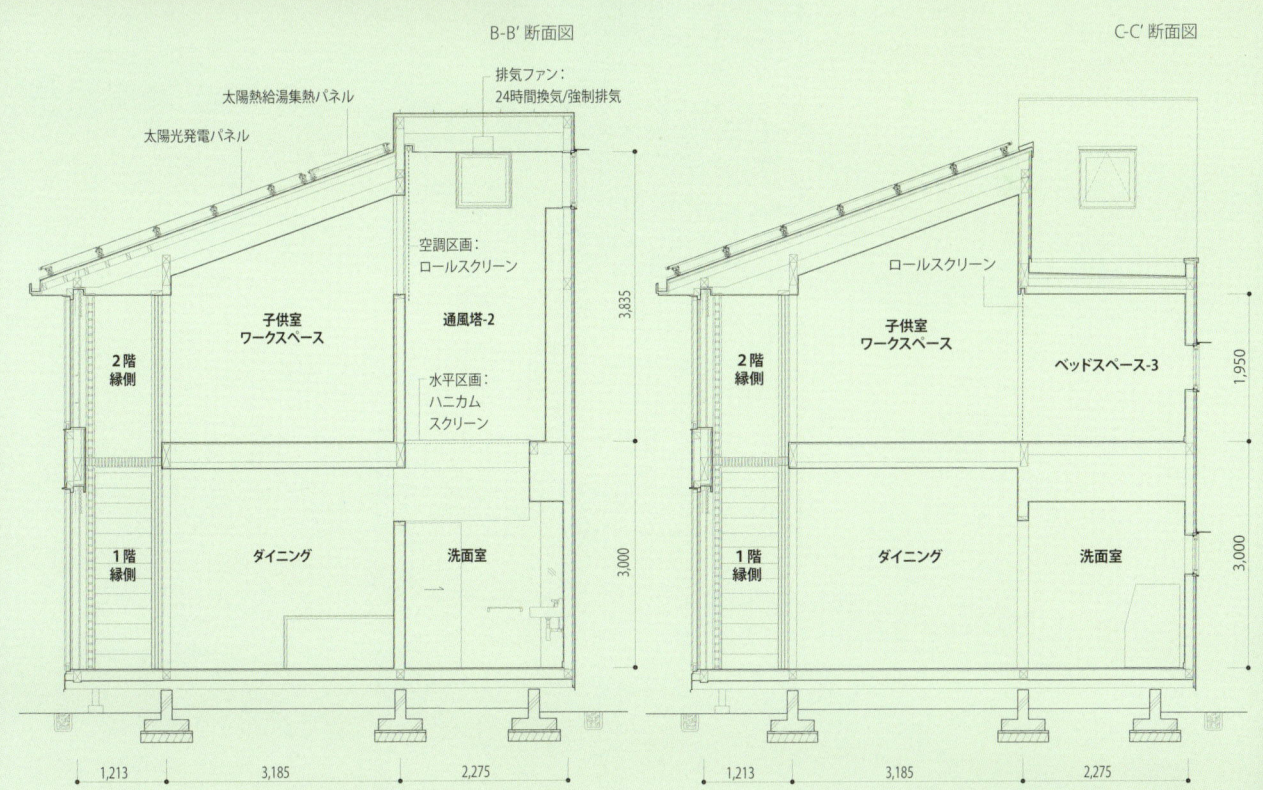

太陽光発電パネル
太陽熱給湯集熱パネル
排気ファン：24時間換気/強制排気
空調区画：ロールスクリーン
子供室 ワークスペース
通風塔-2
水平区画：ハニカムスクリーン
2階 縁側
1階 縁側
ダイニング
洗面室
3,835
3,000

ロールスクリーン
子供室 ワークスペース
ベッドスペース-3
2階 縁側
1階 縁側
ダイニング
洗面室
1,950
3,000

1,213　3,185　2,275　　　　　　　　1,213　3,185　2,275

縁側部分断面詳細図　S＝1：25

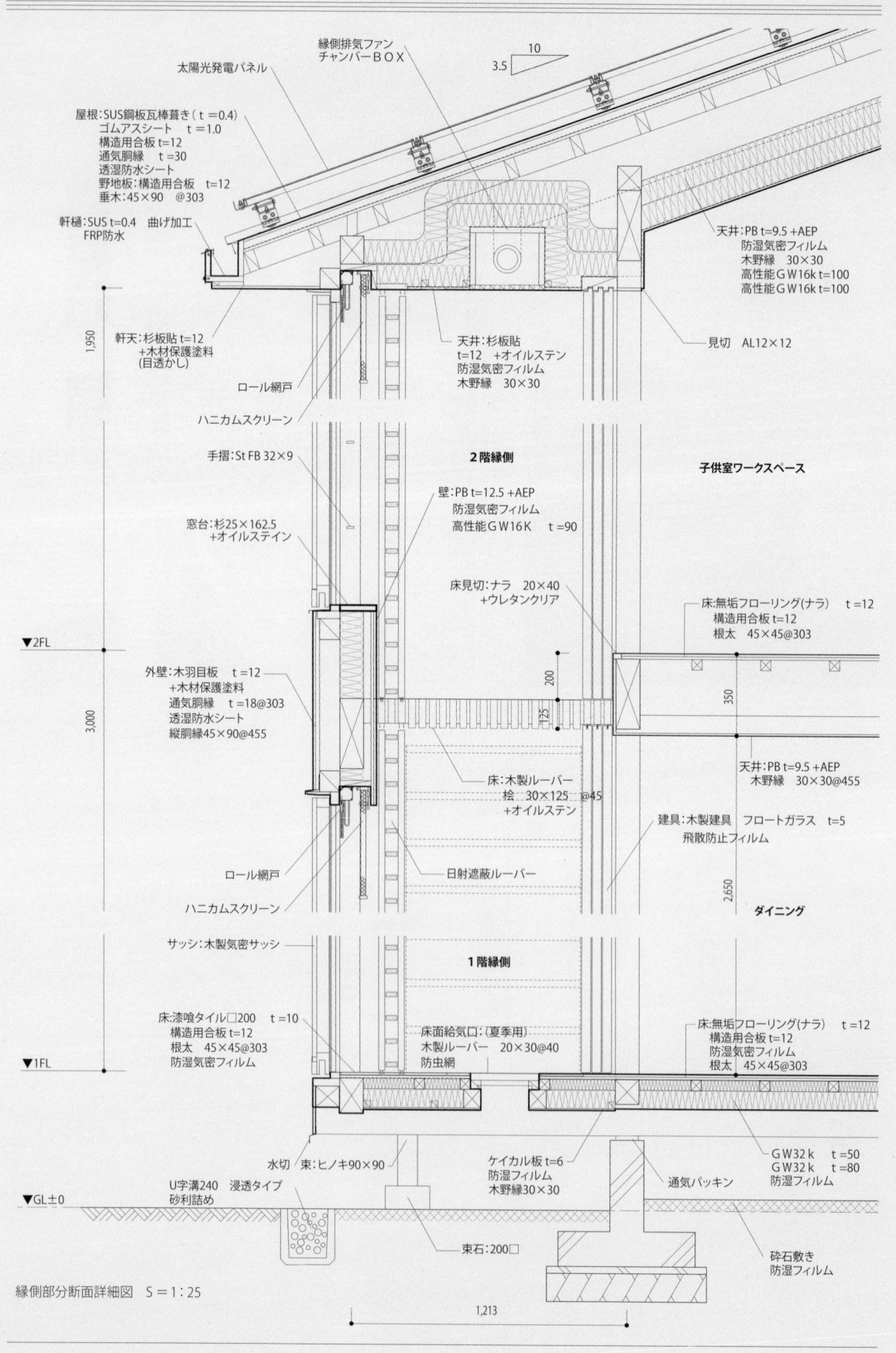

- 太陽光発電パネル
- 縁側排気ファン／チャンバーBOX
- 屋根：SUS鋼板瓦棒葺き（t=0.4）
  ゴムアスシート　t=1.0
  構造用合板　t=12
  通気胴縁　t=30
  透湿防水シート
  野地板：構造用合板　t=12
  垂木：45×90　@303
- 軒樋：SUS t=0.4　曲げ加工　FRP防水
- 天井：PB t=9.5 +AEP
  防湿気密フィルム
  木野縁　30×30
  高性能GW16k t=100
  高性能GW16k t=100
- 軒天：杉板貼 t=12
  ＋木材保護塗料
  （目透かし）
- ロール網戸
- ハニカムスクリーン
- 天井：杉板貼
  t=12　+オイルステン
  防湿気密フィルム
  木野縁　30×30
- 見切　AL12×12
- 手摺：St FB 32×9
- **2階縁側**
- 壁：PB t=12.5 +AEP
  防湿気密フィルム
  高性能GW16K　t=90
- **子供室ワークスペース**
- 窓台：杉25×162.5
  ＋オイルステン
- 床見切：ナラ　20×40
  ＋ウレタンクリア
- 床：無垢フローリング（ナラ）t=12
  構造用合板 t=12
  根太　45×45@303
- ▼2FL
- 外壁：木羽目板　t=12
  ＋木材保護塗料
  通気胴縁　t=18@303
  透湿防水シート
  縦胴縁45×90@455
- 3,000
- 200
- 125
- 350
- 床：木製ルーバー
  桧　30×125　@45
  ＋オイルステン
- 天井：PB t=9.5 +AEP
  木野縁　30×30@455
- ロール網戸
- ハニカムスクリーン
- 日射遮蔽ルーバー
- 建具：木製建具　フロートガラス t=5
  飛散防止フィルム
- 2,650
- **ダイニング**
- サッシ：木製気密サッシ
- **1階縁側**
- 床：漆喰タイル□200　t=10
  構造用合板 t=12
  根太　45×45@303
  防湿気密フィルム
- 床面給気口（夏季用）
  木製ルーバー　20×30@40
  防虫網
- 床：無垢フローリング（ナラ）t=12
  構造用合板 t=12
  防湿気密フィルム
  根太　45×45@303
- ▼1FL
- 水切
- 束：ヒノキ90×90
- ケイカル板 t=6
  防湿フィルム
  木野縁30×30
- GW32k　t=50
  GW32k　t=80
- 通気パッキン
- 防湿フィルム
- ▼GL±0
- U字溝240　浸透タイプ
  砂利詰め
- 束石：200□
- 砕石敷き
  防湿フィルム
- 1,213
- 1,950

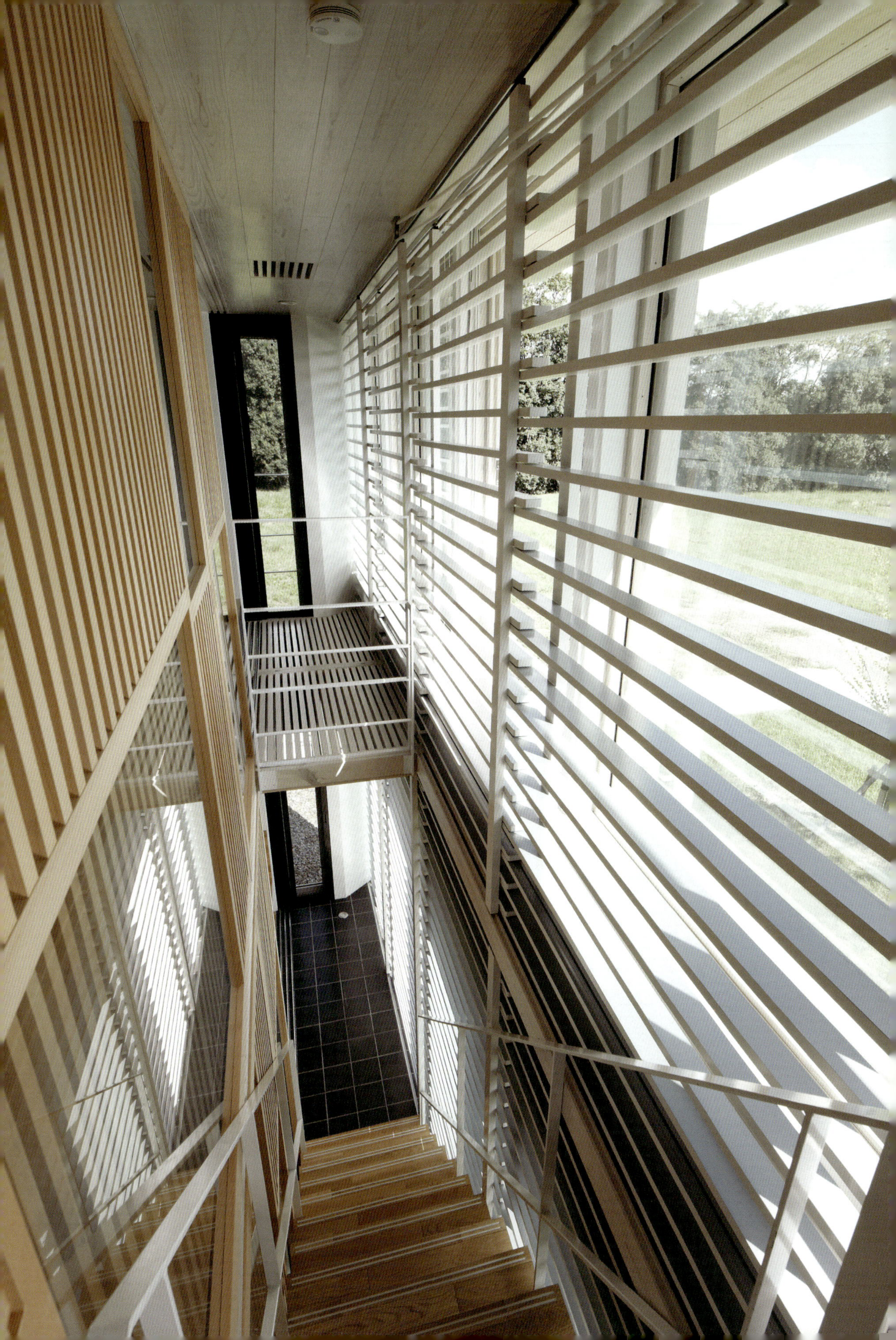

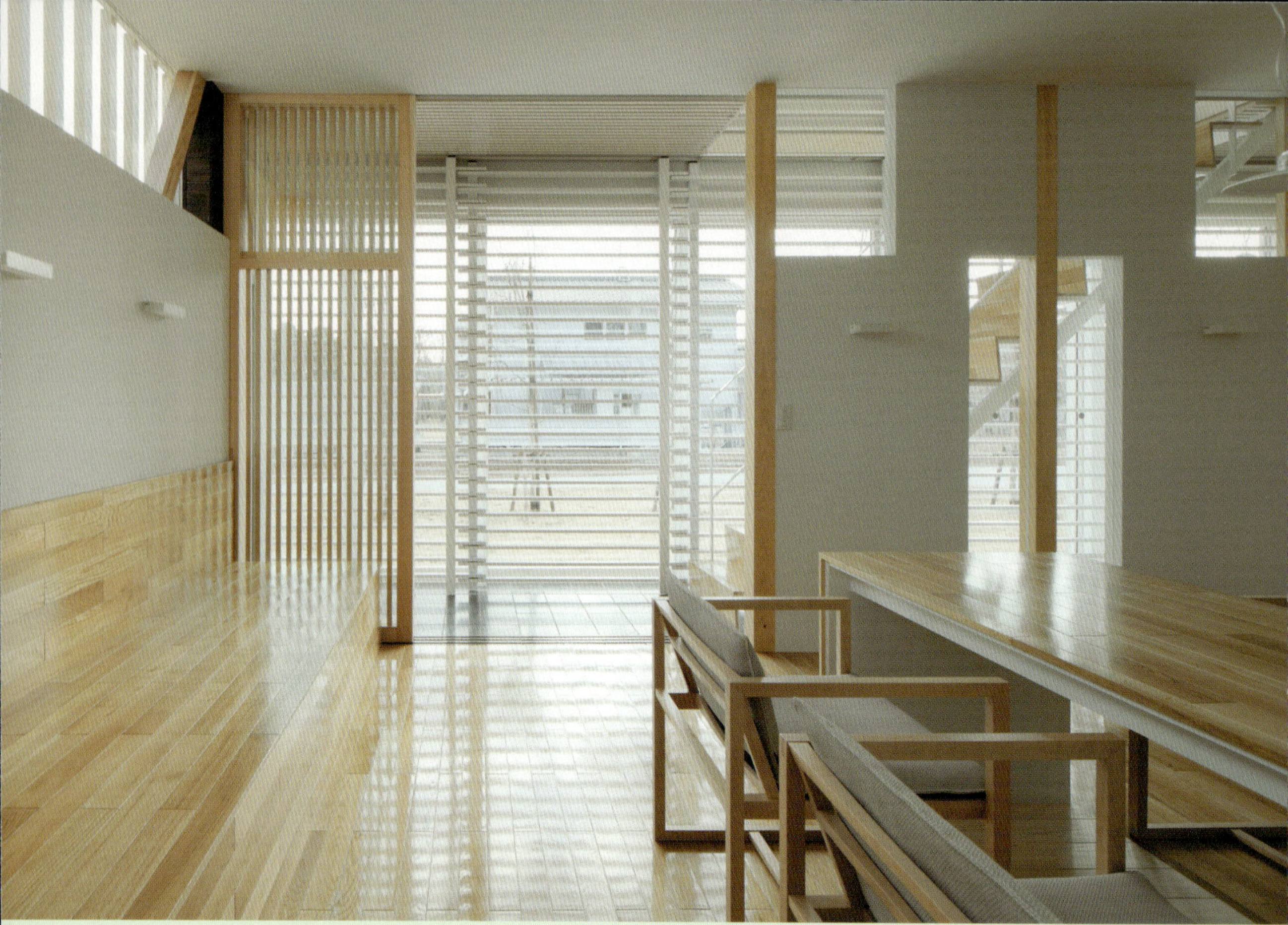

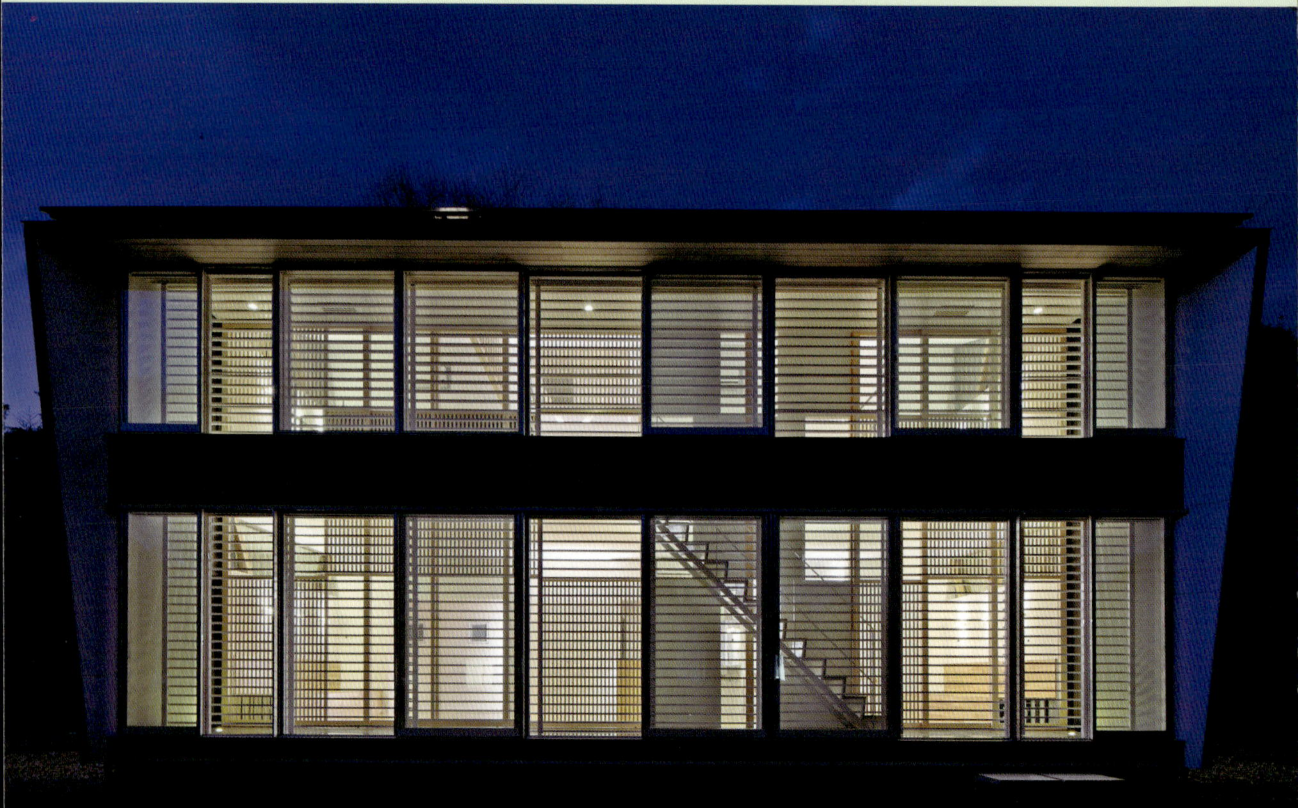

LCCM住宅デモンストレーション棟　データシート

建物規模　延床面積　142m² (43坪)　4人家族を想定
構造　木造在来工法　地上2階建
建設地　茨城県つくば市　建築研究所内 (Ⅳ地域)

建物仕様

基礎	布基礎　高炉セメント使用
軸組	茨城県産スギ材，福島県産マツ材，など
開口部	南面：木製気密サッシ (キマド) ＋真空ガラス (日本板硝子)　木製日射遮蔽ルーバー (製作)　ハニカムスクリーン (セイキ)
	東西面：木製FIX窓＋複層真空ガラス (一部Low-E複層ガラス)
	北面：樹脂サッシ＋複層真空ガラス
	通風塔：樹脂サッシ＋複層真空ガラス　ハンドルオペレータ
内部建具	木製＋フロートガラス厚5mm
屋根	ステンレス鋼板瓦棒葺
外壁	窯業系サイディング
	木羽目板 (スギ材) ＋木材保護塗料
断熱材	壁：高性能グラスウール16k 厚90mm
	床：高性能グラスウール16k 厚50mm＋グラスウール32k 厚80mm
	天井：高性能グラスウール16k 厚200mm (100×2)
内装	内壁：プラスターボード＋AEP
	床：ナラ無垢フローリング　スギ無垢フローリング　漆喰タイル (縁側)
	天井：プラスターボード＋AEP　一部シナ合板

環境性能

Q値　1.98W/m²K (計算)　次世代省エネルギー基準Ⅱ地域 (日射利用住宅) 相当として計画
C値　1.2cm²/m² (計測)
夏季日射取得係数　0.037 (夏季のすまい方として縁側を外部空間として想定)
CASBEE　すまいの環境効率★★★★★
　　　　ライフサイクルCO_2 ☆☆☆☆☆
　　　　(CASBEE戸建-新築 2010年度版 自己評価)

夜景北立面　　　　(34〜49頁　撮影：鳥村鋼一)

主要設備

空調設備	高効率ヒートポンプ式エアコン (1階リビングダイニング：2.8kW　2階ワークスペース：2.2kW×2台)
給湯設備	太陽熱集熱器対応型ヒートポンプ給湯器　家庭用燃料電池　※実験用として2種類の給湯器を設置。実生活ではどちらか一方の設置を想定。
換気設備	第三種換気 (DCモーター排気ファン)
照明設備	LED照明
発電設備	太陽光発電 7.98kW (三洋電機(株))
計測設備	HEMS (因幡電機産業(株))

工事概要

基本計画	ライフサイクルカーボンマイナス住宅研究・開発委員会
設計監理	(有) 小泉アトリエ
構造設計	東京大学生産技術研究所腰原研究室　腰原幹雄＋Kplus
設備設計	(有) ZO設計室
照明設計	松下進建築・照明設計室
建築・設備工事	郡司建設(株)
計測工事	(株) メック
建設スケジュール	2010年8月着工〜2011年2月竣工　2011年2月〜実験計測
建設費	LCCM化にかかわる費用として坪40万円のコスト増

写真説明

34-35頁	南東外観。夏季「通風モード」，木製気密サッシを開いて水平ルーバーで日射を遮蔽
36頁	南西外観。冬季「ダイレクトゲインモード」，木製サッシを閉じて日射を取得
37頁	北西外観。開口面積を最小限に抑え，北風に備える設え
38-39頁	1階内観。リビングからダイニング・キッチンへの眺め
40頁	1階内観。木製建具 (空調区画レイヤー) を閉じた状態
41頁	1階内観。夏季の木製日射遮蔽ルーバー (日射遮蔽レイヤー) による日射の遮蔽
42-43頁	2階内観 (夜景)。市松状に構成された通風塔開口とベッドスペース
44頁	2階内観。天井を低く抑えたベッドルームからワークスペースへの眺め
45頁	2階内観。東西に長いストライプ状の平面構成
47頁	2階縁側。環境的なバッファーゾーンと上下動線を兼ねた縁側空間
48頁上	1階内観。ダイニングから南庭への眺め
48頁下	南側外観 (夜景)。南面大開口に織り重ねられた環境制御レイヤー

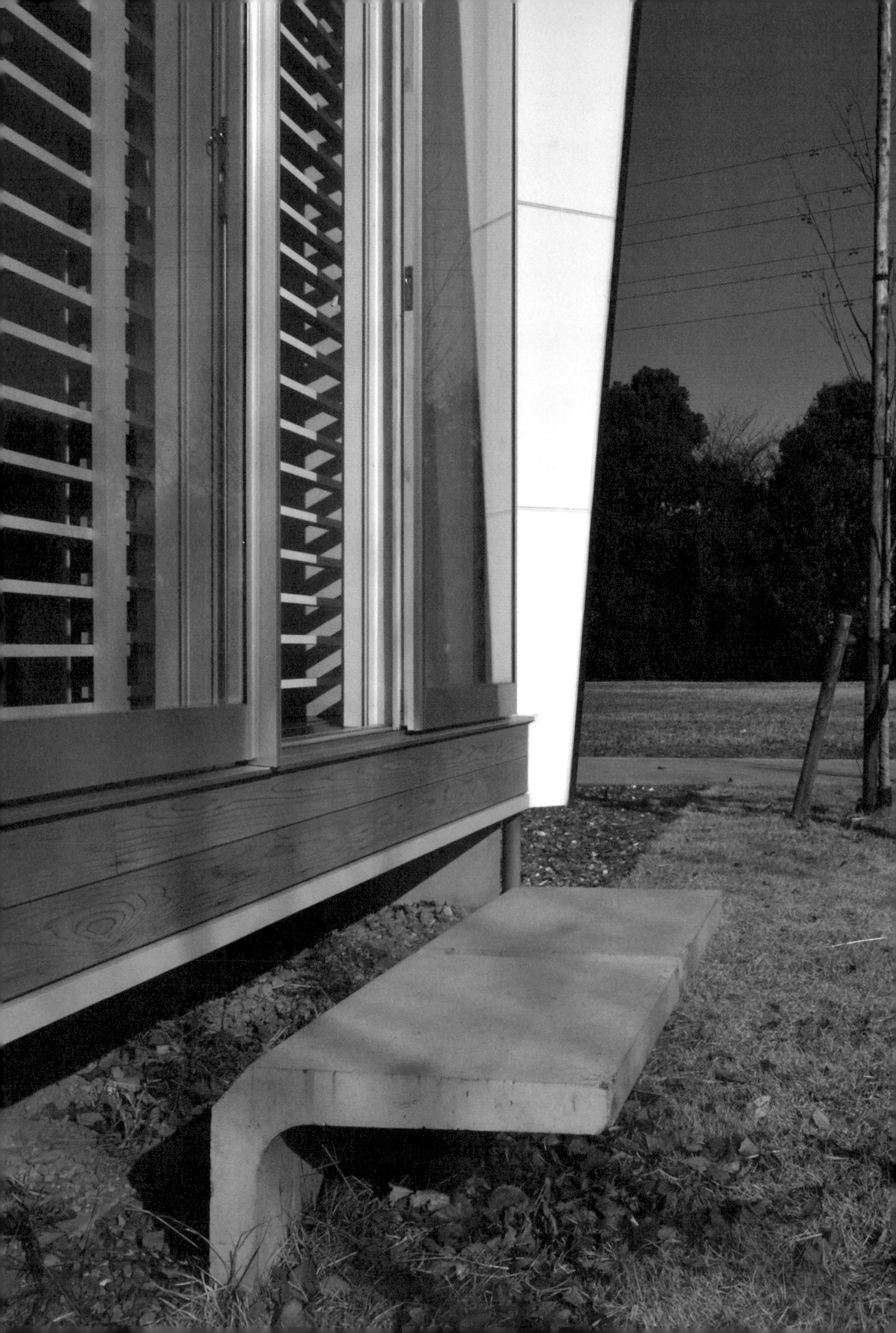

第3章
LCCM住宅デモンストレーション棟のしくみ

　第2章では，居住者行動や日本の気候風土に対応した「衣替えする住宅」というLCCM住宅デモンストレーション棟のコンセプトと，そのコンセプトが導き出された環境配慮設計の背景について述べた。

　第3章では，そのコンセプトを実際の住宅建築に落とし込んでいくための技術や工夫について見ていくこととする。

　その検討範囲は，ライフサイクルで建築を捉えるということで，計画，構造・構法，環境・設備と多岐にわたる。それぞれはLCCM住宅デモンストレーション棟の設計段階で検討された事項であるが，一般的な住宅でも環境を配慮するにあたって，検討すべき事項でもある。LCCM住宅デモンストレーション棟という個別事例を通して，環境を意識した住宅の設計手法を見ていこう。

環境計画 1

ストライプ状の平面構成

小泉雅生

東西方向に長いプロポーション

　このLCCM住宅デモンストレーション棟は，東西方向に細長い矩形平面をしている（40〜41頁）。すなわち，南を向いた面が長くなる形状である。冬には南からの日射を取り込みやすく，夏には遮りづらい東西方向からの低い日射の影響を受けにくく，通年で見ると熱環境的に有利とされる。ここでは，その知見を生かし，東西方向に長いプロポーションを踏襲している。

　その平面に対して，太陽エネルギーを取り込むべく南に向かって大きく開けた南側のゾーン（BUFFER），北風から守るべく閉じた北側のゾーン（STATIC），そしてそれらの間に挟まれた中央のゾーン（ACTIVE）の3つのゾーンを設け，それらによってストライプ状の構成としている（図1）。

太陽エネルギーを取り込む南側のゾーン

　南側のゾーンは南面に大きな開口を持ち，外部との接点となる場所である（写1）。外から気軽に腰掛けられるような構えを持ち，伝統的な縁側のような設えとなっている。いわゆる中間領域として，外部と内部とを橋渡しする役割を担うが，熱環境上も外部の気候変動を受け止め，和らげるバッファーとして機能する。南面の開口は，太陽の熱と風を受けとめるべくパラボラ状に外向きに開いている。バッファーであるので，室内の環境は外の気候の影響を受けて変動しやすいが，機能的には滞在時間の短い縦動線を充てることで，支障が出ないよう配慮している。夏季は開口を開放することで，外部扱いとして軒が深く確保されたかたちとし，さらに簾のように木製ルーバーを先端に配し，内部への日射の侵入を防いでいる。冬季には開口を閉じ，サンルーム状の空間として，日差しを取り込んでいく。

　こういった中間領域やバッファーゾーンはさまざまな可能性を持つが，現実には面積的な制約から，なかなか確保することが困難である。ここでは，縦動線（階段）の機能を重ね合わせることで，面積を増やすことなく実現している。結果として，一般的には北側に追いやられる階段が，南側に設けられるかたちになっている。

天井の高い中央のゾーン

　中央のゾーンは，南北のゾーンで守られ，安定した室内環境が担保される。滞在時間の長いリビングやワークスペースに充て，十分な天井高さを確保している。人の出入りするレベルと，空気や光の出入りするレベルを断面的に積層し，空気や光が行き渡る計画としている。

　このゾーンでは，食事や団らん・学習といった日常的なアクティビティが繰り広げられるが，家族相互のつながりを生み出すように，仕切らずに開放的な空間として設え，横方向に連続させている。

　2階には3つの個室が設けられているが，個室をワークスペースとベッドスペースとに分け，ワークスペース内に4人の机，つまり活動スペースを確保している（写2）。

小空間の配された北側ゾーン

　北側のゾーンには，水廻りやベッドスペースが設けられている。その一部が屋根の上まで吹抜け，通風塔を形作っている。

　2階のベッドスペースは，就寝というスタティックなアクティビティに対応したコンパクトな空間である。開放的なワークスペースに対して，プライバシーを確保できる場所として位置づけている。あえて天井を低くして，気積を小さくすることで，冬季には人体による内部発熱で，ある程度の熱環境が担保される。ベッドスペースの間に通風塔が設けられており，それぞれに小さな換気用の開口が設けられている。図2が，これらの考え方を示したコンセプトドローイングとなる。

アクティビティに応じた空間と環境

ここでは、家の中でのアクティビティに対応させて、空間と環境とを設えている。その結果として、3層のストライプ状の空間構成が導き出された。逆に、それらの空間と環境が、家の中でのさまざまなアクティビティを呼び起こしていく部分もある。

アクティビティと環境を丁寧に読み込んでいくことで、空間や領域のいろいろな可能性が見えてくるのである。

写1　外部との接点となるバッファーとしての縁側

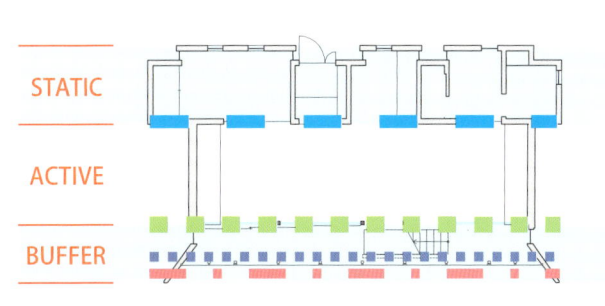

写2　コンパクトなベッドスペースと天井の高いワークスペース（撮影：鳥村鋼一）

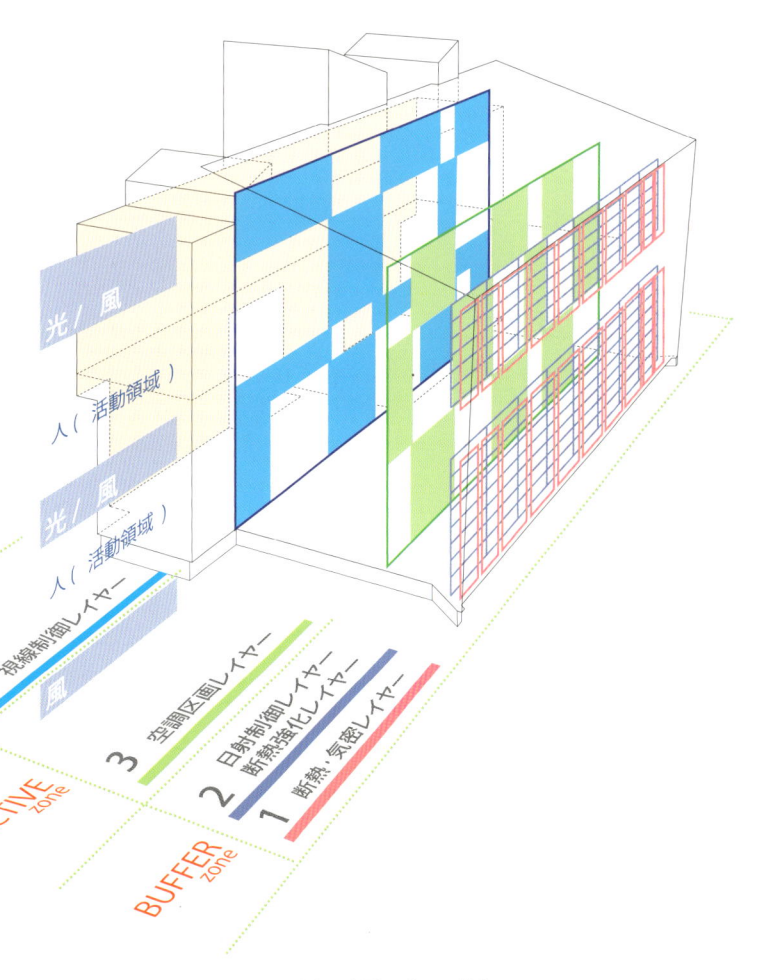

図1　PLAN（ダイヤグラム）

図2　多層レイヤーの構成

環境計画 2

環境制御のための多層レイヤー
村田 涼

衣服の重ね着のような環境制御

　暑さや寒さ，明るさや暗さといった，春夏秋冬，昼夜により，時々刻々と変化する自然の気候条件に応答する住まいはいかにして可能か。建物の運用段階のCO_2排出量は，暖冷房や換気，照明などの室内環境の調整に由来するエネルギー消費が大きく関わるから，自然エネルギーの密度や量の変化，偏りをふまえながら，太陽や風の力を巧みに活かし，環境負荷を抑える建築のデザインが求められている。

　LCCM住宅デモンストレーション棟で目指した環境計画のコンセプトは，さまざまな役割を持つレイヤーを重ね合わせ，何枚もの衣服を重ね着するように建物の室内環境を整える，「衣替え」のようなパッシブデザインである（図1）。たとえば，京都などの民家に残る建具替えの文化，つまり襖や障子，その外側の木の格子戸や簾などを季節ごとに取り替え，住宅が季節や時間の変化に応じて様相を変えるような，さまざまな環境制御の仕組みをチェンジする住宅だ。日本の住宅がいわばDNAのように，内在的に備えている伝統を受け継ぎ，現代の先端的な技術とデザインによって，再定義するチャレンジである。

　それでは，LCCM住宅デモンストレーション棟で用意されたさまざまな建具，「環境制御のための多層レイヤー」の仕組みをみてみよう。

断熱・気密レイヤー

　建物の南側ファサードの大半を占める大きな窓は，真空ガラス＋木製気密サッシの「断熱・気密レイヤー」である。国産スギの建具の外側をアルミでクラッディングし，耐候性を高めている。傍らにはロール網戸を仕込み，不要な時にはすっきりと視界が保たれる。なお，南側の開口部は断熱性能，国産材利用の観点から木製気密サッシとしている。

　一方，北側の開口部は樹脂サッシを使用している。こちらは製造時の排出CO_2の検証が必要だが，断熱性能に優れている。このLCCM住宅では，検証の観点からこれらを併設することにしている。

日射制御レイヤー／断熱強化レイヤー

　南側ファサードの断熱・気密レイヤーのすぐ内側には，不要な日射の侵入を抑える「日射制御レイヤー」と，特に冬季の夜間に窓面からの熱損失を抑えるハニカムスクリーンの「断熱強化レイヤー」が備わっている。ヒノキ製の日射遮蔽ルーバーは，ハンガーレールを用いて1箇所に引き寄せられるので，不要なときには容易にコンパクトに格納することができる。

空調区画レイヤー／視線制御レイヤー

　縁側を挟んでリビング・ダイニングやワークスペースとの境にあるのは，木製建具の「空調区画レイヤー」である。シングルガラスと縦格子を組み合わせた片引き戸は，屋内外の境界用ほどには断熱・気密性能を求めていない。しかし，この仕切りを空調時に閉じることで，部屋の気積が小さく抑えられ，暖冷房の負荷を格段に減らすことができる。同様の考えで，通風塔の中間レベルもハニカムスクリーンで，水平に区画ができるようになっている。開閉は，専用の操作棒を用いる。

　さらに，北側の個室ゾーンとの境界にあるのは，ロールスクリーンの「視線制御レイヤー」である。就寝時のプライバシーの確保とともに，ベッドスペースの気積を小さく区画する役目も兼ねている。ロールスクリーンが有する簡便さで，すっと開け閉めができ，個室が伸縮するかのように，さまざまな空間の使い方に対応できる。

環境に「開いていく」住まいのかたち

　このように建物には，5種類の環境制御レイヤーが備わり，さらに屋外の落葉高木群は「樹木レイヤー」

として，天然の日射制御装置としての役割が期待されている。これら「多層レイヤー」の開け閉めを，季節や時間ごとに，あるいは住人の好みによりさまざまに組み合わせ，住まいの環境をアレンジできるようになっている。

これまで，環境負荷を削減するための方法論には，1枚の厚い壁で外部に対してしっかりと「閉じる」ことで，室内環境を守るあり方が支配的であった。

ここでは，何枚かの薄いレイヤーを組み合わせ，衣替えすることによって，冬は従来のようにしっかりと守りつつも，中間期から夏にかけては「開いていく」住まいのかたちを提案している。

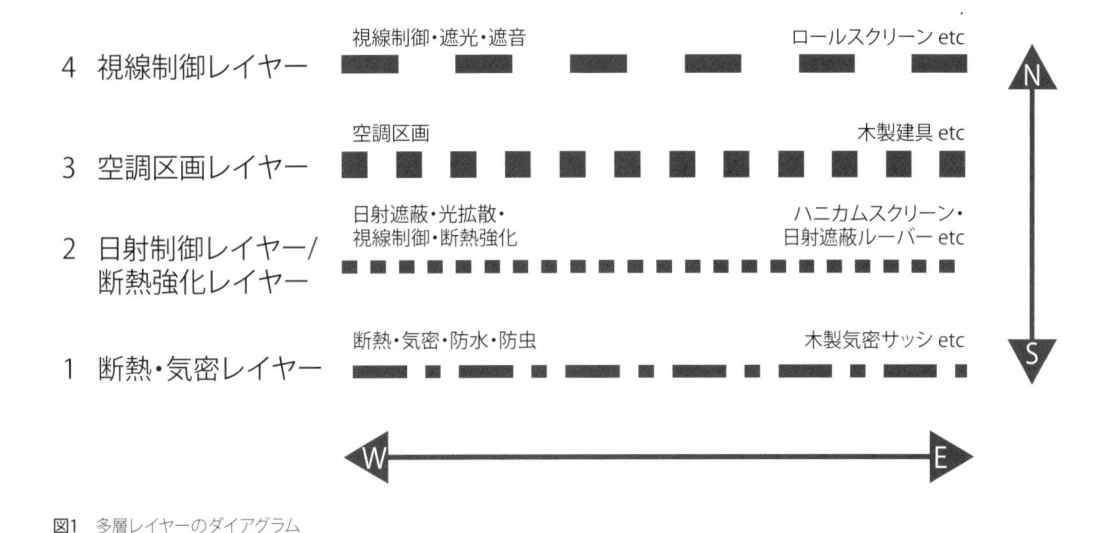

図1 多層レイヤーのダイアグラム

写1 木製気密サッシ

写2 ロール網戸

写3 ハニカムスクリーン

写4 日射遮蔽ルーバー

写5 木製建具

写6 ロールスクリーン

環境計画 3

積層された断面構成
金子尚志

縦糸と横糸で紡ぎ出す空間

　断面計画には，平面には現れてこない環境要素の動きが，物理的現象として現れてくることが多い。人の動きに加え，熱，風，光などの環境要素を見つけるには，縦方向の流れを捉えるための断面計画での検討が不可欠である。さらに，天井ふところに見られる設備機器の納まりも，断面計画における重要な要素であろう。LCCM住宅デモンストレーション棟では，平面計画で検討されたアクティビティに加え，断面計画に物理現象（フィジックス）を織り込むことによって，それぞれを横糸と縦糸のようにして紡ぎ出された空間になっている。

積層された断面構成

　LCCM住宅デモンストレーション棟は木造の2階建であり，居住領域としては2層構成となっている。そこに環境要素を加えた視点で捉えると，8つの積層された断面構成が見えてくる（図1，写1）。

床下空間

　イニシャルCO_2の削減を意図して，コンクリートヴォリュームの少ない布基礎とした床下空間は，断熱ラインを床面で捉えていることから外部空間となっている。室内への十分な通風を確保するため，縁側部分の床に設けられた開口部は，不在時における換気，夏季は日影になった床下から涼風を取り入れる給気口として機能している（写2）。

1階居住領域

　リビング・ダイニングの天井高さは2,650mmである。北側のゾーンに配置されたキッチンやゲストルームの高さはリビング・ダイニングよりも500mm低い2,150mmで，このラインが1階の居住領域を構成している（写3）。

1階環境領域

　1階居住領域の上部には，北側ゾーンとの高さの差によって生じた，天井から500mm程度の厚みをもった環境をコントロールするためのレイヤーが存在する。東西外壁面には，この厚みの中にハイサイドライトが取られ，日の出から日没までの昼光を有効に確保するとともに，外部環境の様子を視覚的に取り込むための開口にもなっている。通風塔につながる室内の壁には孔が開けられており，外部環境の変化や，住まい方に応じて風や熱の環境を調整する。この領域にはエアコンが設置され，アクティブな環境制御も行われる。

1階天井

　構造上必要な梁せいをふところ内に納め，1階の天井高さを領域によって調整する空間にもなっている。

2階居住領域

　北側のベッドスペースは，1,950mmの天井高としている。これは，最小限のエネルギーで環境制御をすることを意図して，室内の気積を小さくしたためである。ワークスペースを分割する可動間仕切も，この高さで設定され，2階の居住領域を構成する。

2階環境領域

　2階居住領域の上部にも，環境をコントロールする領域があり，東西外壁面のハイサイドライトと，室内の通風塔につながる孔が設けられている。2階環境領域の特徴は，片流れ屋根の勾配がそのまま現された天井面である。北側に広がる天井面に光が緩やかに反射し，風の流れは通風塔へ促される。

2階天井

　2階天井には，南側の縁側空間の排気を行うための経路がとられている。北側へ向かって勾配をもつ，屋根形状を生かした空気の道となっている。

屋根上空間

　屋根面のほとんどを覆っている太陽光発電パネルは，屋根との間に約115mmの隙間をとって設置されている。パネルを日傘のように見立て，屋根に日影をつくり，その空間が通気層として機能している。

環境要素を視覚化する

このように積層された断面構成によって、環境要素が視覚化された空間をつくり出している。HEMSがアクティブなエネルギーの流れの「見える化」を実現するものとすれば、ここで試みられている積層された断面構成は、その環境要素を空間化することで、フィジックスを「見える化」しているといってもよいだろう。

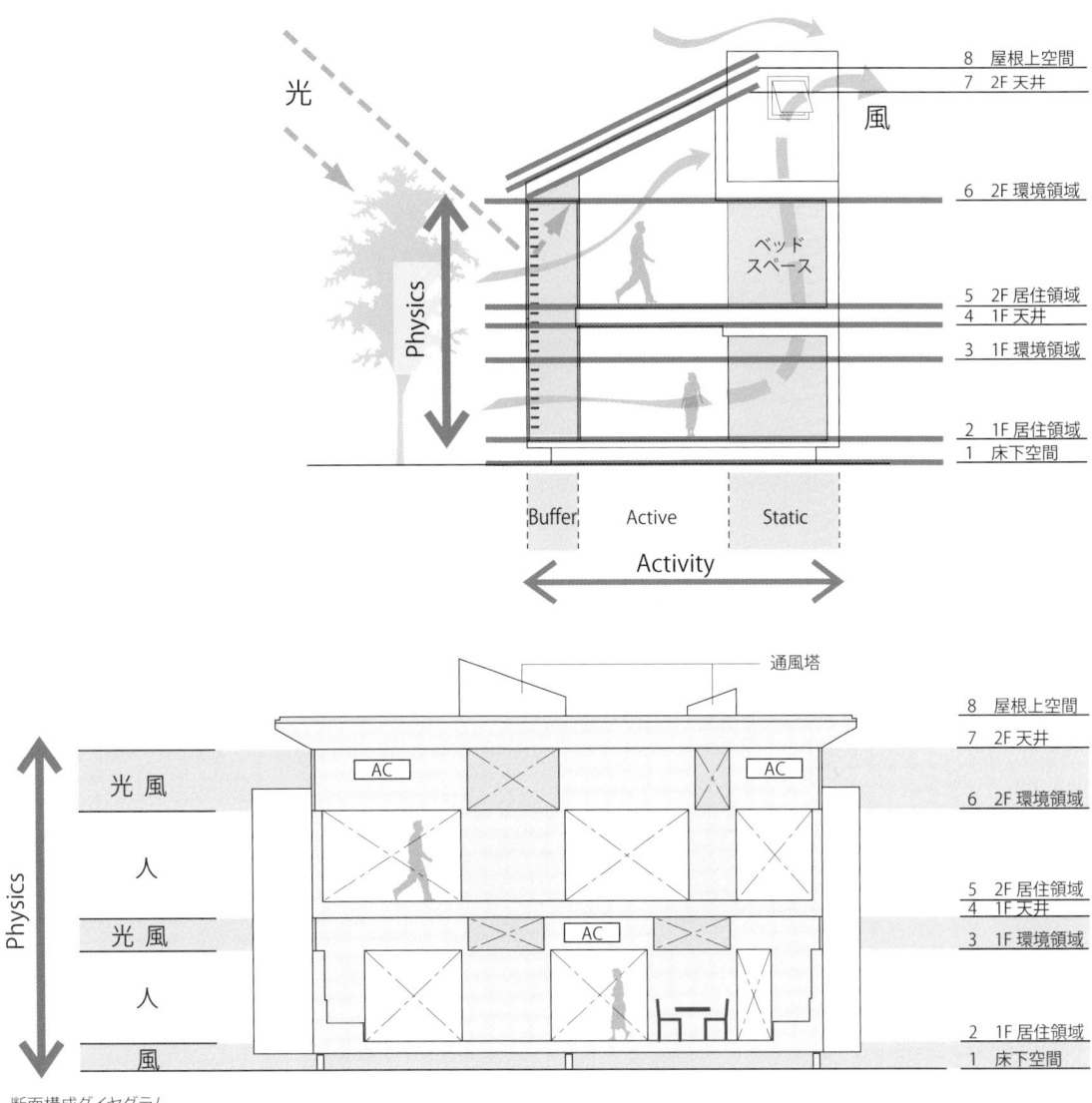

図1 断面構成ダイヤグラム

写1 西側立面

写2 床下空間の通気。右側には縁側給気口も見える

写3 環境領域と居住領域の開口が千鳥になっている

環境計画 ④

6つの環境制御モード
村田 涼

建物のモード変化による環境制御

　LCCM住宅デモンストレーション棟では，空間的・環境的な性格の異なる領域を織り込んだ平面・断面構成に，さまざまな役割をもつ「環境制御レイヤー」を，衣服の重ね着のように自在に組み合わせることで，時々刻々と変化する自然の気候条件や十人十色のライフスタイルに応答する，しなやかな環境コントロールのあり方を目指している。その基本システムが，季節や生活に合わせて用意された代表的な6つの環境制御モードである（図1）。

パッシブとアクティブ

　日本のような温暖地では，夏と冬という対照的な気候条件への対応が必要となる。そのため，ここでは建築的な工夫により自然エネルギーを活用するパッシブ手法をベースに，必要に応じて空調機械設備によるアクティブ手法を併用し，さまざまな外界の条件への対応を図っている。

季節による衣替え

　夏季は南面の「断熱・気密レイヤー」を開放して縁側空間を外部化し，木製ルーバーの「日射制御レイヤー」を閉じて日除けとすることによる，日射熱の侵入を防ぐ備えを基本とする。そのうえで，特に暑さが厳しい時には「空調区画レイヤー」や「視線制御レイヤー」を閉じて，エアコンを稼働する（冷房モード）。通風塔の下部も含めて滞在空間の気積をコンパクトに閉じることで，効果的・効率的に冷房を行う仕掛けである。1日のうちで外気温の下がる夜には，「日射制御レイヤー」は防犯用の格子として閉じ，その他のすべてのレイヤーは開け放ち，通風塔上部の換気扇による強制排気も絡ませつつ，外の涼しさを積極的に取り込む（ナイトパージモード）。

　冬季の晴れた日中は，高断熱ガラス・木製気密サッシの「断熱・気密レイヤー」を閉じて縁側空間を内部化し，大開口から自然光を最大限に取り込み，集熱する（ダイレクトゲインモード）。日射量の不足する曇天・雨天時や，ぐっと冷え込む夜間から朝にかけては，「空調区画レイヤー」「視線制御レイヤー」「断熱強化レイヤー」を順次閉じて，気積のコンパクト化と開口部の断熱補強を行い，空調負荷を低減しながら暖房を行う（暖房モード）。

生活に合わせた衣替え

　夏の暑さ，冬の寒さに対する備えとは別に，自然の心地よい暖かさ，涼しさをいかにして享受できるかも，大切なポイントである。そのような季節には，「日射制御レイヤー」のルーバーを閉じて，余分な日射を遮りつつ，南面の「断熱・気密レイヤー」や「空調区画レイヤー」を開放し，風を取り込む（通風モード）。間仕切壁のほとんどない一室空間のようなプランニングと，通風塔のヴォイドの組み合わせが，室内に積極的に風の流れをつくりだしている。さらに，各寝室には通風塔との間仕切壁にスリット状の欄間窓が設けてあるため，就寝時でも通風が確保されるようになっている。

　住まい手が外出している場合を想定した，「不在時モード」も提案している。南面の各レイヤーを閉じて防犯性を確保しながら，縁側の床面に仕込んだガラリ網戸付の給気口を開き，新鮮な空気を取り入れることができる（給気口は別仕様のタイル貼りのものと交換し，冬季には塞げるようになっている）。同時に，縁側上部の排気ファンを運転し，縁側空間に溜まる熱気を強制的に排出する。これは建物の高断熱化・高気密化によって，室内に余分な熱がこもるのを防ぎ，帰宅時にすみやかに快適な室内環境を確保するための工夫である。

　なお，木製ルーバーは，金物を用い，閉じた状態で固定ができるようになっている。さらに，施錠もできるようにすれば，夜間の通風時などに使いやすくなる

であろう.

人と環境に応答して伸縮する空間

このように,建物は人と環境の双方に応答するため,レイヤーのON/OFFを繰り返して,外皮の性能をその時々で最適化し,あたかも空間が伸び縮みするかのように,気積を変えながら室内環境をコントロールする.住まい手は6つの「環境制御モード」をベースに,建具の開け閉めをさまざまに組み合わせ,その時々にふさわしい新たなモードを発見しながら,季節やライフスタイルに応じて「衣替え」するかのように,思い思いに室内環境をアレンジすることが可能である.

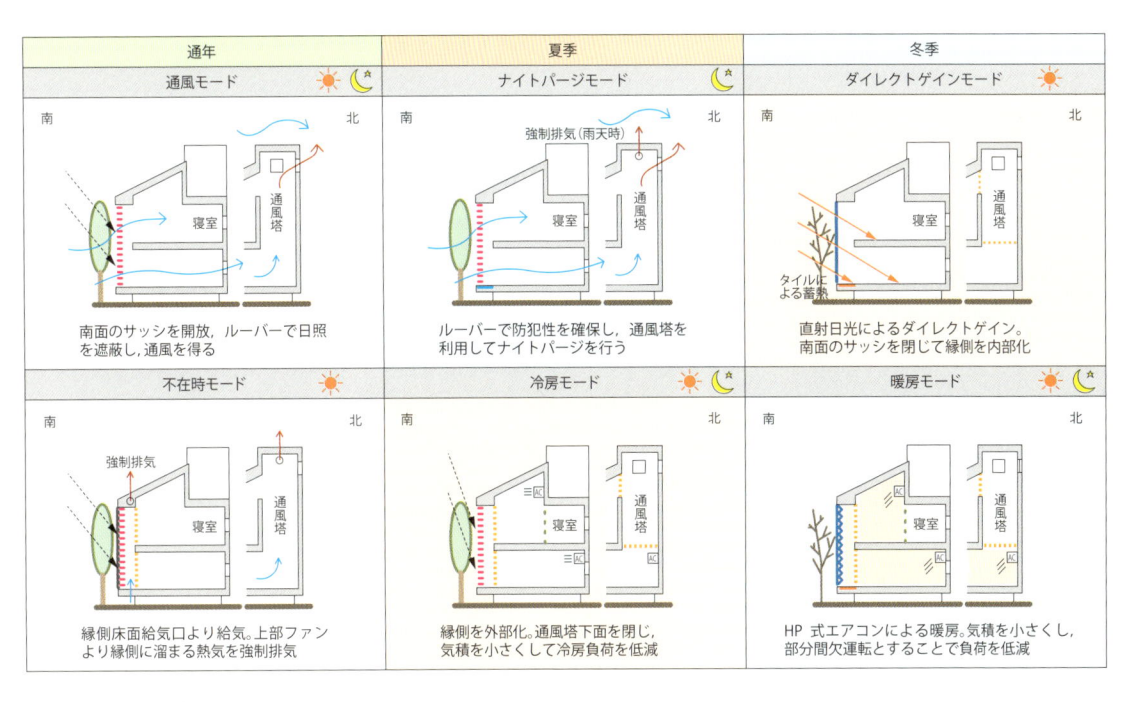

通年	夏季	冬季
通風モード ☀☾	ナイトパージモード ☾	ダイレクトゲインモード ☀
南面のサッシを開放,ルーバーで日照を遮蔽し,通風を得る	ルーバーで防犯性を確保し,通風塔を利用してナイトパージを行う	直射日光によるダイレクトゲイン.南面のサッシを閉じて縁側を内部化
不在時モード ☀	冷房モード ☀☾	暖房モード ☾
縁側床面給気口より給気.上部ファンより縁側に溜まる熱気を強制排気	縁側を外部化.通風塔下面を閉じ,気積を小さくして冷房負荷を低減	HP式エアコンによる暖房.気積を小さくし,部分間欠運転とすることで負荷を低減

環境制御レイヤー

- ⓪ 樹木レイヤー — 落葉高木 *夏は日射を遮蔽・冬は落葉して日射を取得
- ① 断熱・気密レイヤー — 高断熱ガラス+木製気密サッシ,網戸 *気密・水密性能確保
- ② 日照制御レイヤー — 木製日射遮蔽ルーバー *日射遮蔽・防犯用
- ③ 断熱強化レイヤー — ハニカムスクリーン *冬季の断熱強化
- ④ 空調区画レイヤー — 木製建具(障子/シングルガラス)水平ハニカムスクリーン *空調の気積を小さく区画
- ⑤ 視線制御レイヤー — ロールスクリーン *ベッドスペースの気積を小さく区画/就寝時のプライバシーを確保

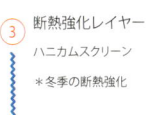

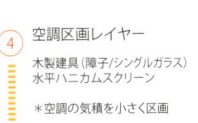

図1 建物の基本モード表と環境制御レイヤー

写1 夏の縁側.風を取り入れる(撮影:鳥村鋼一)

写2 冬の縁側.熱を取り入れる(撮影:鳥村鋼一)

環境計画 5

熱区画
斉藤雅也

「開閉自在型」の住まい

　現代の私たちの住まいは，各室の境界が"動かぬ壁"で仕切られた「閉鎖一様型」がほとんどである。空間を"動かぬ壁"で「閉鎖一様型」にすれば，仕切られた室空間の光・熱環境は簡単にコントロールできるように見えるが，それぞれ設備や家具などを独立させて配置しなければならず，省資源・省エネルギー性が懸念される。加えて，"動かぬ壁"は仕切られた空間に散った住まい手どうしの気配（声）を互いに伝えあうことも難しい。いまや各室にエアコンが備わる時代になったが，次世代の住まいを計画するにあたって，かつての住まいに見られた「開閉自在型」の価値を再考してもよいのではないだろうか。

　かつての日本の住まいは，季節や昼夜の変化に応じて極めて柔軟に，かつ多様に仕切られたり，開け放たれたりしていた。いまでも京町屋や古民家などを訪れると，田の字型の平面構成に見られる境界に襖や障子などがあり，その時々の気候や要求される用途に応じて開閉を自在に変更できる。LCCM住宅デモンストレーション棟は，この「開閉自在型」の住まいのポテンシャルを再現するとともに，住まい手自身が自発的に環境調整できる仕組みを備えている。

熱区画と住まい手の環境調整

　間仕切によって小さな気積となった居住域内には，冬季は空調によってほどよく温められた空気が滞留し，「温かさ」を損なうことはなく，小容量の暖房システムで十分となる（写1）。一方，夏季で空調運転が不要とされる時は，日射遮蔽とともに間仕切を開放し，通風・換気を行うことで「涼しさ」が得られる（図1）。また，この熱区画を居室から床下空間にまで拡張すると，基礎断熱が主流となる寒冷地を除けば，床断熱によって断熱境界面は上がり，暖冷房の対象となる気積を小さくできるので，冬であれば床面温度の極端な低下を防ぎ，省エネルギーな住まいが実現できる。さらに，間仕切は熱環境の調整だけではなく，光環境の調整にも効果がある。夜間の照明ならば，多灯分散の照明から放たれロールスクリーン面を透過・反射した光がほどよく空間内に導かれる。これは，オフィスで一般的となった「タスク・アンビエント照明・空調」手法の，住宅への上手なアレンジ例といえる。

　LCCM住宅デモンストレーション棟では，現在の建築環境技術を駆使して，断熱性や日射遮蔽性を高めたうえで，「開閉自在型」の住まいを再現するために，「熱区画」を設けている。これは，季節や昼夜の変化に応じた「空間の衣替え」といえよう。衣替えの効果を高めるには，当然のことながら，外部環境の変化に対する住まい手による備え（制御）が伴なわなければならない。つまり，住まい手の室内外の環境変化に対する意識（気づき）を高め，住まい手の自発的判断で手の届く範囲に仕掛け（窓や障子，可動ブラインドなど）があり，光や熱の振る舞いをほどよく調整できることが重要である。可動な間仕切として，日射遮蔽ルーバーやロールスクリーン，通風塔の水平スクリーンがその役割を担う（写2, 3）。

「熱のむら」のデザイン

　いうまでもないが，空間内部の仕切り方だけで快適性が高まり，省エネルギー性が実現されるわけではない。住まいの断熱性や日射遮蔽性などの建築の外皮性能が，地域特性に応じて十分に確保されていなければならない。北海道のような寒冷地では，高断熱な外壁と外窓によって内外の境界を熱的に分離することが原則であるが，外気が－20℃以下になっても十分な断熱性が確保されていれば，自然室温で15℃以上の熱環境は実現できる。外壁や外窓で仕切られた内部のすべてを空調によって暖房する場合，暖房負荷は著しく大きいので，これからは住まい手の活動と居場所にあわせた調整方法が求められる。高断熱な住まいでは，

壁面・床面温度も室温と同じぐらいになるが，これに日射によるダイレクトゲインや小さな採暖装置（薪ストーブなど）が加われば，20℃前後の熱環境は確保できる。その中で，「開閉自在」な間仕切を用意すれば，住まい手が四季や昼夜の時間変化を味わうだけでなく，同じ季節・時間でも空間の光や熱のむらを体感できる仕切り方，使い方が生まれる。これからの住宅は，建築的工夫（断熱性と日射のコントロール）だけで快適な室内環境を実現することに加えて，「熱区画」のような緩やかな仕切りのデザインが，居心地のよい光・熱のむらを創出し，結果として省エネルギーを実現するのである。

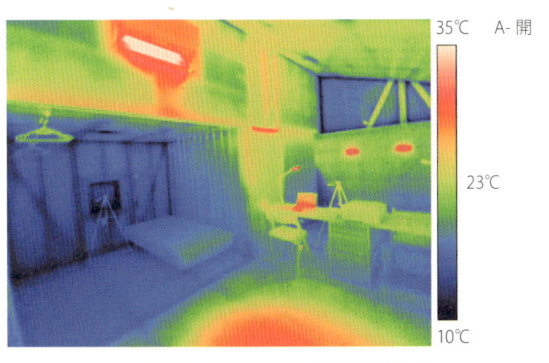

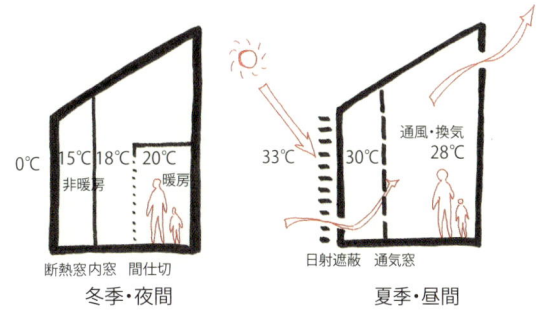

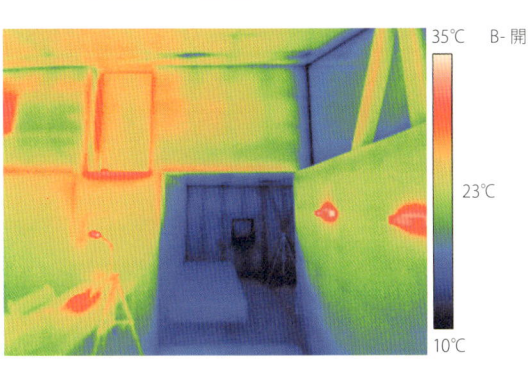

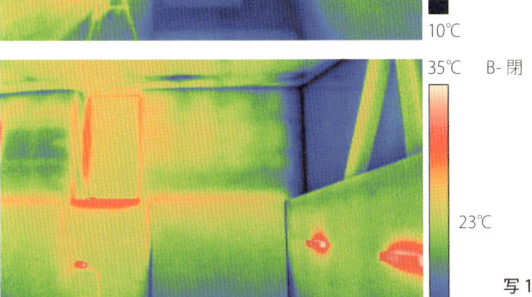

図1 冬季・夜間（左）と夏季・昼間（右）における「熱区画」の役割。季節に応じた間仕切の開閉によって快適な住環境が形成され，冷暖房負荷を小さくする工夫にもなる（図中の気温は東京を想定）

写2 気積を小さくすることで，空調負荷を削減できる

写3 通風塔の見上げ。夏季はスクリーンを塞ぎ，空調時の気積を小さく保つ。冬季はドラフト（冷下降気流）を防止する

写1 冬季・夜間のロールスクリーンによる熱区画
ロールスクリーンを下げることによって，気積が小さくなるだけでなく周壁面温度が上がるので，仕切られた空間内では「温もり」が得られる（提供：東京大学前研究室）

環境計画 6

屋根形状と太陽光発電・太陽熱給湯
小泉雅生

機器によって異なる設置上の制約

　太陽エネルギーを利用するための代表的な設備として，太陽光発電・太陽熱給湯が挙げられる。これらの機器を用いるにあたっては，樹木や周辺建物の影になりにくい屋根面に設置するのが有効であり，一般的であるが，機器効率上有利な向きや勾配がある。どちらの機器のパネルも，南に正対して水平から30度程度南下がりの勾配（関東地方の場合）に設置するのが，年間を通じて有利とされるが，現実には敷地の形状や北側斜線，道路斜線などの法規によって屋根形状が規定され，理想的な設置条件とならないことも多い（写1）。

　実はこれらのパネルの設置位置に関しては，この角度や方位から多少ずれても，効率の低下はそれほど大きくない。10度傾きが違うだけなら1～2%の減であり，東西方向に設置しても20%程度の減である。太陽光発電パネルにおいては，最も不利な北向き（30度）に設置された場合でも，理想的な場合と比較して，半分程度の効率は確保される（図1）。設置位置は，敷地条件に合わせて，ある程度柔軟に考えてもよいのではないか。

　次にパネルの設置面積だが，これらの機器によって住宅内で使用する温水や電気をある程度賄おうとすると，太陽熱給湯パネルは数m^{2}というオーダーで済むが，太陽光発電パネルの場合は数十m^{2}というオーダーとなる。現在の戸建住宅における平均的な太陽光発電の設置容量は3～4kWといったところであるが，それは屋根面積の制約によるところが大きい。さらに，これらのパネルはメーカーによってバリエーションの差はあるけれども，製品寸法が決まっている。機器の設置にあたっては，上記の条件を認識して，屋根形状や面積，割付をあらかじめ考慮しておく必要があろう。特にパネル枚数が多い場合には，事前の十分な検討が求められる。

パネル形状と屋根のプロポーション

　LCCM住宅デモンストレーション棟では，ライフサイクルでのカーボンマイナスを実現するため，約8kwの太陽光発電パネル（50m^{2}弱）と7m^{2}弱の太陽熱給湯用のパネルを設置している（図2）。計60m^{2}程度の屋根面積が必要となる。そこで片流れの屋根形状として，南下がりの屋根面積をできるだけ大きく確保している。屋根勾配は19度であり，最も効率のよい勾配（30度）より若干ゆるい勾配となっているが，図1に示すようにその影響はわずかである。さらに，下部の外壁面から屋根へとパラボラ状に拡げることで，屋根面のプロポーションを調整し，太陽光発電・太陽熱給湯のパネルを効率よく敷き詰められるようにしている。規格化されたパネルを寸法調整せずにのせると，とってつけたような外観となりかねないが，ここではパネル側の寸法体系にあわせた屋根のプロポーションとすることで，パネルと屋根が一体化した意匠となるよう留意している。太陽エネルギーの活用から，屋根の大きさ，さらに建物形状が導き出されているのである。

太陽エネルギー利用という新たな屋根の役割

　コルビュジエは，近代建築の5原則において「屋上庭園」を唱え，屋根面を平らにして（フラットルーフ）生み出された屋上空間を積極的に活用することを主張した。太陽エネルギーの積極的活用という新たな役割が付されることにより，屋根の位置づけが再度見直されている。こういった状況を踏まえ，意匠設計上の工夫が望まれる。と同時に，機器側においても，屋根形状に柔軟に対応できるパネル寸法や形状のバリエーションが，整備されることが期待される。機器側の制約で，建築の形状が決まってしまうという現状は，必ずしも望ましいとはいえない。住宅において，最も大きな面積を占める設備機器である。設備機器を違和感なく建築に組み込んでいくための，建築意匠側，設備機器側双方のさらなる努力が求められる。

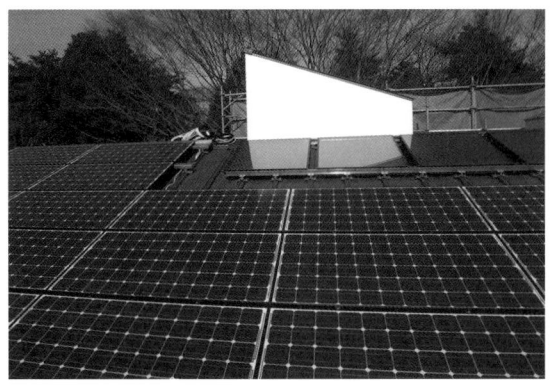

写1 太陽光発電パネル（LCCM住宅デモンストレーション棟）

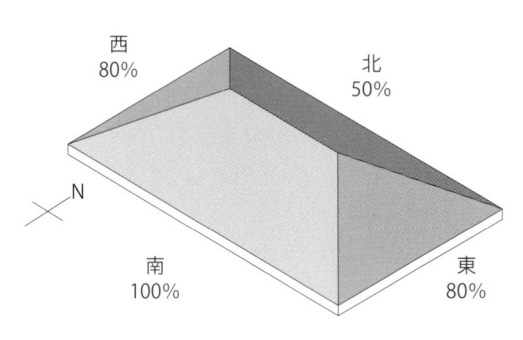

注）・本例は東京での試算。地域によって異なる
・1）は4寸勾配での試算
・2）は南面での試算

1) 設置方位と太陽光利用効率

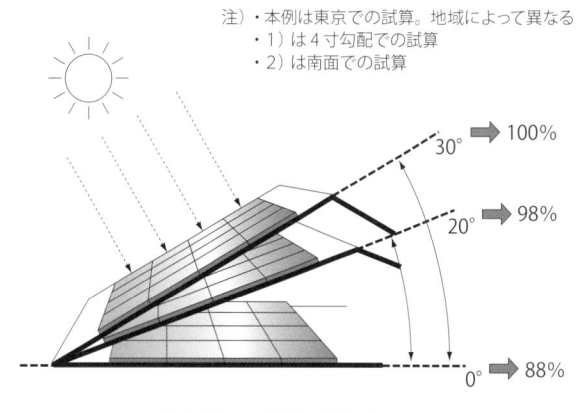

2) 屋根勾配と太陽光利用効率

図1 屋根の方位と傾斜角度による発電電力量の比率
（出典　国土交通省国土技術政策総合研究所・独立行政法人建築研究所 監修：自立循環型住宅への設計ガイドライン，財団法人建築環境・省エネルギー機構）

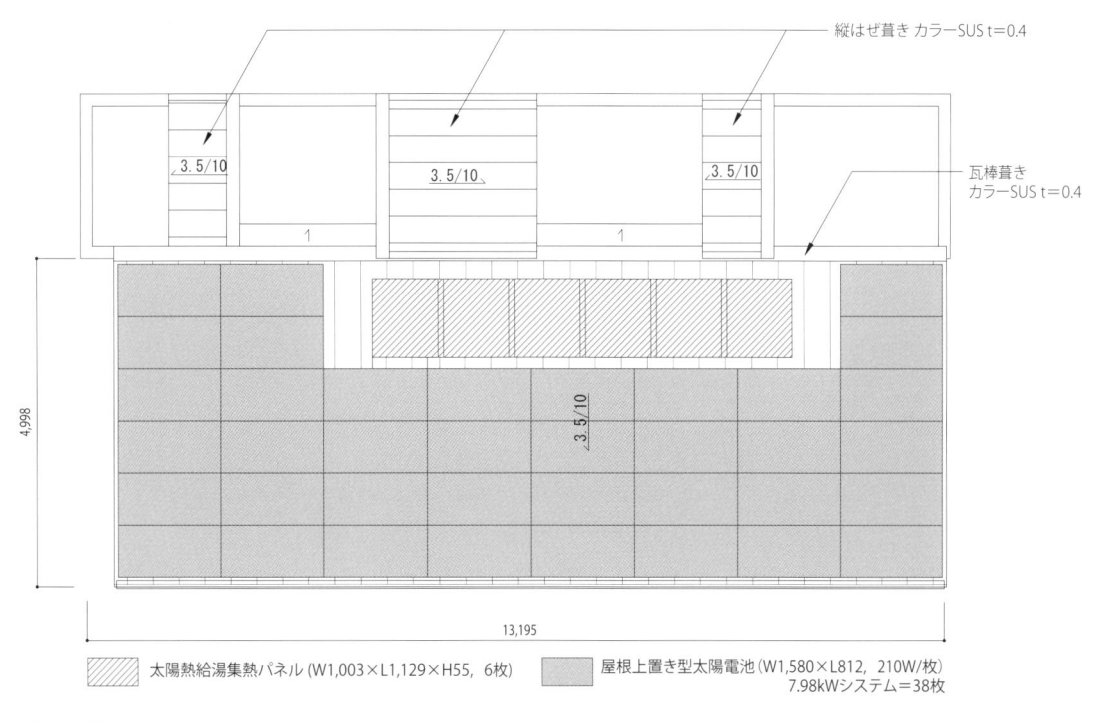

縦はぜ葺き カラーSUS t＝0.4

瓦棒葺き カラーSUS t＝0.4

太陽熱給湯集熱パネル（W1,003×L1,129×H55，6枚）

屋根上置き型太陽電池（W1,580×L812，210W/枚）
7.98kWシステム＝38枚

図2 屋根伏図

環境計画 7

屋根の納まりと太陽光発電・太陽熱給湯

小泉雅生

太陽光発電パネルは家電ではない

　創エネルギーという観点から、太陽光発電パネルが注目されている。一般的に、太陽光発電パネルは屋根の上に敷設されるが、屋根には防水の役割があるので、防水機能を損ねないように取り付けられなければならない。また、風圧がかかるので、強風に耐えるよう留意する必要もある。パネル自体の強度が機器メーカーによって検討されていても、取り付け部の負圧による引き抜き強度の検討は建築側で行うこととなる。積雪地では、積雪荷重の検討も必要だ。家電製品を取り扱うかのような、安易な発想での取り付けは危険である。また、意匠的にも全体の外観との調和を考えたいところである。そういった観点から、近年は屋根材と一体化された太陽光発電パネルも開発されているが、建材としての屋根材の耐用年数と設備機器としてのパネルの耐用年数を検証しておく必要がある。

メンテナンススペースを考える

　太陽光発電パネルは、太陽電池（セル）を連結・接続したものであるが、パネルの出力はメーカーによって微妙な違いがあり、さらに寸法も異なるので、他社間のパネルを連結することは困難である。すなわち、電池とはいうものの、乾電池のように規格化されておらず、互換性がない。そのため、長期的に見た場合、部分交換時に同じ規格のパネルを入手できるかどうかは大きな課題となろう。

　また、太陽電池自体の耐用年数が長いとしても、設備機器である限り初期不良もあり得るし、屋根上という過酷な気象条件の下では、将来的な故障や取り替えも想定しなければならないだろう。また、落ち葉や汚れの付着による発電効率の低下も懸念される。やはり、パネルのメンテナンス・点検スペースが確保されるべきだろう。LCCM住宅デモンストレーション棟では、北側のフラットルーフ部から点検できるように配慮しているが、屋根面全面をパネルで覆っているため、パネル脇までのアクセスルートは確保されていない。今後、十分に検討されるべき事項だろう。

通気層を設ける

　LCCM住宅デモンストレーション棟では、金属屋根の瓦棒部に専用金具でレールを固定し、そのレールにパネルを留め付ける納まりとしている（写1）。防水層を傷めずに固定しているので、パネルの交換も容易である。パネルは屋根面から浮かした位置に保持し、下部に通気層を設けている。浮き屋根状にすることで、建物本体への熱や直射の影響を軽減し、さらに太陽光発電パネルの温度上昇を防いでいる。太陽電池は温度上昇に伴い発電効率が低減する傾向があるので、パネル自体の温度が上がらないよう留意が必要である。通気層の有効寸法については、白石らの研究があり（図1）、参考にされたい。ここでは、1,580×812mmのパネル長に対して、通気層の有効寸法約115mmを確保している（写1）。

課題の多い太陽光発電パネルの取付け

　上記のほかに、太陽光発電パネルをめぐっては、積雪地でパネルに積もった雪が落下して、周辺に被害を与える事故が報告されている。パネル表面を覆うガラスの上を、雪が滑りやすいことが原因だが、ライフサイクルカーボンマイナスを狙って、屋根面積の過半を太陽光発電パネルで覆うような場合には大きな問題となりうる。さらに、パネルに損傷を与えやすいので、パネル上の雪下ろしが困難であることも、雪質によっては考慮しておく必要があろう。

　また、そもそも太陽光発電パネルの取付けに、どのような業種が設置工事を行うのか、大きな課題である。電気設備工事の枠組みでは防水に不安が残るし、屋根工事の枠組みでは配線工事に不安が残る。両分野の技術・知識を持つ、職人による信頼性の高い施工が求め

られる。

太陽光発電パネルは急速に普及をしつつあるが，以上のように，まだまだ建築設計上・施工上の課題は多い。採用にあたっては，これらの課題を十分検討しなければならない。

写1 太陽光発電パネル取付部

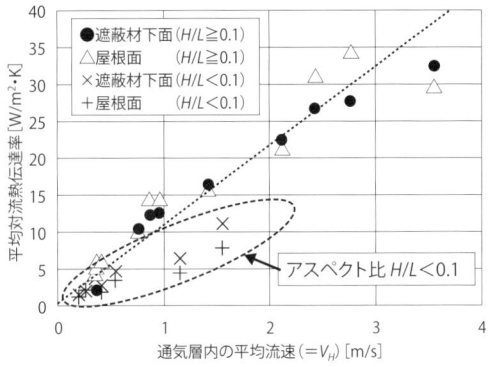

図1 通気層内の平均流速と平均対流熱伝導率の関係
（出典：白石靖幸他，対流・放射連成解析による通気層を有する二重屋根の遮熱特性に関する検討）

図は，二重屋根の通気層内における平均流速 V_H と平均対流熱伝達率の関係を示す。通気層の長さを L，厚さを H とすると，通気層のアスペクト比（H/L）が 0.1 以上では，遮蔽材下面および屋根面ともに V_H と通気層内の平均対流熱伝達率はほぼ比例関係にある。しかし，アスペクト比が 0.1 以下の場合，平均対流熱伝達率は小さく，通気層内の対流熱伝達は抑制されるため，結果として，二重屋根の排熱・遮熱性能は低下する。

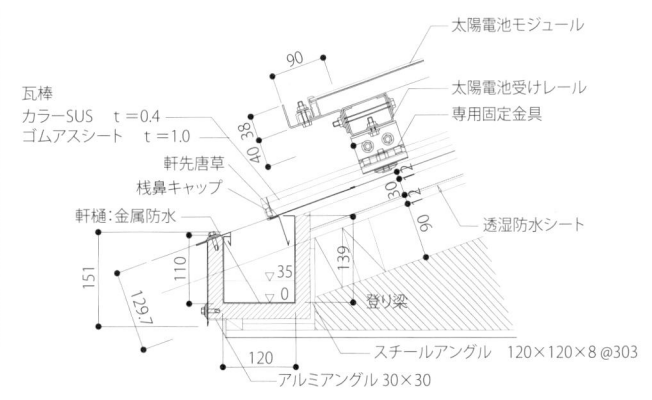

図2 太陽光発電パネルの納まり　軒先部

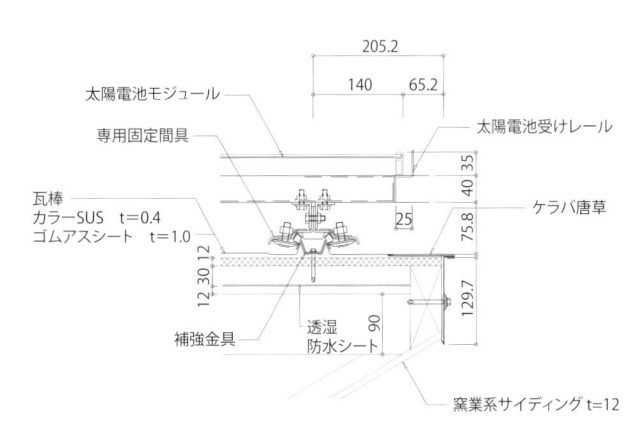

図3 太陽光発電パネルの納まり　けらば部

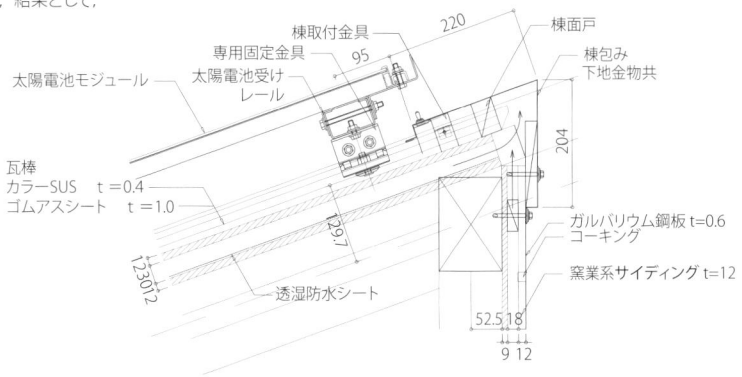

図4 太陽光発電パネルの納まり　棟部

環境計画 8

日射遮蔽ルーバー
小泉雅生

効果の大きい外付け日射遮蔽

夏季は、開口部からの熱の侵入を防ぐには、適切に日射を遮蔽することが求められる。開口部の日射遮蔽は、室内側にブラインドやロールスクリーンなどを設けて行われることが多いが、熱環境のコントロールという観点からは、屋外側で行うことが望ましい。室内側に装備された場合、そこで日射が遮蔽されてもすでに熱は室内に侵入してしまっているため、効果が限られる。一方、簾やよしずのように屋外で日射遮蔽を行えば、光を遮ると同時に、室内への熱の侵入を防ぐことができ、その効果が大きい（表1）。同様に、開口部の外につる性の植物をスクリーン状に配する「緑のカーテン」や、開口上部にせり出すオーニングなども有効である。

日射遮蔽と通風の両立

一方、冬季は、開口部からの日射の取得が望まれる。日射遮蔽のデバイスが固定化されてしまうと、こういった季節に応じての変化に対応しにくい。可動性・可変性を持たせて、使わないときには収納・格納できるようにすることが求められる。簾やよしずは脱着可能だし、ブラインドやロールスクリーンは上部に簡便に格納される。緑のカーテンでは、冬に葉を落とす植物が選定されるといった工夫がなされこととなる。

また、日射遮蔽を必要とするような季節は、気温が高く、同時に通風が求められることも多い。すなわち、日射を遮りながら、通風を得たいというニーズがある。多少の風が吹いていても、利用できる日射遮蔽装置が求められる。一般的な内付けブラインドやロールスクリーンは上部に格納するために、軽量としなければならず、風であおられやすいという欠点がある。

水平収納式の日射遮蔽装置

LCCM住宅デモンストレーション棟では、これらの条件を受けて、南側の大開口部に日射遮蔽のデバイスを設けている。材料製造時の排出 CO_2 を考慮し、素材はアルミではなく木材としている。耐候性を補うべくデバイスは、開口部の室内側に配しているが、夏季には開口部を開放して外部扱いとすることで、屋外での日射遮蔽と同等となるようなかたちとしている。いうなれば、軒先に簾が吊るされているような状態である。

木製のスラットは100mmピッチで水平に設け、3月下旬～9月中旬の太陽高度に対応して、日射を遮蔽できるように（遮蔽角度58度）見込み（奥行き）を調整している。スラットの相互の高さをずらすことで、水平方向に伸縮可能な建具として設えている。水平方向に格納するため、スラットの高さを確保し（20mm）強度を持たせることができ、風にあおられにくい。さらに、侵入防止の役割も果たすので、夜間に窓を開放しておくことも可能である（図1, 2）。

この水平収納式のルーバーを、夏季は開口全面に広げて日射を遮蔽し、冬季はコンパクトに収納して日射を取得する。ここでは障子を4連として重ねて格納しているが、スラット厚さとピッチを調整すればより多連にすることもできる。長大な開口部に対応したり、よりコンパクトに格納したり、といったアレンジが可能である（図3）。

輝度対比を抑える

さらに、ここでは水平のスラットの上面と、その他の面との明度を変えることを試みている（写1, 図4）。スラット上面は光を受けるため、まぶしく、輝度対比がきつくなりがちである。そこで、上面をグレー（日本塗料工業会N60）、室内側に面する垂直面を白（N90）としている。夏の強い光による輝度対比を、和らげようという意図である。その効果は、102頁の光環境の実証「夏至のルーバーのシミュレーション」の項を参照されたい。

製造時の排出CO_2とのバランス

先に，外部側での日射遮蔽が熱環境上有利と述べたが，外部設置のために耐候性を考慮してアルミニウム製とすると，製造時の排出CO_2は増加する。削減された冷房負荷に伴う，CO_2減とのバランスを考えねばならない。建設段階排出CO_2と運用段階排出CO_2とを合わせて，どのような組合せが最適なのかを見極める必要がある。総合的、横断的な新たな視点が求められる。

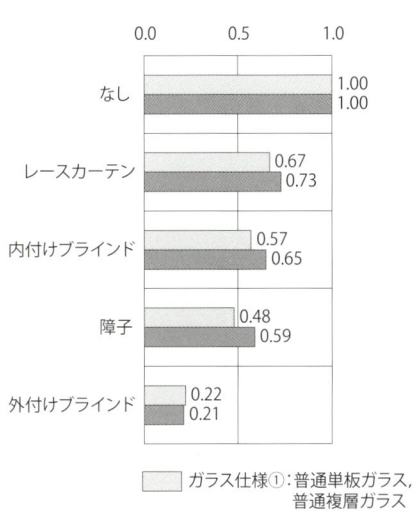

表1 日射遮蔽部材の日射遮蔽係数
（出典　国土交通省国土技術政策総合研究所・独立行政法人建築研究所　監修：自立循環型住宅への設計ガイドライン，財団法人建築環境・省エネルギー機構）

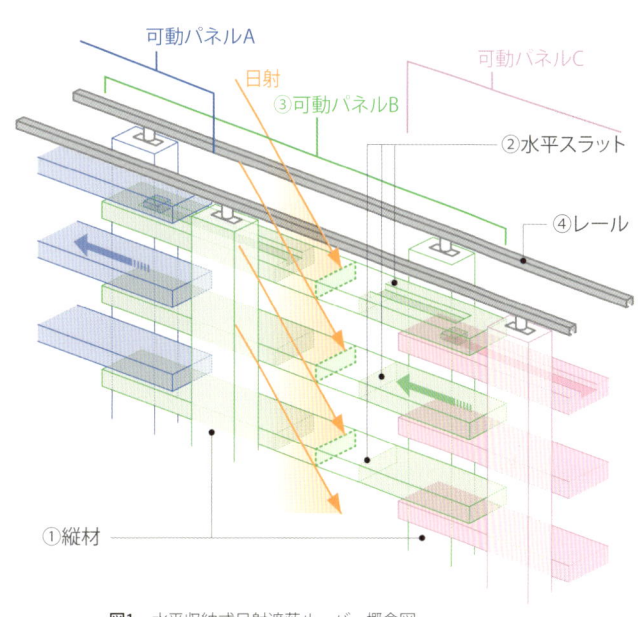

図1　水平収納式日射遮蔽ルーバー概念図

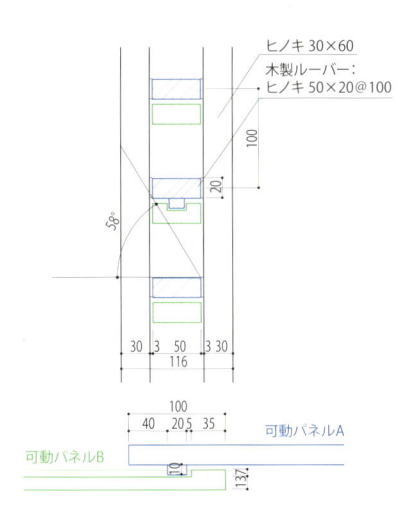

図2　日射遮蔽ルーバー断面詳細図

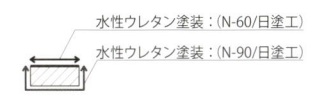

図4　スラットの塗り分け

写1　水平スラット上面を塗り分けた日射遮蔽ルーバー

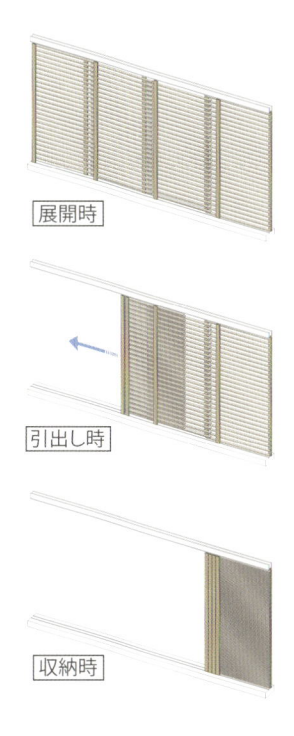

図3　日射遮蔽ルーバーの収納

環境計画 9

パラボラ壁と通風塔
金子尚志

風をとらえるかたち

自動車レースの最高峰F1カーは時速300kmを超えるスピードで走ることから,空気抵抗との戦いともいわれている。スポーツカーの車体デザインは,空気の塊のなかを高速で走り抜けるためのフォルムになっている(写1)。ヨットは広い海原で変化する風をとらえるため,大きな帆を巧みに操作する(写2)。では,住宅はどのような風環境におかれているだろうか。台風などの強風時は秒速50m以上の風が吹くこともあるが,年間を通しての平均風速は多くの地域が2〜4m程度である。この自然の風をコントロール可能な自然エネルギーとして捉え,いかにして利用することができるか。条件の違いはあっても,風によって「かたち」を操作する点で,F1やヨットなどのように,住宅でも風をとらえるための形態が考えられたり,デザインの操作が積極的に行われてもよいのではないだろうか。

自然の風を利用する

自然の風を利用することは,省エネルギー住宅に欠かせない手法のひとつである。室内に涼風を取り込むとともに,人体が感じる気流によって,皮膚からの水分蒸発を促進させることで体感温度を下げる。住宅における消費エネルギー割合から見ると,自然通風による削減量は大きなものではない。しかし,機械に頼らない涼感を獲得するという点では,快適さの「質」が大きく異なる。

風をとらえ,光と熱を迎え入れる形態

夏は南風,冬は北風が日本における風向の大きな傾向であるが,時々刻々と変化し,周辺の状況によっても変わる風を捕まえることができるよう,LCCM住宅デモンストレーション棟では風をとらえるための形態が考慮された。

南側における特徴は,パラボラのように広がった東西の袖壁である。上部に行くほど広がる袖壁は,太陽光発電パネルの設置面積を大きく取るために南に跳ね出した屋根と連続した形態となっている。平面的には45度開いた形態をもち,その横には風を捕まえる「ウインドキャッチャー」として,縦長のすべり出し窓を設けている。これらの要素が統合され,変化する風をとらえるための形態となっている(図1,写3)。いまでは見かけなくなった車の三角窓も,傾斜したフロントガラスの形態を生かした,風をとらえるための機能と形態の融合といえるだろう(写4)。

また,開いた袖壁の形態が,南側に大きく開いた開口部への集熱と,やわらかな反射光を取り込むことにも役立っている。

風を流す形態

酷暑地帯には,固く守られた住居から突き出るように,煙突のような風洞が取り付けられた住居がある。厳しい自然環境における,涼風を取り入れる建築的工夫である。風をとらえるための工夫が,集落の形態を特徴づけている(写5)。LCCM住宅デモンストレーション棟では,通風塔が建物北側の形を特徴づけている(写6)。通風塔は,片流れの屋根よりも少し高く設定され,東傾斜,西傾斜と異なった方向に傾きを持たせることで,両方向からの風の誘因効果を生み出している。居室の窓から取り込まれた風は室内を通り,居室上部の通風塔に面して開けられた開口から通風塔へ流れるように考えられている。通風塔へ導かれた風の出口は,室内側の天井面最上部に開口を設けることで熱だまりをなくし,スムーズに排出されるようにしている。また,通風塔の上部にはファンが設置され,24時間換気の経路にもなっている。このように,風の通り道として,高さを確保した通風塔を複数配置することで,温度差換気を促進させるとともに,その形態によって卓越風による誘因効果を生みだす,風を流す形態となっている。

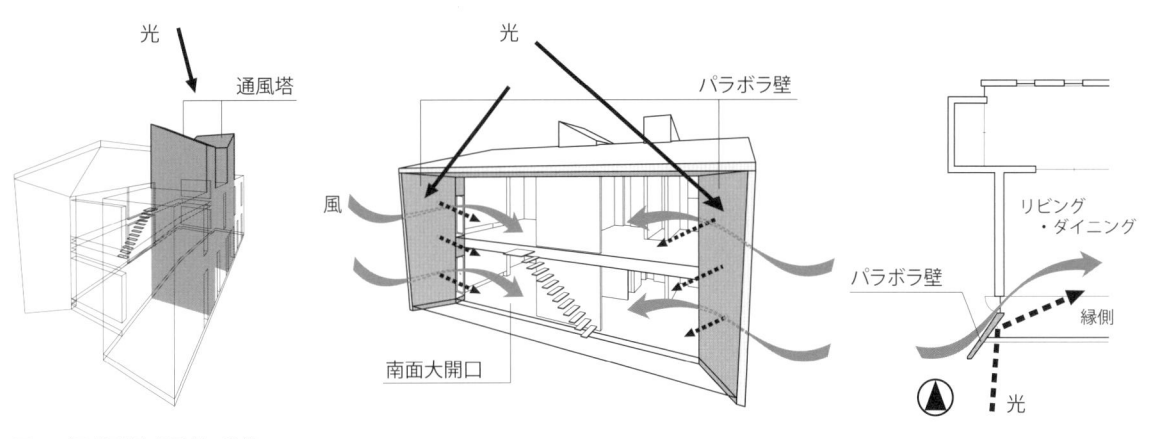

図1 パラボラ壁と通風塔の機能

写1 風の流れによる車のデザイン

写4 自動車の三角窓

写5 パキスタンの集落に見られる採風の工夫（提供：東京大学生産技術研究所藤井明研究室）

写2 風を受けるためのヨットの帆

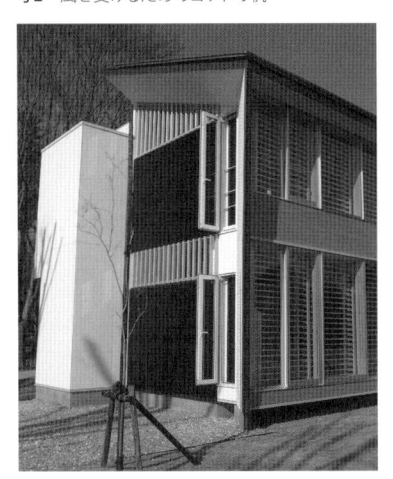

写3 LCCM住宅デモンストレーション棟の西側の縦すべり出し窓「ウインドキャッチャー」

写6 北側の通風塔

環境計画 ⑩

窓の環境性能と開口面積
金子尚志＋村田 涼

室内環境を制御する装置としての窓

　風雨を凌ぎ，屋外の厳しい環境の変化から室内を快適に，かつ安全に保つのが，建築のシェルターとしての役割の一つである。そのため，屋根や壁といった建物の外皮は，内外を隔てる防御ラインの最前線に位置し，さまざまな環境要素のフィルターとしての機能を担う。その中でも，窓は「動く」という機構を持つことで，他の建築部位とは決定的に異なる役割が与えられている。屋根や壁が「動かない」ことで，自然の気候の変化に対峙するのに対し，窓は屋外の状態に応じて「開け閉め」することができる。つまり窓は，外部の環境に対して単に遮断するだけでなく，必要な要素を選び取るように光や風を導き，室内環境を積極的に制御する装置なのである。

窓の環境性能

　柱の間に戸を建て込むように設えられた，日本の伝統住宅の窓。厚い壁に穴を穿つようにつくられた，西洋の窓。世界にはさまざまな系譜を持った窓があり，その姿形は多様さに満ちている。つまり窓は，地域の環境的なポテンシャルを表すバロメーターのように，あるいは，その時代の建築技術を映す鏡のように，その性能を時代とともに進化させてきた。

　現在，窓の性能には「閉じる」ためだけでも，耐風圧性，気密性，水密性，遮音性，断熱性，耐候性などのように，極めて多くの機能が求められる。中でも，断熱性能や気密性能は，室内の温熱環境を快適に保つための，ひいては暖冷房負荷の削減にもかかわる，重要なスペックである(表1)。ここで，ガラスの熱貫流率だけを見れば，単板ガラスよりも，複層ガラスやLow-E複層ガラスの方が性能値は高い。しかし，LCCMという視点に立てば，建設段階の排出CO_2の多寡とのバランスが求められることになるので注意を要する。ガラスが三重，四重と増えれば，あるいは厚みや大きさが増せば，それだけ製造・廃棄時のCO_2排出量も増えるため，見極めが重要になる。また，開口部の断熱性能は，窓ガラスだけでなく，フレームを構成するサッシによっても大きな違いがある。サッシには素材によって，アルミ製，樹脂製，スチール製，木製，それらを組み合わせた複合サッシなどがある。これらの選択にも，熱性能や耐候性，コストやデザインだけでなく，建設段階の排出CO_2も踏まえた選択が求められるのである。

LCCM住宅デモンストレーション棟の窓と開口面積

　LCCM住宅デモンストレーション棟を南側から見ると，パラボラ状の袖壁とともに，建物の幅いっぱいを占める大きな窓が外観を大きく特徴付けている。北側に回ると表情が一変し，通風塔と一体化した白い壁面に，ポツポツと小窓が穿たれている。日射をいっぱいに取り込むためのガラス窓が主体の南立面に対し，冬の北風から守るように北側は壁の多い立面となっている。方位別にこれらの開口率をみると，建物全体の窓のうち，南がおよそ80％を占める。このような開口面積の違いは，主に日射熱利用や室内からの熱損失といった温熱環境にかかわる要因をもとに決められているが，ガラスやサッシの素材選定には，建設段階排出CO_2の観点とのバランスも大きな決め手となっている。たとえば南側は，ダイレクトゲインを期待して大開口となることが，設計当初から想定された。そこで，高断熱性や国産材利用による製造時のCO_2排出量削減を考慮して，木製サッシと真空ガラスの組合せが選ばれている。なお，木製サッシは屋外側をアルミで覆い耐候性を高めたものを採用している。真空ガラスも同様に高コストとなるが，断熱性能の高さに加え，一般の高断熱ガラスに比べてガラス厚を小さくでき，建設段階排出CO_2の点においてもメリットがある。一方，北側は樹脂サッシとしている。建設段階排出CO_2の検証は必要だが，断熱性能やコスト，気密性に優れ

ている。今回は検証という観点から，これら複数の窓種を併用している。

住まい手がコントロールする窓

開口面積のような「穿ち方」だけでなく，窓の「開閉方式」にも配慮したい。なぜなら，窓の「開け閉め」は，住まい手が行う環境制御のもっとも基本的な行動のひとつだからである。暑い時に涼風を求めて窓を開け，寒くなると暖かい空気を逃がさないように窓を閉める。そのためになんといっても重要なのは，窓のコントロールがしやすいことである。そこで，LCCM住宅デモンストレーション棟では，南面は出入りのしやすいスライド窓，東西面はすべり出し窓，通風塔の上部など一部が高所となる北面は突き出し窓というように，窓の設置位置に応じて，開閉方式を使い分けている。さらに，少々の雨天時にも窓を開けておけるように，開閉形式や小庇の設置なども検討したいことである（写1）。

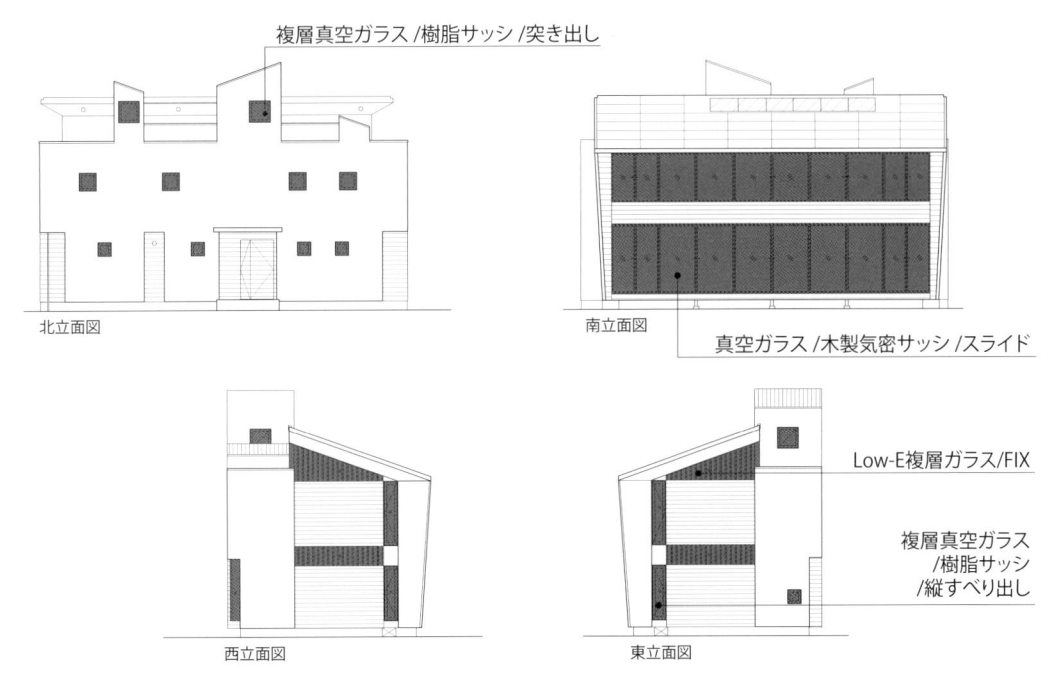

図1 LCCM住宅デモンストレーション棟の窓

建具の構成		代表的な熱貫流率（W/m²・K）
建具の仕様	ガラスの仕様	
（一重）木製またはプラスチック製	低放射複層（A12）	2.33
	三層複層（A12×2）	2.33
	複層（A12）	2.91
	複層（A6）	3.49
（一重）金属・プラスチック（木）複合構造製	低放射複層（A12）	2.33
	低放射複層（A6）	3.49
	複層（A10～A12）	3.49
	複層（A6）	4.07
（一重）金属製熱遮断構造	低放射複層（A12）	2.91
	低放射複層（A6）	3.49
	複層（A10～A12）	3.49
	複層（A6）	4.07
（一重）金属製	低放射複層（A6）	4.07
	複層（A6）	4.65
	複層（A12以上）	4.07
	複層（A12未満）	4.65
	単板	6.51

表1 開口部の断熱性能（出典 国土交通省国土技術政策総合研究所・独立行政法人建築研究所 監修：自立循環型住宅への設計ガイドライン，財団法人建築環境・省エネルギー機構）

写1 小庇付きの北側窓

環境計画 11

通風計画と風のシミュレーションと開口部

高瀬幸造

冷房負荷の削減と通風計画

　日本の温暖地では一般的に、住宅の消費エネルギーの約1/3は暖房用途であり、冷房用途は数%でしかない。そのために、高断熱・高気密化が推進され、暖房時に室内で発生させた熱を、なるべく外に逃がさないような外皮計画が重要視される。

　その反面、夏季に目を向けてみると、高断熱住宅では窓から侵入する日射熱や室内で発生した熱が逃げにくくなるため、冷房負荷は増大することになる。高断熱住宅の冷房負荷削減については、まず日射遮蔽によって室内に太陽熱を取り込まないこと、次に適切な通風計画により、室内の熱を外に逃がしやすくすることが大事になってくる。

風が入る窓と出る窓を用意する

　通風計画で最も重要なことは、敷地の外部風に合わせた開口部配置を計画し、風が入りやすい窓と出やすい窓を設置することである。正圧（外部風が建物を押す力）・負圧（外部風が建物を引っ張る力）を意識して、正圧が生じる部分に風が入ってくる窓、負圧が生じる部分に風が出て行く窓を、設置するのが常套手段である。ここで、風が入ってくる窓を設置することばかりに気をつけても、出口となる窓を用意していなければ風は通らないので、入口・出口となる窓の位置や大きさのバランスには、注意が必要である。

　ところが、密集住宅地では壁面に窓を設置しても、隣の家に邪魔をされてしまい、建物が完成していざ住んでみたら、意外と風が吹かないといったことも往々にしてある。このような場合でも、住宅地の屋根レベルよりも高いところでは風は強く吹いているので、周辺の住宅よりも高い位置に開閉可能な天窓や高窓を設けるのが有効である。負圧が生じる面に天窓を設けることで、他の下側に設けた窓から風が流れてきて、天窓・高窓に安定して風が抜けていくことが期待される。

　さらに、外部風による通風ほどの換気量は見込めないものの、室内の上下温度差を利用した温度差換気も、密集住宅地では有効である。住宅の天井付近には暖かい空気が溜まりやすく、これを排気するための窓を上部に設置することで、自然と下から上への空気の流れが生じる。上下の開口部の高低差・開口面積が大きいほど、温度差換気には有効である。

卓越風の把握
——どこから風が吹いてくる地域なのかを調べる

　そもそも敷地にどのように風が吹いているのかを知らないことには、適切な通風計画が難しい。そこで、季節や時間帯によって、どのような風が吹いてくる地域なのかを、まずは知っておきたい。気象庁のホームページで1976年から現時点までの気象データが公開されている。また、『自立循環型住宅への設計ガイドライン』ホームページでは、設計者が利用しやすいように、通風利用期間の気象データがまとめられている。

　風環境の把握には、風配図とよばれるグラフを参照することが多い。これは、風が吹いてくる風向の頻度を示したものである。特定の方位からの頻度が高い場合、その風を「卓越風」と呼ぶ。卓越風がはっきりしていて、周辺の住宅や地形の影響を受けない場合には、卓越風が計画地にそのまま吹いてくると考えておけばよい。

周辺状況によって左右される外部風

　ここまで、周辺環境を無視して一般論を述べてきたが、実際に住宅が計画される敷地では卓越風だけではなく、さまざまな方向から風が吹いてくるということを、体感している方も多くいると思う。特に、住宅地では周辺の住宅の隙間を通って風が流れてくるために、実際の敷地では地域の卓越風向からそのまま風が吹いてこない場合も多い。また、海風・山風に代表されるように、季節や時刻による風向の変化もあるので、周辺状況によっては卓越風向だけではなく、あらゆる角度

からの風を通すための開口配置を計画する必要がある。

そこでまず、LCCM住宅デモンストレーション棟の位置する茨城県つくば市のアメダス気象データを分析したところ、東側からの風の頻度が高いことがわかった。東側の海側からの風が、卓越しているものと考えられる（図1）。しかし、実際に独立行政法人建築研究所の敷地内で実測していた風向・風速データの分析を行ったところ、通風の期待できる6月から10月には東からだけでなく、南側や西側からも高い頻度で風が吹いてくるということがわかった（図2）。アメダスデータとの違いが生じた原因としては、敷地の周辺状況によって風向が変化していたものと考えられる。

なお、一般の住宅設計においても、アメダス気象データと敷地の実際の風向が異なる場合は多いものと考えられるが、事前に長期間の敷地の気象データを実測することは難しく、設計者の敷地調査と経験によって、そのギャップを埋めていくしかないのが実情である。

いろいろな方位から風を取り込み、通風塔で排気する

LCCM住宅デモンストレーション棟では、風を取り込むことができる南面のガラス開口が大きく、北側などの流出側の窓が小さくなっている（写1, 2）。このバランスが不釣合いな分を通風塔で補うために、通風塔の形状・開口配置を検討し、なるべく大きく開いたほうが通風・温度差換気に効果的であるということを、定量的に示しながら設計を進めた。

そのため、自然通風・温度差換気で常に排気に有効となる通風塔を設置したほか、南面だけでなく外部風向の変化に応じて、通風が確保できるように各面に風の出入り口となる窓を設置し、風を集めるためのパラボラ状の袖壁を採用した。

CFDシミュレーションで風の流れを詳しく見る

LCCM住宅デモンストレーション棟の設計では、CFD（Computational Fluid Dynamics）による通風シミュレーションを行った。CFDとは、空気や熱の流れを細かく解くシミュレーションのことである。図3に示したように、検討したい建物の3Dデータを用意し、建物や周辺の空気をメッシュと呼ばれるもので、細分化した解析モデルを作成する。このモデル上で、どこ

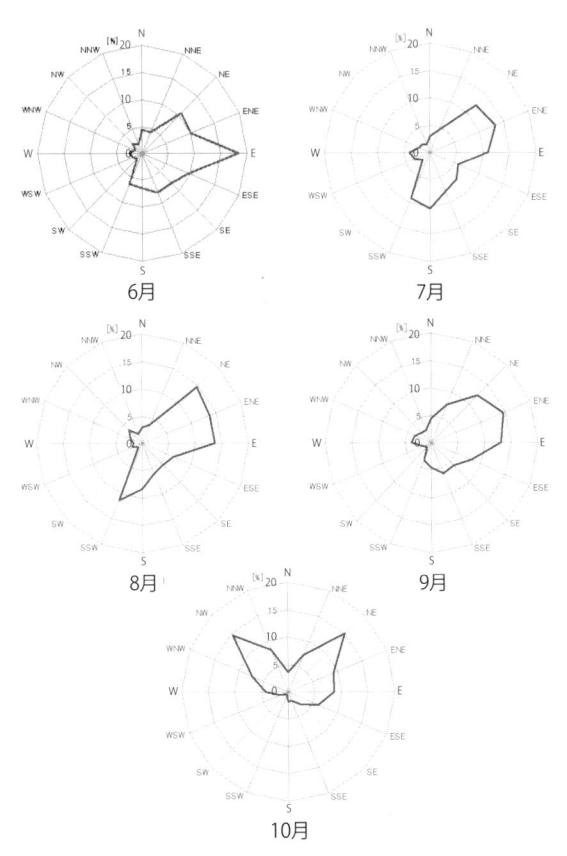

図1 つくばのアメダスデータによる月ごとの風配図（標準年）

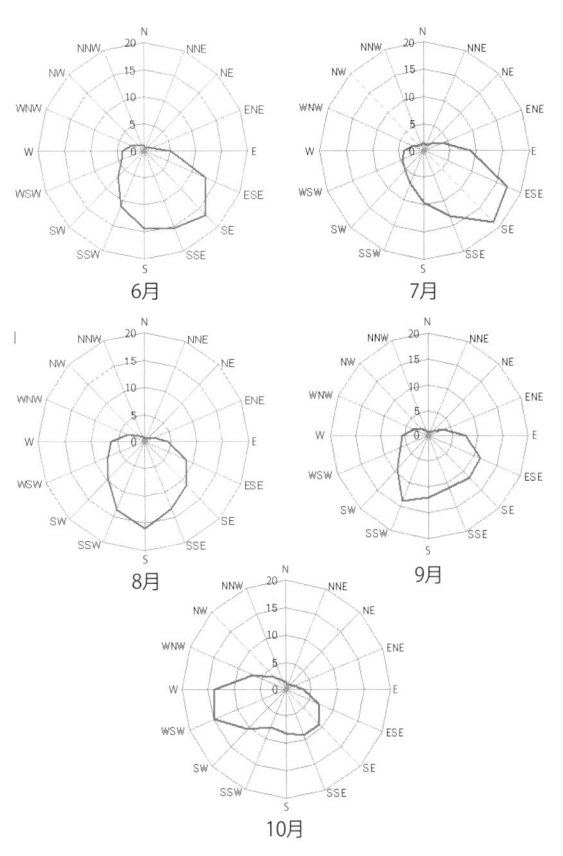

図2 建築研究所の実測データによる月ごとの風配図（2007年）

写1 風の入口となる南側の窓を開放した様子

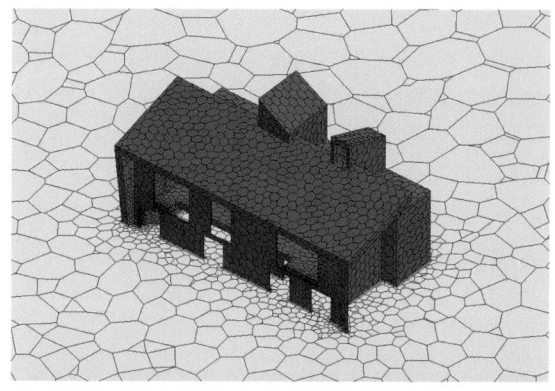

図3 室内通風解析の際のメッシュ分割の様子（約40万メッシュを作成）

写2 通風塔の窓。ハンドルオペレータによる開閉と風の出口となる通風塔・北側の窓を開放した様子

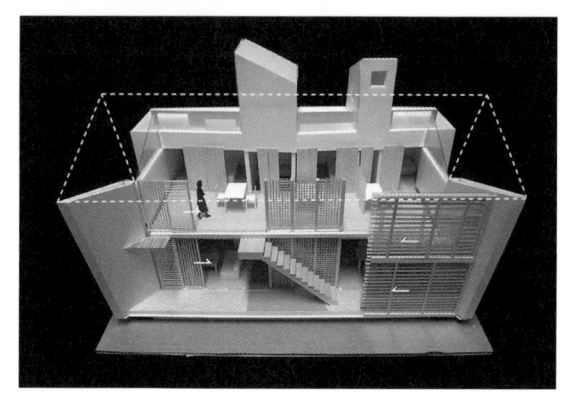

写3 2009年の設計途中段階の模型写真

から風が発生するか，どこから熱が発生するかといった境界条件を設定して計算を行うことで，空間内での気流や温度などの細かい分布が手に取るようにわかる。

ここまで一見すると万能なシミュレーションのように見えるかもしれないが，もちろん短所もある。解析のための適切な設定を行う技術者が必要なこと，ソフトウェアが高価であること，1回の解析あたり数時間以上の計算時間がかかるといった点が挙げられ，敷居が高いのが現状である。

通風塔への流れを見る

今回のCFDでは，熱の影響は考慮せず，風による室内の空気の流れのみを計算した。一定の強さで風が吹いている場合について，いくつかの風向を想定した定常計算を行っており，時間を経るごとに風向や強弱が変わる場合の非定常な風環境までは考慮していない。

まず，建物の外形のみを再現したモデルで解析を行って，建物のどの部分に風が強く当たるかといったことを検討して，開口位置の目安をつけることとした。

さらに次のステップとして，開口パターンや通風塔の形状をいくつか想定し，より実物に近いモデルについて，下から上への理想的な風の流れをつくり出すために，シミュレーションを重ねていった。

早い段階で，南面の開口部が大きいために，南からの風が吹く場合には十分に通風が可能なことはわかっていたため，東西から風が吹いてくる場合についても風が通りやすくなるように，重点的に検討を行っていくことにした。図4は，設計段階での東南東からの風が吹く場合のシミュレーション結果である。当初は，1，2階の南面で大きな開口部があるために，この開口部から通風塔に風が抜けることで，十分な通風効果が得られると想定していた。しかし，窓を開けると，外部風向によっては通風塔の南面の窓から風が入ってきて，下の居室に流れてしまうことがわかった。一見，風が流れるのでよいようにも思われるが，外が暑い時期には通風塔の上部で熱溜まりが生じ，この暖気が居室に流れてしまう。そこで，常に通風塔から排気させるために，風が入りやすい通風塔の南面には窓を設けず，東西面と北面に窓を開けることを提案した。

図4　設計途中段階における東南東からの風のシミュレーション結果

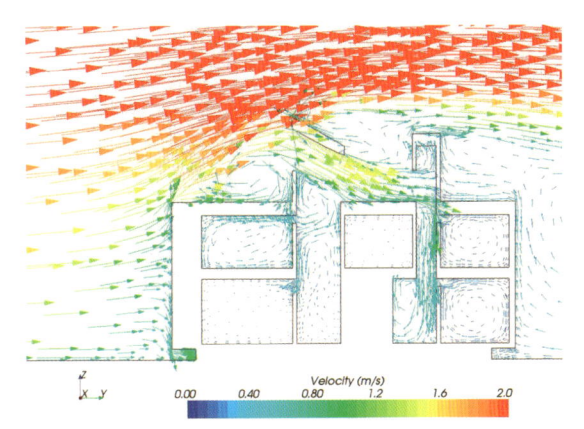

図5　設計途中段階における西からの風のシミュレーション結果
　　　開口・外部風条件によっては通風塔から室内に暖気が流れてしまう

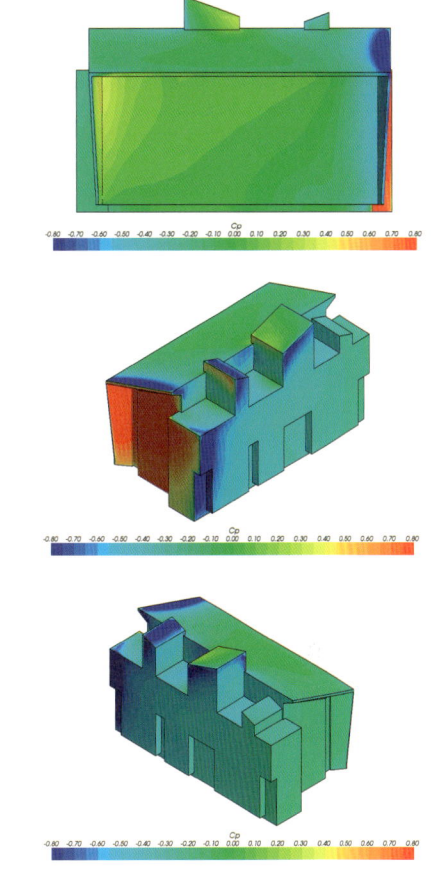

図6　設計最終段階での風圧係数コンター図（東南東からの外部風）
　　　赤い部分（正圧）・青い部分（負圧）に開口を設置することで風が抜けやすくなる

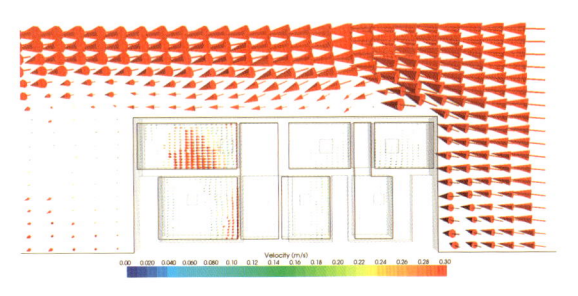

図7　通風塔を設けなかった場合の室内風速ベクトル図（東南東からの外部風）

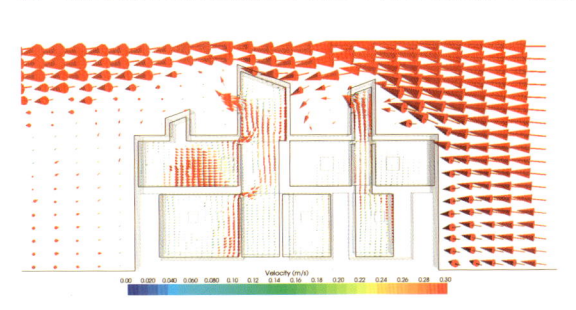

図8　通風塔を設けた場合の室内風速ベクトル図（東南東からの外部風）

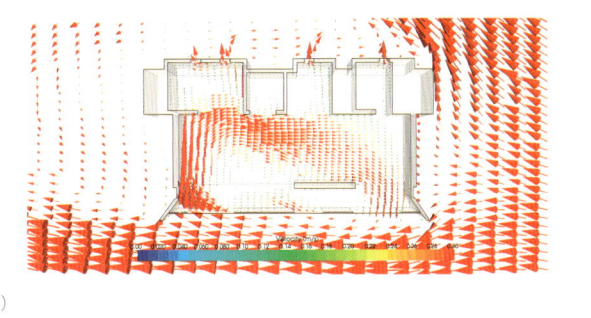

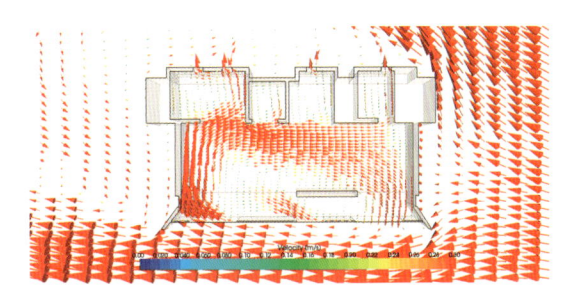

南から風が吹いた際には、1，2階の南面の大きな開口部には正圧が働き、通風塔の北・東・西面の開口部には負圧が働くことで、下から上へと風が流れるようにした。

また、開口パターンの違いによっても、通風塔から風が出て行くかが課題となった。図5のように、通風塔の上部では風が抜けていたとしても、上から下へ流れてしまったり、空気が滞留する場合があることがわかった。

通風塔への流れをつくる形状の決定

最後に、設計の最終段階のモデルを基にしたシミュレーションを行い、通風塔の効果を確認することとした。図6は、外部風が夏季の卓越風向である東南東から吹いてきた際の、風圧係数コンター図を示している。色が赤くなるにつれて、風が建物を押す力（正圧）が強い。逆に、青くなるにつれて、風が建物を引っ張る力（負圧）が強いということになる。二つの通風塔は勾配方向を異なるものとしたことで、通風塔どうしの間の壁面が他の開口部よりも負圧となり、風の出口として有効に働くことが確認された。また、南や西側から風が吹いてきたときでも、同様に通風塔どうしの間では負圧となるように計画している。

次に、室内の風の流れを見ることとする。通風塔がない場合を想定したシミュレーション結果が、図7である。通風塔がないことで、北側の部屋に風が通りにくくなっている。通風塔を設けたシミュレーション結果が図8であるが、通風塔を吹き抜ける断面的な風の流れが生まれたことで、ダイニングや北側に風が通りやすくなっている様子がわかる。ここに示したのは、比較的通風に不利な風向でのシミュレーションだが、通風塔を設けなかった場合に比べて、通風塔を設けた場合には約1.2倍の通風量を、確保できることがわかった。また、実施設計案においては、プランニングの検討をふまえ、三つのベッドスペースがそれぞれ通風塔に接するように二つの通風塔を設ける計画とした。二つの通風塔に挟まれた屋根上の空間は、南・東・西いずれの方向からの風に対しても負圧域となりやすく、卓越風による誘引の効果を見込みやすい。同時に、屋根の形状については、東西方向の卓越風の誘引効果を高めるように、東西方向に違えた屋根勾配とした。最も西側に設けられた小さな塔は、屋根上へのメンテナンス出入口となっている。

温度差換気は上下の窓を大きく

温度差換気については、CFDシミュレーションではなく、手計算による簡易的な検討を行った。ここでは、南面の開口面積を25m²で一定とし、通風塔の開口面積の変化による通風量の差を検討した。通風塔の開口部が4箇所に設置されると仮定し、最小300mm角〜最大1,000mmまで100mmずつ開口部の大きさが異なった場合について試算した。試算によると、通風塔の開口部面積を大きく確保した場合には、通風塔上部で外気との温度差が2〜3℃程度できた状態で、30〜40回/hの換気量が期待されるとの結果を得た（図9）。これに従い、実施設計案では通風塔の開口部を6面に設け、開度が大きい天窓を使用することで、外部が無風時にも温度差換気が促進されるよう計画した。一面当たりの有効開口寸法は、W740×H700mm（面積0.52m²）であり、突出窓の開き角度は最大45度となっている。実際に建設されたLCCM住宅デモンストレーション棟での試算では、室温28℃・通風塔温度29℃で12.3回/h、室温28℃・通風塔温度33℃で27.4回/hの換気回数が見込まれる。

通風計画の課題と可能性

今回のLCCM住宅デモンストレーション棟の設計では、風が流入・流出する開口部の配置計画について、シミュレーションによる検討を重ねながら設計を考えていった。しかし、コストや手間などさまざまな理由から、一般の住宅設計ではこうしたシミュレーションによる検討は極めて難しいのが現状である。私たち環境工学の専門家は、自然エネルギー利用について、設計者にも広く利用可能なガイドラインを整備していく

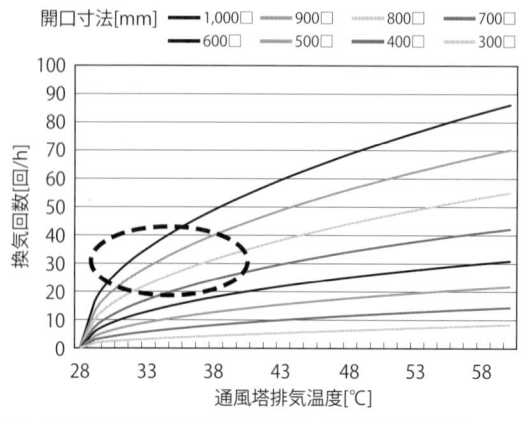

図9 通風塔の開口部面積と温度差換気による換気回数の関係

必要があると痛感している。

一方で，LCCM住宅デモンストレーション棟の設計を振り返ってみると，一般の設計者でも考えるべき手がかりが示すことができたのではないかと考えている。

今回の設計では，卓越風だけではなく，ほかの風向の場合でも風が抜けやすいような通風塔の計画を念頭に置いた。風の流れは普段なかなか目に見えないために，設計が難しいと考えられがちであるが，いろいろな方位に通風可能な窓を用意する，温度差換気の促進のために高い位置に窓を開けることは，一般の設計でも適応可能であろう。シミュレーションができなくても，居住者が実際に住みながら，「用意された中から通風に適した窓を選んで開けていく」というくらいに調整ができれば，問題ないのではないだろうか。大事なのは，一方向からしか風が吹かないと決め付けてしまい，建設後に予想が外れていたときに「開けたいところに窓がない」という失敗を防ぐことである。

幸いにして，LCCM住宅デモンストレーション棟では詳細なシミュレーションとともに，実測でも効果検証を行っており，設計意図と実際の効果について，確認をすることができる。このようにして得られた知見について，広く伝えていくことが重要となるであろう。

※　気象庁ホームページ：過去の気象データ検索
http://www.data.jma.go.jp/obd/stats/etrn/index.php
『自立循環型住宅への設計ガイドライン』ホームページ：気象データ
http://www.jjj-design.org/technical/meteorological.html

温度差換気を積極的に利用した建物の実例

高瀬幸造

自然通風と違い，温度差換気は日常生活ではあまり体感することが少ない人も多いと思われる。しかし，吹抜けやアトリウムなどの空間では，温度差換気が用いられていることが多い。今回のLCCM住宅デモンストレーション棟の設計に当たって参考にした事例を紹介する。

ダブルスキンとソーラーチムニーで自然換気を促進する

築36年経過した関東学院大学金沢キャンパス内の研究所のリノベーションである。2階から4階の西側に，既存建物の窓面から1m以上の幅を持たせて設けたガラス壁のダブルスキンのファサードは，熱性能を上げるだけでなく，外観上でも大きな特徴となっている。さらに，4階の屋根にはダブルスキンの空間と繋がったソーラーチムニーとなる2層分の小屋を設けて，自然換気の促進をねらっている。そのほか，壁面緑化，雨水・排水利用，増築部の基礎杭を使った地熱利用空調などを採用している。CASBEEによる評価では，改修前はB-であったのに対し，改修後にはAランクにまで向上している。

特に，ダブルスキンとソーラーチムニーについては，設計時にCFDシミュレーションによる検討を行い，ダブルスキンの幅の違いによる換気性能の違いを確認したうえで採用が決まり，その効果は竣工後に実測を行い検証を行っている。見学時にはソーラーチムニーの換気用小窓を開けると，十分に風を体感できほど通風・換気効果が確認できた。

ダブルスキンとソーラーチムニーの効果については，同大学で環境性能評価を行った大塚雅之教授は，温熱環境の改善効果とともに空調消費エネルギーの削減にも繋がっている，と解説された。

通風天窓で自然換気の促進を狙った環境共生住宅

東京都国立市の環境共生住宅での，通風用の天窓を採用した事例である。この住宅では，「重層の縁側」（1階および2階南側のダブルスキン状の縁側）と「通気天窓」（2階の屋根に飛び出した塔屋部分に通風天窓を設けることで積極的な通風促進）が大きな特徴で，環境負荷低減に取り組んでいる。

この住宅の通風・換気効果と温熱環境についても，関東学院大学大塚研究室によって，夏季と冬季および中間期に実測・環境性能評価が行われ，以下の知見を得ている。

①風力換気と温度差換気のバランスについては，夏季は風力換気，中間期は温度差換気が大きく作用していた。
②冷房期間では，夜間のナイトパージによって，2階寝室の冷房開始を1.5時間程遅らせることができた。
③階段室の上下温度差が十分な場合は，温度差換気，不足すると温度差換気に加えて風力換気が作用した。

全体的な通風効果としては，重力換気により35%，風力換気により65%であった。

関東学院大学環境共生フロンティアセンター

積水ハウス サステナブルデザインラボラトリー

環境計画 12

自然換気と機械換気の重ね合わせ
伊藤教子

換気が必要

住宅における暖冷房にかかわるエネルギー消費を削減するためには，断熱性能や気密性能を高めると効果的である。一方，これらの性能が上がってくると，換気による外気負荷，すなわち熱のロスが気になってくる。

しかし，換気をゼロにすることは不可能である。それは，換気を行うことで，新鮮な空気の供給，室内で発生した熱や水蒸気や有毒ガスの排出を行う必要があるからだ。必要な換気量は，表1に示す。この中で，火を使用する所での換気と，シックハウス換気は機械換気が必要となる。居室の自然換気は，窓を用いるのが住宅では一般的である。法令上，住宅の換気上有効な開口部は，居室床面積の1/20以上とされている(表2)。

自然換気と機械換気の活用

居室の自然換気には，重力換気と風力換気がある。これらの特徴を，表3に示す。自然換気を上手に用いることで，良好な室内空気質をつくり出すことができる。さらに，卓越風を利用して，冷房運転時間を短縮するなど，エネルギーの節約にまで結びつけられる。日本の住宅では，夏に北側に設けた地窓を開け，冷気を室内に取り入れていた(図1)。

しかし，自然換気では窓の開閉を行わなければならないなど，居住者の協力を得ることも必要となる。また，外部条件によって換気量が変化してしまう。そこで機械換気を用いることで，確実に換気量が確保される。先に述べたように，建築基準法では，火を使用する部屋の換気とシックハウス換気（在来軸組工法を除く）は機械換気を用いるとしている。LCCM住宅デモンストレーション棟でも，この考え方を踏襲している。

LCCM住宅デモンストレーション棟の換気計画

LCCM住宅デモンストレーション棟では，温度差換気および卓越風による誘引により，室内から北側の二つの通風塔の上部開口部へと至る自然換気による空気の流れをつくり出す計画としている。

機械換気となるシックハウス換気に関しては，本来バッファーゾーンである縁側空間に給気することで，外気の影響を軽減できるはずであるが，冷房時にはここが外部扱いとなってしまうため，リビング・ダイニングおよびワークスペースの東西外壁に給気口を設置し，外気を縁側を介さず直接室内に取り込むルートを確保している。シックハウス換気の空気の流れも自然換気と同様に，北側の二つの通風塔へと導かれ，各塔上部に設置した換気扇により外部へ排出している。

一般的に自然換気の空気の流れと，機械換気によってつくり出される空気の流れは，別個に考えられるケースがほとんどである。だが，窓や換気扇の設置位置によっては双方が干渉して，意図どおりに空気が流れない可能性もある。窓と換気扇が設けられる壁面は限定されるので，そのようなケースの方がむしろ多いのではないだろうか。LCCM住宅デモンストレーション棟では，各室から通風塔へと，自然換気と機械換気の空気の流れを重ね合わせることで，より有効に換気が行われることを意図した。そのような観点から，台所の換気によって換気バランスが崩れないようにするため，同時給排気型レンジフード(図2)を用い，特に注意している。

また，自然換気とシックハウス換気のほかに，縁側の温度上昇対策として，2階縁側上部に温度センサーにて運転する熱気排出用換気扇を設置し，1階の縁側床面には不在時でも対応できる開閉可能な給気口を設けている。

自然換気，シックハウス換気，強制機械換気のそれぞれを効率的に確保し，生活に重ね合わせた，住宅の多様な利用モードに対応した換気計画となっている(図3)。

名称	換気量	備考
火を使用する部屋の換気	$V = a \times K \times Q$	a：フード係数（2,20,30,40） K：理論廃ガス量 [m³/kW・kg] Q：燃料消費量 [kW・kg/h]
居室の換気	$V = \dfrac{20 \times A_f \times A_w}{N}$	A_f：床面積 [m²] A_w：開口部面積 [m²] N：一人当たりの面積 [m²]（1〜10）
シックハウス対策の換気	$V = n \times B$	n：換気回数 [回]（0.3〜0.7） B：居室の容積 [m³]

表1　必要換気量

名称	窓の形状	倍数
FIX窓		0
引違い		1/2
3枚引		2/3
両開		1

表2　換気上有効な開口
換気上有効な部分の面積は居室床面積の1/20以上となる
有効窓面積＝窓面積×表の値

影響因子	風力換気	重力換気
風量	大	小
開口	風上開口は有利	開口部の高低差は有利
室内気流	風により左右される。早い	緩やか

表3　風力換気・重力換気

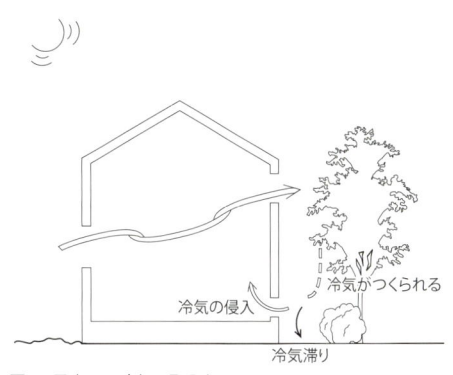

図1　民家での冷気の取入れ

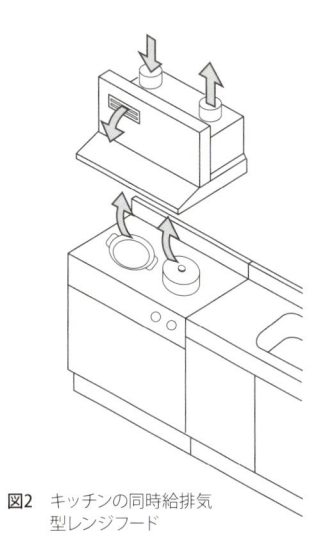

図2　キッチンの同時給排気型レンジフード

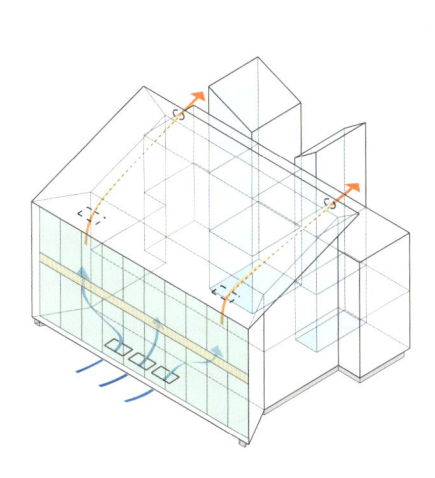

縁側強制機械換気／不在時モード

シックハウス換気（機械換気）／
常時自然換気／通風モード

図3　LCCM住宅デモンストレーション棟の換気経路

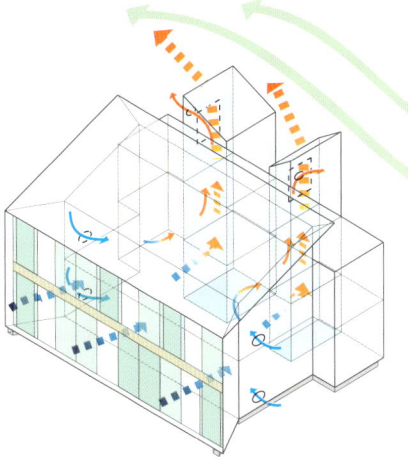

写1　通風塔へつながるベッドスペース
　　　上部の開閉可能なスリット開口

環境計画 13

不在時・就寝時の換気計画
金子尚志＋村田 涼

住まいの状態を考えてみる

　家電には，スタンバイモードというものが備えられた製品がある。たとえば，パソコンの「スリープモード」もそのひとつであろう。一定時間使用しない状態が続くと自動的にモニターが消え，設定によってはハードディスクまでも制御される。これは省エネルギーに貢献すると同時に，利用者がその作業に戻った際，瞬時にアクティブ状態に戻ることができるという点においても，大きなアドバンテージとなっている。ハードウエアにおける利用状態からのエネルギーの最適化といってよいだろう。家電に比べると，住宅におけるその利用状態はさらに多様だ。活動する人数やアクティビティの種類，外部環境の条件によっても違う。それゆえ，さまざまな状態を精細に観察することが必要である。すなわち，内部環境，外部環境の状態＝「モード」を細かく切り分けて考えることが求められ，それらの「モード」にあわせた建築的な制御を試みることで，大きな省エネルギー効果を得ることができる。

「不在時」という状態における換気

　LCCM住宅デモンストレーション棟では，環境と住まい方のさまざまな結びつきを検討し，建物がスタンバイ状態に置かれた状態として，「不在時」というモードが設定されている。特に夏季の日中に，数時間程度，住宅内に誰もいなくなった状態を想定したものである。断熱性・気密性に優れた住宅では，夏季の日中に数時間でも不在にすると，閉め切った室内の気温は急激に上昇する。そのような状態で帰宅し，熱気の充満した室内で，滲み出る汗を拭べながら，エアコンのスイッチを入れる経験は誰でもあるだろう。十分に熱を蓄えてしまった室内は，エアコンの涼しさが行き渡るまで，しばしの時間を必要とする。LCCM住宅デモンストレーション棟では，このような半日程度の「不在時」を，帰宅するまでのスタンバイモードと考え，

帰宅してからある程度の室内環境が整うまでを，できれば自然換気で，あるいは設備機器を使用する場合でも，立ち上がりの負荷を極力小さくして，効率的に排熱する方法が考えられた。すなわち，不在時において，縁側および通風塔の上部に設置した排気ファンを緩やかに運転し，縁側床面の給気口から新鮮空気を取り入れるのである。こうして，不在時に溜まる熱気を効率的に，強制的に排出しておくことによって，室内温度の上昇を抑え，短い時間と少ないエネルギーで快適な室内環境に整えることが可能となっている。なお，縁側上部の換気扇は，温度感知センサー付きとし，換気扇風量は約1,200m³/h（600m³×2台），空調区画レイヤーを閉じた状態で縁側の換気回数は約17回/hとなっている（図1, 2, 写1, 2, 3）。

「就寝時」の換気と防犯性能

　また，「不在時」に近い状態に，夜間の「就寝時」がある。特に夏季は，気温が下がった夜間に外気を取り込み，換気を行うことで，室内に冷気を蓄え，翌日にまで冷却効果を持ち込むことができる。LCCM住宅デモンストレーション棟は，建設段階の排出CO_2や空調の立ち上がりを考慮して，縁側のタイル以外には，室内の熱容量増加に特別な試みは行っていないが，それでも，夜間に外気を取り込むことによる冷却効果は十分に期待されている。

　このような「不在時」と「就寝時」のいずれの状態も，住まい手のアクティビティが低く，活動状態へ移行するスタンバイの状態と考えられる。そして，これらに共通の配慮事項として，防犯性が挙げられる。そのため，LCCM住宅デモンストレーション棟では，通風塔上部の開口や，縁側床面に設けた給気口から，安全に新鮮な空気取り入れることができるように配慮されている。

図1 モード表 不在時換気の断面

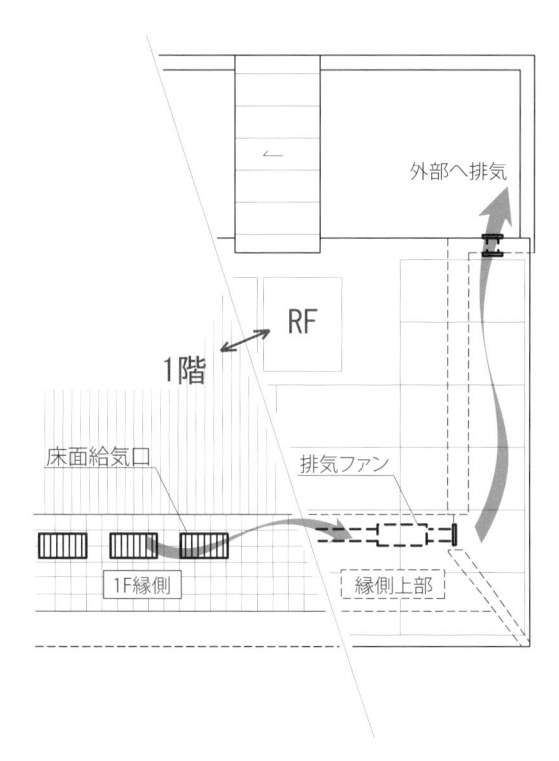

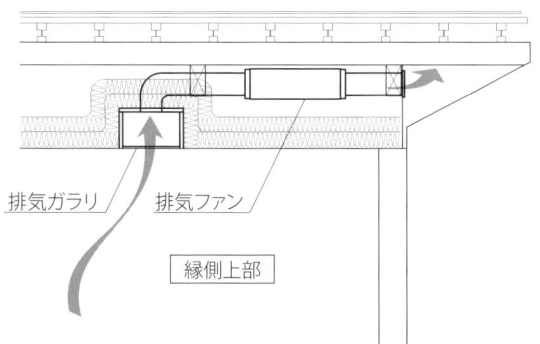

図2 不在時の排気ルート（平面図，断面図）

写1 給気口（上：ガラリ，下：フタ）

写2 縁側上部の排気口

写3 外部への排気口

環境計画 14

屋外環境
金子尚志

「境界線」から「境界領域」へ

住まいは，外壁，床，屋根という物理的構築物によって，外部環境と隔てられて室内ができあがっている。それらの要素を総合したものが外皮やシェルターと呼ばれ，風雨を凌ぎ，季節や時間とともに変化する外部環境から室内を守り，快適な環境をつくるための性能を備えている。

一般的には，外皮が室内環境と外部環境との境界線として考えられてきた。外壁の仕上材から通気層，断熱材，内部仕上げまでの厚さのなかで，外と内の境界がつくられている。外部環境のポテンシャルを見極め，自然エネルギーを活用することを考えたとき，壁一枚を隔てて内と外としてしまうのではなく，樹木の配置や，地面の表面仕上げが考慮された外構・ランドスケープまでを含んだ「境界領域」として捉えてはどうだろうか。内部と外部の境界のあり方について，境界を線ではなく幅をもった領域で捉えることが，自然エネルギーを活用し，快適性を両立することにつながるのではないだろうか。

外部環境のポテンシャル

快適な内部環境を獲得するためには，まず建物周辺の外部環境を整えることがパッシブデザインの基本である。内部だけ快適な環境を獲得しようと考えると，外部には負荷を与えることになる。冷房によって内部環境を整えることができるとしても，そのために外部が暑くなってしまい，外部からの影響を避けるために閉じざるを得なくなる。また，そのためにエネルギーを使い，ますます外が暑くなるという，いわばマイナスの環境が循環してしまう。そうではなく外部環境を整え，内部の快適性を上げる選択が，環境のプラスの循環，環境との応答を実現する。日本のようにおだやかな気候をもつ地域では，外部環境の変化に合わせ，環境の要素を選択的に制御する「取捨選択型」が室内気候を快適にする方法であろう。建蔽率60%の敷地では，残りの40%は空地として存在するポテンシャルを持った空間なのである。室内環境を内部だけでつくるのではなく，この40%の部分も，室内環境のデザイン要素として考えることで，広域にみればこの空地がつながり，地域の環境と室内環境がつくられるのである。

外部も内部環境をつくる要素としてデザインする

LCCM住宅デモンストレーション棟では，外構・ランドスケープも室内環境をつくる要素，つまり境界線のまわりにある境界領域として捉え，モードの変化を考慮して計画されている。南庭に配置された落葉樹は，室内環境をつくる最も外側のレイヤーとして位置づけられており，夏季は室内への日射を遮るとともに，外部の地盤面に影をつくり，輻射熱による室内の温度上昇低減に貢献している。冬季は落葉し，日射を室内の奥まで届ける。季節がコントロールする，自然のスクリーンである。地盤面の仕上げは，影となる北面は整地程度にとどめ，南面は芝生として夏季の輻射熱を低減させる。東西面は端材を利用したウッドチップとすることで，周辺よりも明度の高い仕上げとなり，朝・夕には地面の反射による採光を考慮している（写1, 2, 3）。

外部環境がつながる

住まいの外部を，内部環境をつくる要素としてつくることは，その住まいの室内環境に貢献するだけではない。境界線を境界領域として捉えることによって，その外部環境が隣の住まいの環境にも貢献しているのである。建物の境界を外皮の「線」ではなく，「境界領域」として拡張し，外部環境を参加させて内部空間の環境を向上させたように，周辺の建物の内部環境にも貢献するような境界領域として，隣地との境界領域を構成する要素になる。そのつながりが連続することで，外部環境が街区をつくり，都市につながっていくのである（図1）。

写3 東西面の外構。ウッドチップ仕上げ

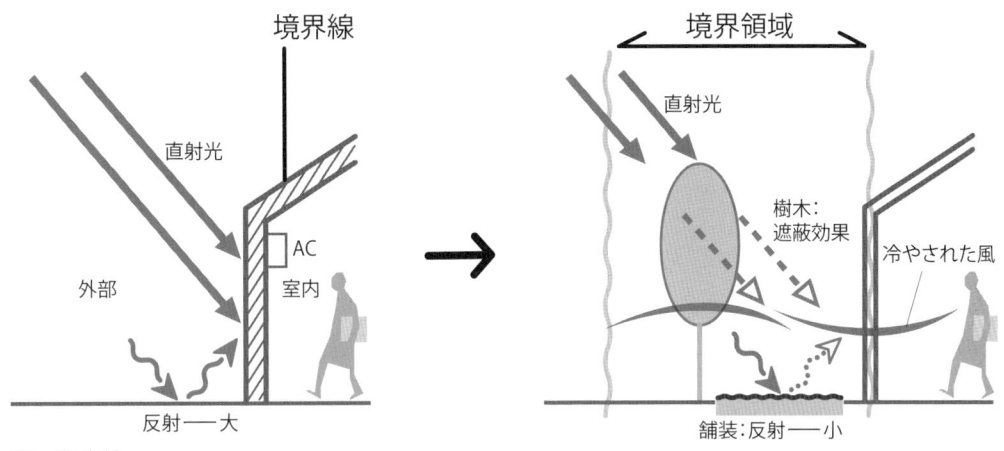

図1 境界領域

写1 夏の様子。樹木の日影

写2 冬の様子。落葉し，日射が室内まで届く

構造・構法 ①

構造計画
腰原幹雄

LCCM住宅デモンストレーション棟における構造設計の考え方

　この建物の構造設計にあたっては，木造軸組構法住宅の標準的な構法を組み合わせながら，構造計画を行っている。耐震設計としては，壁量計算によって全体の耐震性能を検証し，複雑な形状で特殊な応力の生じる部分については，個別に詳細な検討を行い，適宜，補強を行っている。

基礎・土台

　この建物の基礎は，布基礎を採用している。布基礎は，構造的に必要最低限の位置にのみ基礎を設置できるため，べた基礎に比べ使用する鉄筋コンクリートの量を削減することができる。しかし，基礎底版の接地面積が小さいため，やや高い地耐力が必要になる。また，床下空間の環境維持には注意が必要である。べた基礎以外の部分では，建物の直下が直接，土となるため，木材の耐久性向上のために換気，防蟻対策，防湿対策に注意が必要となる。通常，布基礎では内部に礎石を置き，束を立てて大引を支えるが，この束を省略するために，Y2-Y3通りの1階の床組は通常105角程度の大引の替わりに，2階の床組と同様に平角材105×240mmを用いている。さらに，この梁をY2通りの布基礎からの跳ね出し構造としてY1通りの壁を支えている。この建物正面Y1通りは，ファサードであり，外壁ではあるが耐震要素を配置していないため，土台・基礎には大きな力が発生させることがないので，このシステムが成立する。

上部軸組

　上部構造は，筋かいを主な耐震要素とした構造である。開口部などを通して，筋かいを現しで見せる構造のため，正角90×90mmの筋かいを使用している。二ツ割（45×90mm）の筋かいや三ツ割（30×90mm）の筋かいは，圧縮時に面外方向に座屈する可能性が高いため，通常は面材壁の中に設置して座屈補剛をするべきである。X方向の水平力に対しては，平面的にY3通り，Y4通りに筋かいが集中するため偏心を生じることになる。この偏心を小さくするために，Y2通り（X4-X5間）にバランスをとるために筋かいを設置している。さらに，2階床を釘打ちした構造用合板として，水平構面の剛性を高めている。一方，Y1，Y2間の床面には水平剛性を期待せずに，つなぎ梁で壁面の力を2階床面に伝達している。

屋根・通風

　屋根のレベルは，Y1-Y3間，Y3-Y4間でさまざまに異なるため，それぞれのゾーンでの地震力に対してそれぞれのゾーンで抵抗できるように耐力壁を配置している。Y3-Y4通りの通風塔部分は，低い屋根面から突出するため屋根面まで小屋桁レベルから上部にも筋かいを配置している。同様に，Y1-Y3通りの屋根は，登り梁形式として水平構面が傾斜した形式にしている。鉛直構面と水平構面を結ぶために，小屋桁レベルから屋根レベルまでの層に筋かいを配置するとともに，最上部まで伸びる柱に対して，小屋桁レベルからのキャンチレバーとして曲げモーメント，せん断力に対する断面検討を行っている。途中応力の大きい箇所では，プレート金物を用いて補強している（写3）。特に，X3-X4間では，低い屋根から柱中間部に集中荷重もかかるため，梁受け金物（アゴ掛金物）を用いて柱の断面欠損を減らすとともに，鋼板を用いて柱の曲げモーメント，せん断補強を行っている。

構造躯体などの劣化対策

　長期優良住宅では，構造躯体などの劣化対策として，性能表示の劣化等級3に適合する必要がある。具体的には，外壁の軸組などには，防腐および防蟻に有効な処置がされるか，ヒノキ，スギ，ベイマツなどのJAS構造用製材に規定する耐久性区分D1の樹種で，小径が12.0cm以上の材を用いる必要がある。布基礎の内周部の地盤上をコンクリートで覆わない場合，有効な防蟻性能が必要となり，防湿性能として防湿フィルム

などが必要になる。加えて，各部の点検が容易にできる必要があり，床下では，点検に支障をきたさない場合以外は，床下空間の有効高さを330mm以上とする必要がある。

耐震性能

耐震性としては，性能表示の耐震等級2または3の基準に適合する必要がある。耐震等級2は基準法の想定する「極めて稀に発生する地震」による力に1.25倍を，耐震等級3は1.5倍した地震力に対して構造躯体が倒壊，崩壊などしないことを確認することになるが，木造住宅の場合には，基準法の壁量計算と性能表示（品確法）の壁量計算で，想定している建物重量が異なっている。このため，想定する地震力も異なることになり，基準法の必要壁量を割増すのではなく，別途品確法で示されている式を用いて基本となる必要壁量を算出する必要があり，壁量計算で検討する場合には注意が必要である。

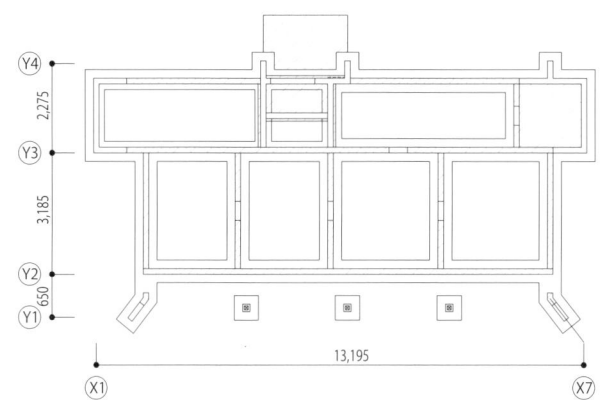

図1　基礎伏図

写1　Y2通り耐力壁

写2　Y2通り耐力壁（竣工後）

写3　柱補強金物

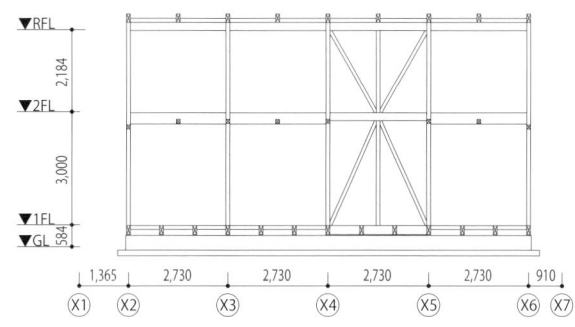

図2　Y2通り軸組図

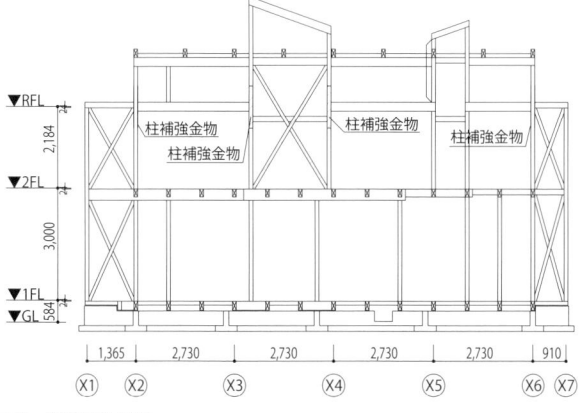

図3　Y3通り軸組図

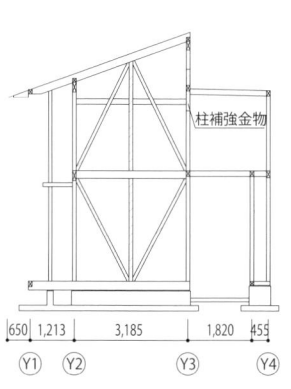

図4　X6通り軸組図

構造・構法 2

基礎形状とコンクリートヴォリューム
門脇耕三

最先端の住宅で布基礎を採用？

　木造住宅の構法は、戦後、めまぐるしい変化を遂げてきた。普段は目に入らない基礎の構法も、例外ではない。むしろ、構法の変化が最も大きかった部位の一つである。

　基礎は、建物が地面と接する部位であるから、湿気が木材の腐朽の原因となる木造住宅において、基礎の構法の変化は、そのまま地面からの湿気との戦いの歴史であった。束石の上に柱を立てる伝統的な基礎にはじまり、明治末期にはより防湿性を高めた布基礎が普及し始めるわけであるが、昭和60年代には床下すべてをコンクリートで覆うべた基礎が採用されだすようになる*1。べた基礎は、建物の荷重を分散させて地盤に伝えることができるため、そもそも軟弱地盤に用いられる構法であったが、耐震性に加え、防湿性も増すことができ、また施工性にすぐれていることもあって、現在では布基礎に変わり、主流を占めるに至っている。

　しかし、最先端の住宅であるはずのLCCM住宅デモンストレーション棟では、時代に逆行するかのように、布基礎が採用されている（写1）。むろん、これは退行ではなく、「ライフサイクルカーボンマイナス」という新たな視点が加わったことによる、積極的な採用である。

基礎の構法の歴史 = コンクリート使用量増加の歴史

　基礎の構法の進歩は、「防湿性」や「耐震性」のほかにも高めてきたものがある。コンクリートの使用量である。防湿コンクリートを除いた基礎コンクリートの使用量だけをみれば、べた基礎は布基礎に比べ、おおよそ1.5倍弱のコンクリートを必要とする、といったところが経験的な値だろう。

　ところで、コンクリートの主成分である普通セメント（ポルトランドセメント）は、その製造の過程で、大量のエネルギーを必要とする。原料である石灰石、粘土、珪石、酸化鉄などを、1,500℃に近い高温で焼成する必要があるからである。つまりセメントは、CO_2排出量の高い材料なのであり、その値は、木造住宅に用いられる材料の中でも大きな比重を占める。

　建設段階でのCO_2排出量の削減が求められるLCCM住宅において、コンクリート使用量を抑えることは大きな課題なのであり、LCCM住宅デモンストレーション棟での布基礎の採用は、ある意味で当然の帰結であった。

　なお、LCCM住宅デモンストレーション棟の基礎では、設計上のコンクリート資材量を12.6m^{3}に、鉄筋資材量を496kgに抑えている。

LCCM住宅デモンストレーション棟の基礎の設計

　むろん、布基礎を用いたといっても、通常通りの布基礎を設計したのではなく、そこにはさまざまな工夫が凝らされている。布基礎の採用に際して、最も考慮すべき点である防湿性については、1階の床組を大梁形式として、そのせいいっぱいの換気口を設け、十分な換気口面積を確保することで、対処している。また、建設段階のCO_2排出量をより減らすための工夫も、随所に凝らされている。

　第1に、LCCM住宅デモンストレーション棟では、一般的なコンクリートに用いられる普通セメントではなく、高炉セメントを採用している。コンクリートに高炉セメントを用いると、初期の強度発現がやや遅くなるため、現場での養生・管理に注意を要するものの、高炉セメントは普通セメントに高炉スラグ粉末を混ぜた混合セメントであるため、焼成にかかるエネルギーを抑えることができ、コンクリート単位あたりのCO_2排出量が約40%低減される*2。

　第2に、1階床梁を一部片持ち梁とし、基礎の範囲を建築面積より小さくすることで、コンクリート使用量をさらに少なくしている。具体的には、縁側部分が基礎より持ち出されているわけであるが、その持ち出

しを利用して縁側の床に設けられた給気口は，不在時の通風を確保し，夏期や中間期の過度な温度上昇を抑えるなど，室内環境調整に対しても極めて有効に機能することが，居住実験でも実証されている（**写2**）。つまり，コンクリート使用量を少なくし，建設段階の排出CO_2を低減させるための基礎の形状が，環境調整機能を発揮し，運用段階の排出CO_2を低減させるための設計としても意味付けられているのである。

統合的思考を要求する「LCCM」の概念

建設段階の排出CO_2を低減させることを出発点としたLCCM住宅デモンストレーション棟の基礎の形状が，設計の過程で，運用段階の排出CO_2を低減させるための重要な機構としても意味付けられていったことは，示唆に富んでいる。このことは，「建物のライフサイクルにおけるCO_2排出量をマイナスにする」というLCCMの概念が，部位の設計にあたっても，常に建物のトータルな性能に思考を巡らせた，統合的思考を要求することの証左といってよいだろう。したがって，布基礎を採用したLCCM住宅デモンストレーション棟の基礎の設計は，唯一の正解ではない。地盤の状態や敷地の気候条件によっては，地盤への荷重伝達がスムーズで，かつ熱容量の大きいべた基礎が有利な場合もあるだろう。いずれにせよ，LCCM住宅デモンストレーション棟の設計にあたっては，ライフサイクル全体での最適化が担保されるよう，その時々の条件を考慮して，各部位をチューニングしていくかのような設計が求められるのである。

【参考文献】

*1　田端千夏子，大橋好光：木造住宅の構法の変遷―基礎―，日本建築学会学術講演梗概集，E-1分冊，pp. 1117-1118，2009年
*2　鐵鋼スラグ協会：高炉セメント百年史，鐵鋼スラグ協会，2010年

写1 LCCM住宅デモンストレーション棟の基礎

写2 大梁形式として確保した換気口

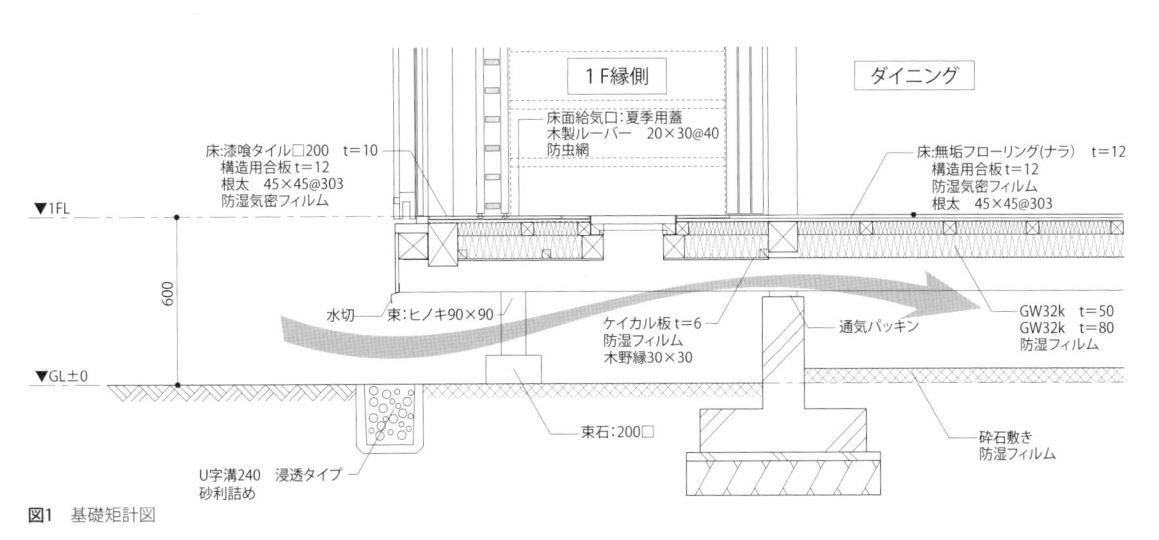

図1 基礎矩計図

構造・構法 3

地域産木材の活用
川鍋亜衣子

木材を使うということ

木材は，製造時の消費エネルギーが少なく，樹木の生育過程で大気中の CO_2 を一時的に固定するため，伐って植えることを繰り返せば，安定した炭素の循環ができる。また，身近な森林に恵まれた日本では，近くから木材を調達することで，輸送にともなうエネルギー消費と排出 CO_2 を抑えることができる。

そのため木材は，数ある建材の中でも，環境負荷が少ない建材とされる。さらには，国産材を選択することは，国内の人工林の健全造成や持続的な林業経営といった公益的機能の点から，大きな意義がある。

材種・樹種や産地の検討

LCCM住宅デモンストレーション棟では，こうしたことを念頭に，材料や構法を検討した。構造は在来軸組木造とし，木材の仕様については，設計段階で次のいくつかの条件を指定した。条件とは，できるだけ国産の近隣県産材を選ぶこと，構造や品質に影響がおよぶ部位には人工乾燥材を用いること，なるべく無垢材とすること，である。ただし，短い工期や限られた予算，地域の木材事情や調達上の効率などからも無理のないものとすることを重視して，設計者および監理者と施工業者とで協議し，表1の材を調達することになった。

無垢の近隣県産材をメインに使う

ほとんどの木材は，福島県および茨城県の数か所の製材所から調達した。一部，近隣県で手当てできなかったシナ合板は北海道産となった。軸組材や羽柄材，仕上材はおもに無垢材で，スギとヒノキは茨城県および福島県産の人工乾燥材，アカマツは福島県産の天然乾燥材とした。床はスギまたはナラの単層フローリングで，合板は下地・構造用ともに国産針葉樹合板（スギ）で，木製サッシの木部のみ集成材となった。なお，使用材積は製材が約 37m^3，合板が約 8m^3 で，一般的な木造住宅よりも若干多めである[*1]。

製造時 CO_2 排出量とその影響要因

木材の製造時 CO_2 排出量には，安定した原単位が確立していない。生産の方法や規模，品目などが多様でデータのばらつきが大きいことがひとつの理由である。ただし，排出量に支配的なのは，製材工程（うち，特に人工乾燥工程）と輸送工程であり，それらに注目すれば，傾向がわかるというのが大方の見方である。

排出量の具体的な数値としては，最近の他の研究事例では，一般製材で 100〜200kg-CO_2/m^3 の範囲のデータが多いようである。LCCM住宅デモンストレーション棟の木材で，ヒノキについて製材工場におけるCO$_2$ 排出量を積み上げ方式で推算したところ，約 65kg-CO_2/m^3 であった。これに原料採取や輸送の段階を加えると，先の値と同程度の水準になりそうである。なお，人工乾燥材や合板・集成材は排出量が多い傾向があり，人工乾燥材は未乾燥材の 6 倍程度，合板・集成材は一般製材の 4〜10 倍程度といった研究事例がある。

留意すべきは，木材の製造時 CO_2 排出量は，樹種や品目，寸法，機械類の稼働効率，生産規模，燃料の種類，人工乾燥の有無や程度，伐採地―加工地―建設地間の輸送距離や回数などによって，かなりの違いが出ることである。たとえば，加工や乾燥に重油や灯油ではなくバイオマスエネルギーを使用することでも変わってくる。LCCM住宅デモンストレーション棟のスギ材は，人工乾燥に木くず焚きボイラーを併用している工場のものである。こうした視点も木材選定の重要な指標である。

適材適所と地域事情

木材は樹種ごとにそれぞれ性質が異なるので，代表的な使用樹種やその特徴を知り，求められる強度や含水率，意匠などに応じて適材適所に使い分ける必要が

ある。たとえば，湿度の高い床下では，耐久性や防腐性・防蟻性に優れている材を，柱には通直で強度が高く，狂いや貫通割れが少なく加工性のよい材を，梁や桁・母屋・棟木などの横架材には曲げに強い材を用いるなどである。ただし，同時に重要なのは，調達しやすい材の中から選ぶことである。

　今回，調達が難しかったもののひとつは，土台のヒノキである。関東以北で大径のヒノキがそれほど出回っていないこともあって，せいの高い土台材は調達に時間がかかった。また，マツの梁も入手に手間がかかった。マツ（地松）は現在，全国的に入手しにくくなっているようである。さらに，国産広葉樹のフローリングは，取り扱っている木材業者が少なく，種類や生産量も少なく，探し出すのに苦労した。また，国産原木の合板は，マツの合板はロットが一定以上でなければ今回は発注できなかったため，スギを用いた。

　このように，木材は用途や寸法，地域，調達ルートなどによって揃えやすいものが違っており，特定のものにこだわると，納期へ影響したり価格面で合わなかったりすることがある。木材選びをスムーズにするには，早い段階で，施工を請け負う工務店や木材業者に相談し，先方に調整や提案をしてもらうのが近道だろう。何より，材料の手配から使用までに，十分な時間を見込んでおくことが重要である。

施工時の木材の扱い

　施工で手間取ったのは，梁のアカマツのねじれとあばれである。アカマツは，もともとねじれやすいが曲げに対して強いため，古くから横架材としてよく使われてきた。材自体にも若干の曲がりがあるのは普通であり，昔は大工が手慣れていて施主も多少のあばれや割れを気にしなかったこともあって，うまく活用されてきた。しかし，集成材やベイマツに比べて狂いやすく，昨今の精度の高い住宅におさめようとすると，手間取ることもある。そのため，施工者の経験の有無などもあらかじめ情報交換しておくとよいだろう。

写1　大径のヒノキの土台

写2　ねじれに手間取ったマツの梁

写3　外壁のスギの羽目板

*1　木造住宅の木材量は，住宅や算出方法によって大きな違いがあるが，合板類を除き，床面積1m² あたり 0.191m³ という調査データがある（木造軸組工法住宅の木材使用量調査, p.66,（財）日本住宅・木材技術センター, 2002年3月）。これによればLCCM住宅デモンストレーション棟相当（142.35m²）で，27.2m³ 程度になる。

部位		樹種等
軸組等	土台, 火打土台	ヒノキ
	柱（見えがかり）	ヒノキ（上小節）
	柱（見え隠れ）	スギ
	梁・胴差・桁	アカマツ
	筋違, 間柱, 胴縁	スギ
	火打梁, 根太	スギ
	母屋・垂木	スギ
	吊り木, 野縁受, 野縁	スギ
合板	床・壁（構造用合板）	スギ
	天井下地	スギ
天井・一部内壁	仕上げ	シナ合板
一部床材	単層フローリング	スギ, ナラ
一部外壁	羽目板	スギ
造作材		ヒノキ, スギ
内部木製建具	フラッシュ戸, 框戸	シナ合板, ヒノキ
外部木製建具	サッシ枠	スギ集成材
造作家具		シナ合板

表1　木材の主な使用部位と樹種

環境設備 1

熱環境とそのシミュレーション

桑沢保夫

CO_2削減と住宅における熱収支

今回のLCCM住宅デモンストレーション棟の建設地（茨城県つくば市）は，省エネルギー法のⅣb地域にあたり，東京や大阪などを含む比較的温暖な地域である。この地域における一般的な戸建住宅のエネルギー消費量を見てみると，給湯が全体の約3割と最大である（図1）。次はエアコンが約2割であるが，このうち暖房が大半を占め，冷房は暖房より一桁程度のオーダーで少ないことが知られている。つまり，給湯および暖房のエネルギー消費量を削減することは，住宅全体のエネルギー消費量を削減するうえで大きな効果がある。住宅における主な熱の取得は図2のように整理できるが，熱収支の面から暖房について考えてみると，
①住宅の躯体の性能を上げて熱ロスをなるべく減らす。
②日射による熱取得を有効に活用する。
③高効率な暖房機器を利用する。
という方法で，エネルギー消費量を削減できる。住宅からの熱ロスを減らすには，当然，断熱・気密性を向上させることが必要である。LCCM住宅デモンストレーション棟においては，躯体の断熱性能を暖房度日地域区分Ⅱ地域の次世代エネルギー基準相当としている。躯体の断熱性能の決定においてはⅣ地域相当からⅠ地域相当以上など，さまざまな仕様で熱負荷のシミュレーションを行った。断熱性能を上げるほど冬季の熱損失を抑えることができる一方で，断熱材そのものの資材量の増加に加え，断熱材の厚みに対応し壁をふかすなど，躯体にかかわる資材量が増え，建設段階でのCO_2排出が増えることになる。運用段階での熱負荷は軽減されるが，建設段階でのCO_2排出が大きくなるというトレードオフが生じるのである。建設地がⅣ地域であり，冬季の日射熱の利用が期待できることも考慮し，LCCM住宅デモンストレーション棟においては，断熱材の厚みを一般的な木造住宅の軸組厚内に納まる程度の厚みとした（図3）。結果としてⅡ地域の次世代エネルギー基準相当の軸組内への充填断熱となっている。よりヒートブリッジの少ない外張断熱工法も考えられたが，胴縁の資材量の増加などを勘案し，オーソドックスな充填断熱工法を採用している。断熱材にはグラスウールを用いている。現時点で広く一般に用いられており，かつ製造時エネルギーが小さいものとして選定されている（表1）。

一方，日射による熱取得を増やすには，開口部を大きくとることが必要となるが，一般的に開口部は壁面に比べて断熱性が劣るので，断熱性の向上により熱ロスを低減することと，開口部からの日射熱取得を増やすことは両立しにくい。つまり，これらはトレードオフの関係にあるため，両者を同時に評価して最適な答えを探る必要がある（図4）。

このトレードオフの関係をなるべく和らげるためには，開口部にできるだけ断熱性の高いガラス，サッシを採用するとともに，夜間や雨天時など日射熱取得を期待できないときには，カーテンやスクリーンなどで開口部の断熱性を一時的に高めることが有効である。

ただし，日射による熱取得は天候や時刻により大きな変動を伴うため，場合によっては，暖房シーズンであっても日射熱を充分に得られるときはオーバーヒートを招く一方で，日射がなくなれば暖房による加熱が必要となる，というように日射熱を無駄にしてしまうことがある。これに対しては，床や壁などの部位に蓄熱させることで，その無駄を低減することができる。

また，暖房負荷削減のため断熱性を高めることは効果がある一方で，中間期には内部からの排熱が難しくなり，冷房負荷の増大を招く。そこで，暖冷房時には断熱性を確保しながら，中間期には積極的に通風・換気も活用できるような，開口部や通風経路の工夫が必要である。さらに，日射熱については，暖房シーズンには充分に取り込めるようにしながら，そのほかのシーズンには遮蔽できるようにすることが必要である。

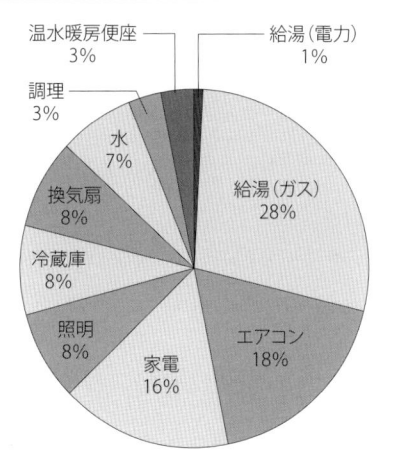

図1 1次エネルギー消費割合（2000年の一般的な住宅の例）
（出典　国土交通省国土技術政策総合研究所・独立行政法人建築研究所　監修：自立循環型住宅への設計ガイドライン，財団法人建築環境・省エネルギー機構）

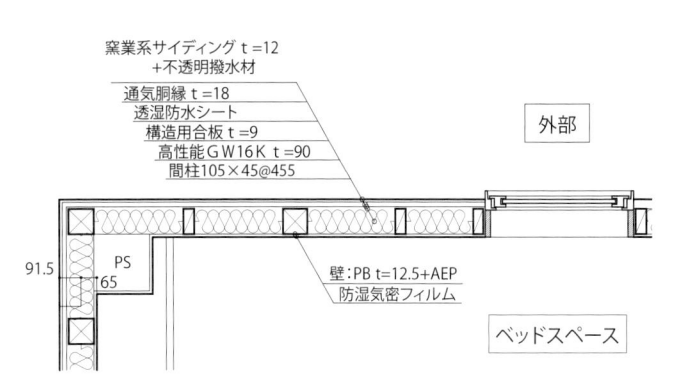

図3 北側壁平面詳細図

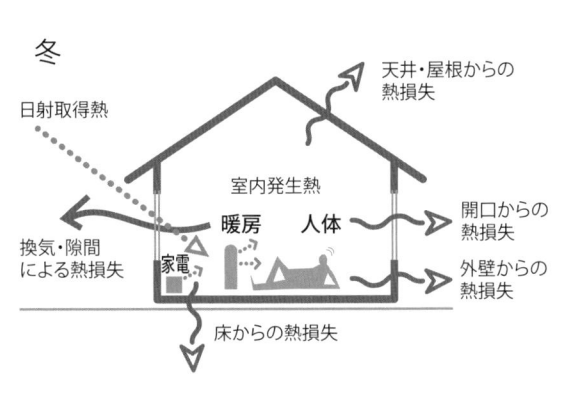

図2 建築の熱収支

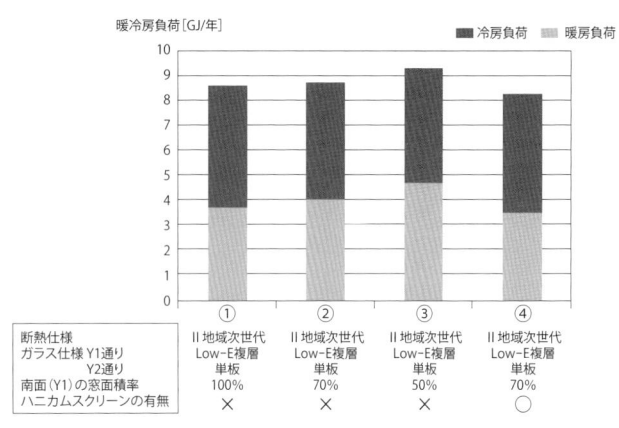

図4 開口部の性能・大きさと通年の暖冷房負荷の関係

系	製品名	熱伝導率 [W/(m·K)]	原材料	製造時エネルギー [kWh/m³]	耐水性	耐火性	その他
自然系断熱材	セルローズファイバー	0.039	・パルプ ・古紙 ・ホウ酸	14	吸放湿性大	ホウ酸で難燃処理	印刷物のVOCが不明
	羊毛	0.04	・羊毛 ・ウール材のリサイクル	30	吸放湿性大	ホウ酸で難燃処理	ウール品のリサイクルを上げるとよい
鉱物化学系断熱材	グラスウール	0.038	・珪砂, 石灰石, 長石, ソーダ灰, ビーガラスの再利用	100〜700	透湿性大	—	—
	ロックウール	0.039	・玄武石 ・鉄鋼スラグ	100〜700	透湿性大	耐火性大	—
	ウレタンフォーム	0.023〜0.025	・ポリイソシアネート ・ポリオール ・発泡剤	1585	透湿係数低	要難燃処理	シロアリに弱
	ポリスチレンフォーム	0.034〜0.043	・ポリスチレン ・発泡剤	695	耐水性大	難燃材を入れる	耐圧性
	フェノールフォーム	0.02〜0.06	・フェノール樹脂 ・発泡剤	750	透湿性小	—	—

表1 断熱材の種類と特徴

温熱環境のシミュレーション

そこで以下の2点を，温熱環境のシミュレーションにおいて主に検討した。
①できるだけ暖冷房負荷を削減し，少ないエネルギーで快適な温熱環境とする。
②暖冷房空間と非暖冷房空間の温度差をあまり大きくしない。

①については，建物の断熱性，遮熱・排熱性の向上，暖冷房空間の縮小化とともに，パッシブ的手法による日射熱利用，通風利用などにより検討した。②については，縁側部分を非暖冷房空間，その他の部分を暖冷房空間と考え，縁側部分の外皮の断熱性能および，縁側部分とその他の部分の間の間仕切(内側の木製建具)の断熱・気密性能を考慮して検討した。

日射熱利用のための開口部と断熱性のトレードオフ

このうち，パッシブ的手法による日射熱利用にはガラス開口部を設ける必要があるが，一般的にこの大きさは先述したように建物の断熱性とトレードオフの関係になってしまう。そこで，まずガラスはできるだけ断熱性能の高いものとして，真空ガラスを採用することとした。そのうえで，ガラス面積の増減に基づいて活用できる日射熱の量の違いとガラスの断熱性能の変化によって，エネルギー消費量の面からどの程度のガラス面積が望ましいかを，シミュレーションにより検討し，南壁面の70％程度にすることとした。

断熱性を高め，日射熱を多く取り込むようにしたため，暖冷房負荷は一般的な戸建住宅とは異なり，暖房よりも冷房の負荷が大きくなった(図4)。年間の負荷合計値でみると，今回の建設地域であるⅣ地域に建つ，平成11年基準の断熱性能を持つ住宅と比べて，半分以下であり大変小さい。

また，日差しがない時間帯には，断熱性を高めるためにハニカムスクリーンを活用し(写2)，さらに暖房負荷を削減することとした。

蓄熱効果の活用

日射熱を利用する場合には，日射熱を取り込める時間は暖房負荷の小さい日中のため，場合によっては室内がオーバーヒートしてしまう。そこで，パッシブ的手法では床や壁などに蓄熱部位を用意しておき，日が出ている時間の熱をその部位に蓄熱し，日が陰ったときにその熱を徐々に放熱させることで，室内の気温変動を小さくすることが有効である。すなわち，この蓄熱を利用する方法は，連続的に暖房を行う場合に適しているといえる。しかし，今回のLCCM住宅デモンストレーション棟ではルームエアコンによる部分間欠運転を採用したので，注意する必要がある。蓄熱部位があると，朝など蓄熱されていない状態では，暖房時に部分間欠運転時に立ち上がりの負荷が大きくなることとなり，ルームエアコンのスイッチを入れても所定の温度に達するまでに時間が掛かることになる。

このような点を考慮して，蓄熱部位は縁側空間の床にのみ設置し，リビング・ダイニングやワークスペースには設置しないこととした。こうすることで，ルームエアコンによる暖房を行うときは内側の木製建具を閉じた状態とするため，蓄熱部位の影響は受けない。また，縁側部分は日射熱を最もよく受ける部位のため，十分な蓄熱も期待できる(写3)。

暖冷房空間と非暖冷房空間の温度差

暖冷房空間と非暖冷房空間が仕切られた状態の時に考慮する必要があるのは，それらの間における温度差が生じることである。いくら暖冷房空間が快適な状態にできたとしても，非暖冷房空間が寒い(もしくは暑い)状態では，行き来する際にヒートショックを感じることとなり，場合によっては健康上の問題をもたらすことも考えられる。この住宅で，常に非暖冷房空間となるのは南側の縁側部分である。1階と2階を行き来する際には，必ずここを通る。この空間は大きな外側の開口部によって外気に接しているため，冬には低温となることが想定される。一方，夏は外側のスクリーン(木製気密サッシ)を開放するため，この空間は外気程度の気温となる。また，内側の木製建具の断熱・気密性能が高いと暖冷房空間の熱は伝わらず，冬季には温度差をより広げる方向となる。

この温度差が特に問題となるのは冬季であることから，どのような温度差を生じるかをシミュレーションにより検討した。図5は，気温が最も低下する時期にどの程度の温度差を暖房空間と縁側空間の間で生じているか，主に縁側空間に設置する蓄熱容量の違いから調べたものである。蓄熱容量が大きいほど縁側空間の日中の気温上昇が少なくなり，一方でその蓄熱分を夜間に放熱するため早朝における気温は高めとなり，いずれの場合にも暖房空間との差が小さい。また，シミ

ュレーションにより熱負荷の点からも縁側空間の熱容量を大きくした方が有利であることがわかった。

しかしながら、一般的に熱容量の大きい素材は重いものが多く、熱容量を大きくすると重量が増えてしまう。今回の設計では建設段階の排出 CO_2 を減らすため、コンクリートヴォリュームを抑えることを目的として、縁側部分の外側に基礎を設けない形としたため、重量による制限を受けることとなった。そこで、重量的に許される範囲で蓄熱材となる材料を設置すること

とした。ここでは、非焼成タイルである漆喰セラミックを採用している。

なお、夏季には外側スクリーンを開放するため、縁側部分は外気と同様の空間となる。しかし、日射熱により外気よりも高温となることが考えられ、これは冷房空間への熱負荷を増大させることとなるため、縁側の上部に排熱用の排気口を設け、排気口内部の温度センサーにより設定温度を上まわったときには排気ファンを稼働させることとした（写4, 5）。

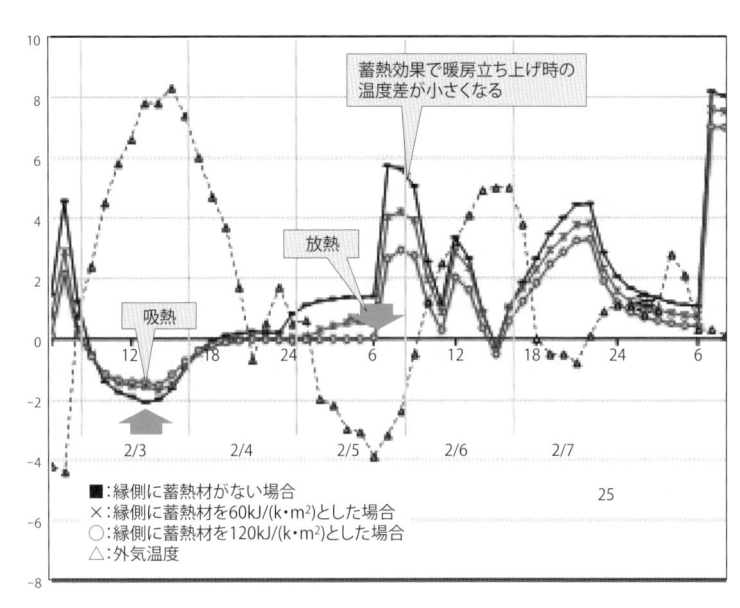

図5 シミュレーションによるリビング・ダイニングと縁側空間の温度差および外気温度（最寒期）

写1 1階床断熱施工の様子
エアコンによる部分間欠空調を想定し、空調負荷となる気積が極力小さくなるよう床断熱とした。床面の温度が下がりにくく、快適性の向上にもつながっている

写2 断熱機能を持つハニカムスクリーン

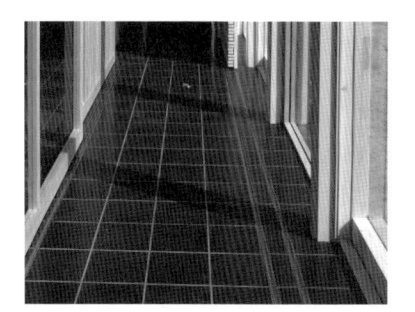

写3 縁側部分の蓄熱用タイル

写4 縁側部分における夏季排熱用の排気口

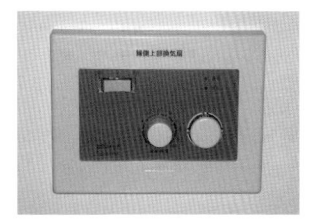

写5 排熱ファンの設定スイッチ

環境設備 ②

暖冷房設備
桑沢保夫

暖冷房機器の選択

通常は冷房方式には，ルームエアコンもしくはヒートポンプ式セントラル暖冷房程度しか選択肢はないが，暖房方式には各種の方式がある。熱源として電気・ガス・石油・薪などの種類があり，空気を直接暖める方式，水もしくは電熱線などにより床やパネルを暖める方式などもある。

一般に床暖房は上下温度差が小さく快適な暖房方式とされているが，温水をつくるときの効率はガスや石油などの燃焼式では1を超えることはない。また，配管や床下への熱ロスもあり，全体的な効率はあまり高くない。電熱線で直接暖める場合には（床下への熱ロスを除いて）2次エネルギー効率では1となるが，電力をつくるときのCO_2排出量から考えた1次エネルギー効率ではその1/3程度と，効率が大変低くなってしまう。そのほか床以外のパネルなどを，水もしくは電熱線で暖める方式は，いずれも同様である。

寒冷地などでよく用いられている，FF（Forced draft balanced Flue）方式と呼ばれているガスや石油による燃焼式の暖房では，空気を直接暖めるが，やはり効率で1を超えることはない。

これらに対して，ヒートポンプを使うタイプは，カタログ値の定格暖房効率で6を超えるような製品も少なくない。実働状態ではそれほどの効率ではないにしろ，燃焼式や電熱線による方式に対しては，1次エネルギー効率に換算しても有利である。

薪などのバイオマス燃料を使用する方式も，CO_2排出量の面からは当然大変有利といえる。しかし，薪などの入手が他の熱源（電気・ガス・石油）に比べて困難な場合も多く，またあまり多くの住宅で使用し始めると，供給側の問題も生じる可能性があることなどから，一般への普及も考慮して，今回は検討対象とはしなかった。

さらに，一般に多く使用されている暖房として石油ファンヒータ，石油ストーブなどの開放型燃焼機器（燃焼後の排ガスを室内に放出するタイプ）もあるが，これらを使用すると室内空気質を清浄に保つための必要換気量を多くする必要があり，結果的に暖房熱負荷を増大させてしまうことから，これも検討対象とはしなかった。

以上のような検討を踏まえ，今回のLCCM住宅デモンストレーション棟では，CO_2排出量の低減を最優先として，ヒートポンプを使用する方式（ルームエアコンもしくはヒートポンプ式セントラル暖冷房）を暖房方式として選定し，同時にそれを冷房にも使用することとした。

運転方式の検討

暖冷房の運転方式として，主に以下のような方式がある。
①部分間欠暖冷房方式
②全館連続暖冷房方式

部分間欠暖冷房方式は，日本の温暖地域以南では最も多く見られる方式で，ルームエアコンなどを暖冷房に使用し，在室時に在室している部屋のみ暖冷房機器を運転する。この場合，時間的にも空間的にも最小限の暖冷房負荷しか生じないので，負荷を最小とすることが可能である。一方で，室の暖冷房にはある程度時間が必要なことから，当然，在室を始めた直後などは冬季には寒く，夏季には暑い状態である。また，暖冷房空間と非暖冷房空間に温度差を生じることとなり，ヒートショックを感じることとなる。

これに対して，全館連続暖冷房方式では，常に全館を暖冷房するため負荷は大きくなる。しかし，暖冷房の立ち上がりはなくなるため，常に快適な状態を保つことができるとともに，室間におけるヒートショックも小さい。日本では少ないが，欧米では多く用いられている方式である。これには，住宅の構造も関連があると考えられる。日本の戸建住宅は多くが木造で，熱容量はあまり大きくないが，欧米では組石造やRC造

などで、熱容量の大きな材料が多く用いられている。そのため、日本では間欠的に暖冷房を運転しても比較的短時間で所要の温度にできるが、欧米ではその時間が長くかかってしまうことも、欧米で全館連続暖冷房方式が多く用いられている一要因と考えられる。

このほか、東北地方などでは「全居室連続暖房、部分間欠冷房」も見られるが、今回のLCCM住宅デモンストレーション棟では、通風の利用を考慮して比較的オープンなつくりとなっていることから、検討対象とはしなかった。

結局、CO_2排出量低減の観点からは、部分間欠暖冷房方式が全館連続暖冷房方式に対して有利ではあると考えられるが、Q値（熱損失係数）が小さい（住宅の断熱性能が高い）場合には、その差は小さくなることが予測される。差があまり大きくないようであれば、ヒートショックの少ない温熱環境を選択する可能性もあり、どの程度の差になるかを計算により求めた。

通常は、図2-1のヒートポンプ式セントラル暖冷房による全館連続暖冷房か、図2-3のルームエアコンによる部分間欠暖冷房となるが、ヒートポンプ式セントラル暖冷房による部分間欠(図2-4)およびルームエアコンによる全館連続暖冷房(図2-2)も計算した。住宅の断熱性能を高めてQ値を小さくすればその差は小さくなったが、全館連続暖冷房では冷房のエネルギー消費量が比較的多く、またヒートポンプ式セントラル暖冷房ではルームエアコンに比べて、機器の性能自体がまだあまり高くないこともあり、ヒートポンプ式セントラル暖冷房による全館連続暖冷房とルームエアコンによる部分間欠暖冷房では、エネルギー消費量で数倍の差を生じることとなった(図2)。

以上の結果から、LCCM住宅実現のためにはエネルギー消費量を極力抑えることが必須となっており、建物の断熱性を相当程度高めてもエネルギー消費量の差が大きいため、エアコンによる部分間欠暖冷房を選択する必要のあることが明確になった。

ルームエアコンの効率

最近のルームエアコンは高効率化しており、カタログ値の定格効率では6を超えるような機種も少なくない。今回のLCCM住宅デモンストレーション棟では、当然高効率の機種を選択する必要がある。しかし、ルームエアコンの効率は運転時の負荷や外気条件によって大きく影響されるので、これも考慮する必要がある。

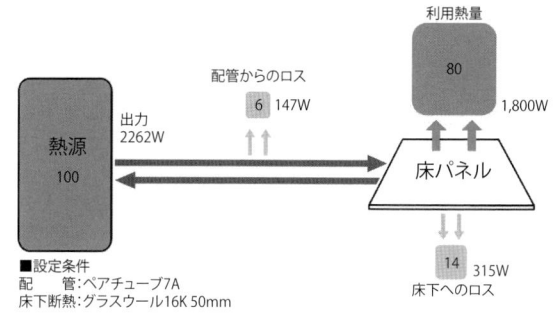

図1 床暖房時の熱損失
（出典　国土交通省国土技術政策総合研究所・独立行政法人建築研究所 監修：自立循環型住宅への設計ガイドライン、財団法人建築環境・省エネルギー機構）

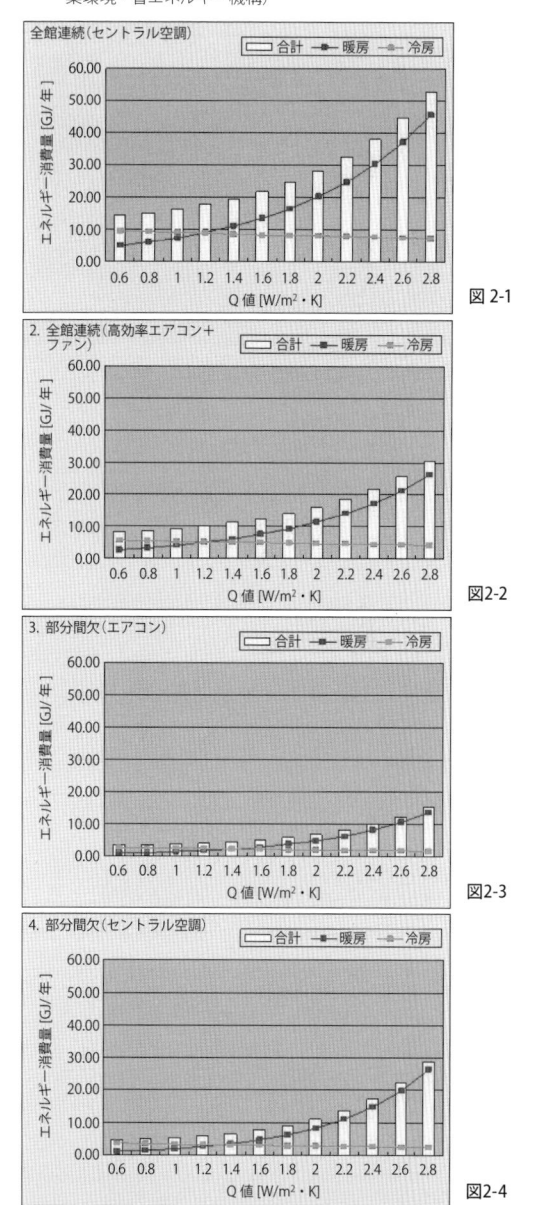

図2 暖冷房方式・機器によるエネルギー消費量の違い

図3は，一般的な住宅における夏季の冷房時における効率をある条件で測定した結果である。○印は居間に設置されたルームエアコン，△印は寝室に設置されたルームエアコンの状況である。どちらも外気温度の上昇とともに，効率（COP）は低下している。これは，ヒートポンプは冷房の場合には室内の熱を室外に移動するが，その際に室外の気温が高いほど移動するためのエネルギーを多く必要とするためである。

次に，居間と寝室で比較すると，寝室のルームエアコンは全体に低い効率を示している。しかし，これらのエアコンのカタログにおける効率は，どちらもほぼ同じ程度である。この違いの原因は，図4を見るとわかる。横軸の負荷率とは，定格能力に対してどの程度の割合の能力で稼働していたかを示している。居間のルームエアコンは負荷率60％程度を中心に稼働していた時間が多かったのに対して，寝室のルームエアコンは負荷率20％程度で稼働していた時間が多かったことがわかる。一般に，ルームエアコンは50％を切るような低負荷時には，効率が低下してしまうことがわかってきており，寝室のルームエアコンは低負荷のため，効率の低い状態での運転時間が長かったことが原因と考えられる。居間に比べて寝室の広さが狭いことと，稼働する時間が主に夜のため外気温度も低いため，もともと負荷が小さい条件であったことが考えられ，寝室でも高い効率で運転するためには，容量のより小さな機種とすればよいことがわかる。

ルームエアコンの容量選定

LCCM住宅デモンストレーション棟では，断熱性能を高めて暖冷房負荷を大きく削減しているため，この負荷に対応するルームエアコンの容量を選定する必要がある。設置するのは1階リビング・ダイニングと2階の二つのワークスペースの3か所である。それぞれ空間的に仕切られており，個別に在室時刻が異なるため，暖冷房には別々のルームエアコンが必要だ。

まず，現状で市販されているルームエアコンは2.2kW機種が最小なので，これをすべての部屋に設置した場合を最小機種とした。しかし，これでは暖冷房負荷が大きくなったときに負荷を処理しきれなくなり，設定温度よりも夏季には暑く，冬季には寒くなる時間帯がある。そこで，そのような時間帯があまり生じないように（運転時間の5％を超えないように）選定した機種を負荷対応機種とした（リビングは5.0kW機種，ワークスペース2.2kW機種，子供室ワークスペース4.0kW機種）。それぞれについて，年間のエネルギー消費量と負荷を処理できなくなった時間の比率を，図5, 表1に示す。

いずれの機種，暖冷房対象室でも，暖房時には能力が不足する時間は発生しなかったが，冷房時にはリビング・ダイニングと子供室ワークスペースで負荷が能力を上回る時間帯が発生した。特に，最小機種では，リビング・ダイニングで冷房時の31％の時間と大きくなったが，処理できる熱量が少ない点に加えて，低負荷運転の時間が相対的に短いことから，一次エネルギー消費量は負荷対応機種に比べて7割弱となった。

今回のLCCM住宅デモンストレーション棟では，居住者にある程度の省エネに対する協力を求め，ある程度の能力が不足する時間は許容することとし，以上の計算結果も踏まえて，次のように機種を選定した。リビング・ダイニングには2.8kW機種，ワークスペース，子供室ワークスペースには2.2kW機種である。この場合の計算結果も合わせて，図5，表1には載せてある。リビング・ダイニングでは冷房時に能力が不足する時間が20％とやや大きくなってしまったが，居住者には着衣による調節や扇風機など他の手段を取ってもらうことで対処することとした。一方，エネルギー消費量では最小機種の場合とあまり変わらないレベルで，負荷対応機種に比べれば大きく削減できる。

ちなみに，能力が不足する時間をゼロとすることは可能であるが，より能力の大きな機種としなければならないため，その場合，低負荷運転の時間がさらに多くなり，エネルギー消費量は増大してしまう。販売店やメーカーでは，極端に暑い日や極端に寒い日に能力が不足した場合のクレームをおそれて，やや大きめの機種を勧める場合が多いが，その場合にはエネルギー消費の面からは不利となってしまう。低負荷運転の時間を減らしつつ，能力が不足する時間を減らす方法としては，小型容量の機種を複数台設置する方法がある。負荷が小さいときには1台で運転し，1台だけでは負荷を処理できなくなってきたら2台目，さらに負荷が増えるごとに運転台数を増やしていく方法である。こうすれば低負荷運転の時間は少なくなり，比較的高効率の状態での運転時間が長くなるため，エネルギー消費量の観点からは有利となる。当然，イニシャルコストは多くかかってしまうが，場合によっては検討に値する方法である。なお，コンプレッサーの容量を変化

させることで，ある程度の幅で低負荷時にも効率があまり低下しないように工夫された機種も最近出てきた。

ルームエアコンの設置

エアコン室内機の設置に際しては，吹き出す温風，冷風が室内に行き渡るように注意する必要がある。設置場所，向き，周辺の障害物などが影響を与えるので，風の流れを想定してこれらを確認しておくべきである。また，室内機と室外機の間にある冷媒配管からの熱ロスを低減するためには，なるべく配管長さを短くすることと，できるだけ室内を通すことが効果的である。今回のLCCM住宅デモンストレーション棟の2階に設置したエアコンは，いずれも室内機のすぐ後ろに室外機が設置されており，その点では大変望ましい設置位置となっている。しかし，室内への振動騒音の伝播には留意が必要だ（図6）。

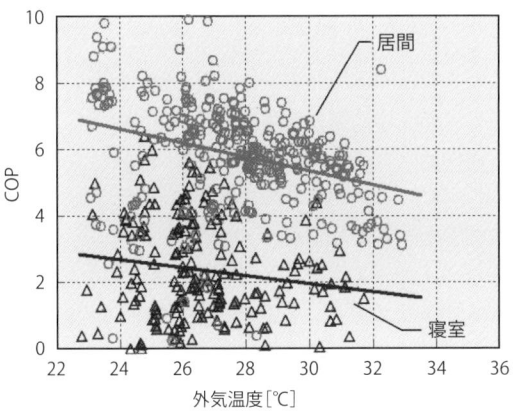

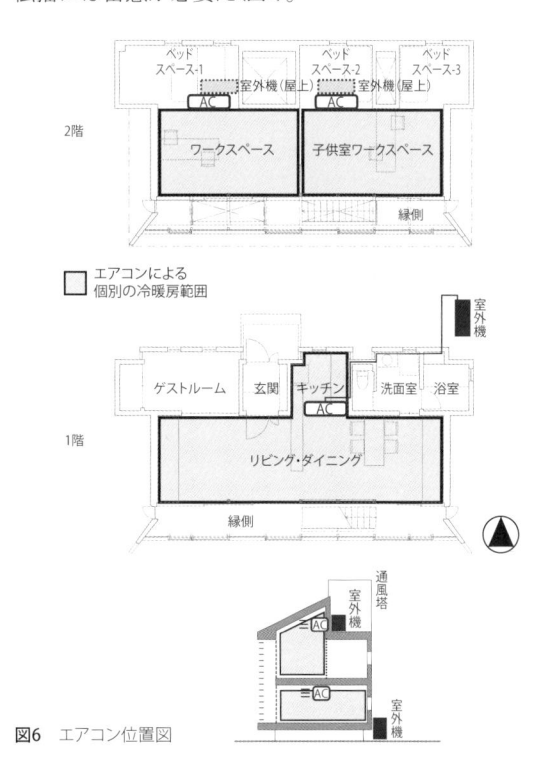

図3 居間と寝室におけるルームエアコンの効率
（出典 国土交通省国土技術政策総合研究所・独立行政法人建築研究所 監修：自立循環型住宅への設計ガイドライン，財団法人建築環境・省エネルギー機構）

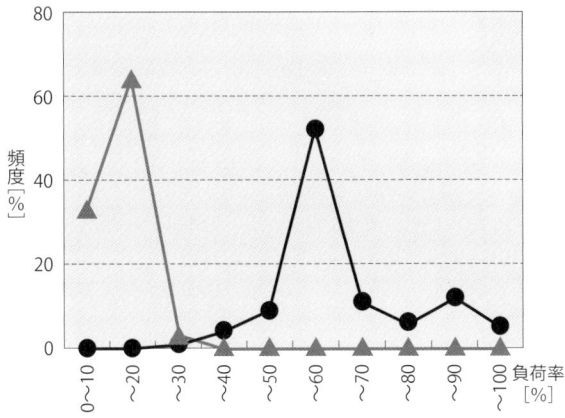

図4 居間と寝室におけるルームエアコンの負荷率

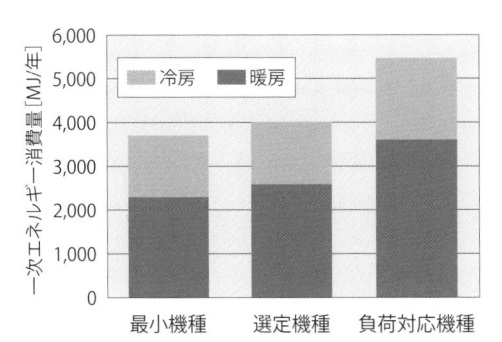

図5 ルームエアコン能力による一次エネルギー消費量の比較

図6 エアコン位置図

写1 ルームエアコン

写2 エアコンすぐそばの屋根上に設置された室外機。右の窓は点検用出入口

機種		LD	ベッドスペース-1	ベッドスペース-2
最小機種	暖房	0%	0%	0%
	冷房	31%	0%	12%
選定機種	暖房	0%	0%	0%
	冷房	20%	0%	12%
負荷対応機種	暖房	0%	0%	0%
	冷房	4%	0%	2%

表1 負荷を処理できなくなった時間の比率

環境設備 3

換気設備
桑沢保夫

第一種換気方式

　住宅においては，水まわりなどの局所排気システムを利用した第三種換気方式が一般的によく用いられている。シックハウス対策として24時間の連続換気が義務付けられ，室内空気質の悪化を防ぐことになっているが，局所排気システムを利用した第三種換気方式の場合，新鮮外気の給気は給気口の他住宅全体の隙間になり，換気経路もあまり明確とはならないことから，「すべての居室で同様の空気質を確保できるか」という観点からは難しいシステムであるということができる。

　空気質を確保するという観点では，第一種換気方式では各室に必要な外気を送り込むため，一般的に有利である。しかしながら，給気用ファンと排気用ファンを稼働させるためエネルギー消費量としては不利になる。これを補う点で有効なのは，熱交換型第一種換気方式である。通常，換気に伴って冬季には室内の暖められた空気を室外に排気し，室外の冷えた空気を室内に取り込むため，熱が無駄になってしまう。そこで，熱交換型第一種換気方式では室外の冷えた空気を室内に取り込む際に，室内から排気する空気の熱だけを移動させることによって熱のロスを抑える。仕組みとしては，隣り合った細い管の中に交互にそれぞれの空気を流すことによって，空気を混合しないで熱だけを移動させる。特に寒冷地では，暖房時の室内外温度差が大きくなるため有効で，暖房の熱負荷を低減するとともに，冷えた空気を直接室内に取り込まないので，換気のために冷気が足元に流れてくるような温熱環境を乱すことも低減できる。冷房時にも基本的には同様の効果を有するが，暖房時ほど室内外の温度差が大きくないため効果は比較的小さい。

　しかし，中間期などにはこの熱交換が不利に働く場合がある。室内では，人体のほか家電機器などさまざまな発熱源がある。これに日射熱も加わると，何もしなくても外気よりも室内の方が温度は高くなる。そこで，中間期や夏季の夜間などは，室内の気温が高い場合でも外気を直接取り込めば，冷房を使用するまでもなく快適な温熱環境とできる時期・時間帯が存在する。しかし，熱交換型第一種換気方式では，このような時期・時間帯にせっかくの涼しい外気に，わざわざ室内の熱を移動して室内に給気することとなり，むしろ冷房負荷を増やしてしまう。

　そこで，このように熱交換を行わない方がよいときには，給気側のファンを止めて排気だけを行う，第三種換気方式に切り替えることのできる製品もある(図1)。その場合には，別途設けてある給気口や住宅全体の隙間から外気を直接取り込むことになり，熱交換による冷房負荷の増大を避けることができる。

ハイブリッド換気システム

　室内外に温度差があるときには，温度差換気と呼ばれる気流の動きが発生する。これは，冬季に室内を暖房するとファンなどを使用しなくても空気の密度差により，室内の暖気は上方に移動し隙間や排気口から室外に排気され，それに伴って下方にある隙間や給気口から外気が室内に侵入してくるものである。室内外の温度差が小さいときにはファンによる機械換気を併用し，温度差があるときにはファンを停止してこの温度差換気を活用すれば，換気のためのエネルギー消費量を削減できる。

　しかし，シックハウス対策として義務化されている換気量（0.5回/時）を保つためには，比較的高度な気密性の担保や運転制御が必要である。また，冷気が室内に侵入する際に，室内空気とよく混合されるようにふく流型の給気口を用いるなどの工夫も必要である。

LCCM住宅デモンストレーション棟の換気システム

　今回は，通風の活用を考慮して住宅の北側に通風塔を設けたため，これが温度差換気に必要な高さを確保することにもなった。換気方式としては，この通風塔

の活用や，第一種換気方式とした場合のダクトスペース確保の問題から，第三種換気方式を採用した。排気口は通風塔の上部に設けることで，機械換気によるときも，温度差がある場合の温度差換気による空気の流れや，通風時の風の流れと同じ向きとなるようにした。

つまり，通風時の風の流れに配慮した室内空間の連続性に対して，開口部を閉鎖して気密性を高めた機械換気時もその連続性を活かし，1，2階の東西にある給気口より取り入れた新鮮空気は居住域を通過して通風塔に入り，通風塔上部の換気扇(写1)から排出され

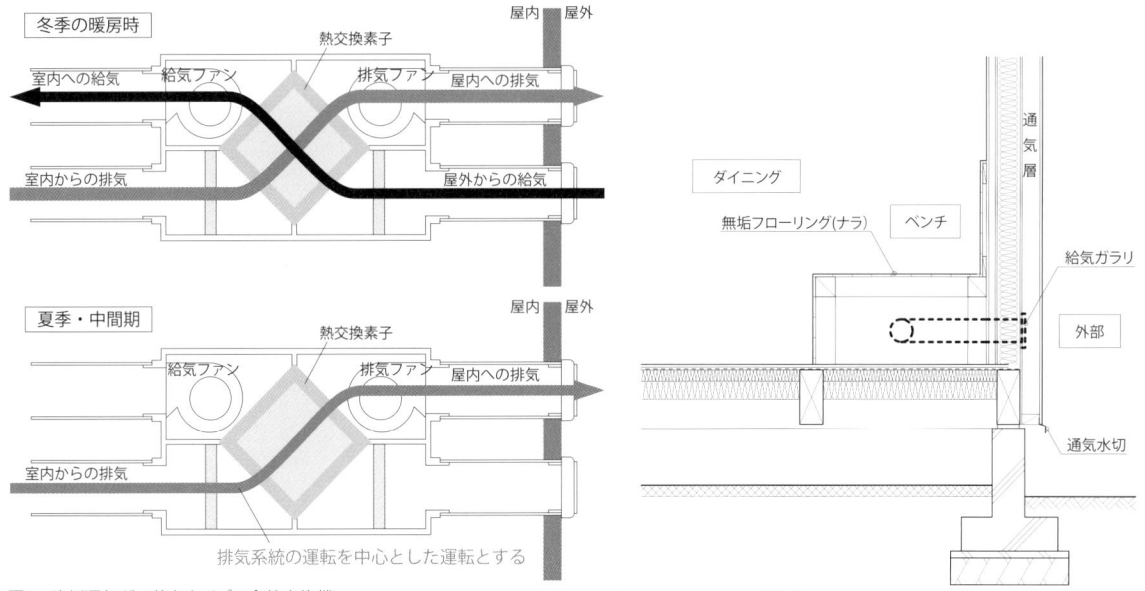

図1 片側運転が可能なタイプの全熱交換機

図2 ベンチ下給気口詳細図

換気システムの種類	利点	注意点	設計時の留意事項
第一種 ダクト式換気 居室機械給気 集中機械排気	・各居室で確実な換気が可能 ・居室における運転騒音が小 ・インテリアデザインがよい ・熱交換型の場合，コールドドラフト防止と空調負荷低減効果が期待できる	・各室へダクト配管が必要 ・機器のメンテナンスに注意が必要	・計算により適切な送風機を選ぶ必要がある ・各居室の必要換気風量を考慮して，ダクトの本数や長さを決める ・排気経路を水まわりに設ける場合は，換気機器の仕様書にてその可否を確認
第二種 ダクト式換気 居室機械給気	・各居室で確実な換気が可能 ・居室における運転騒音が小 ・天井裏や壁体内からの流入を抑制するので，シックハウス対策として有効 ・インテリアデザインがよい ・排気用ダクトが不要	・各居室の排気口から屋外騒音の侵入の可能性あり ・各室へダクト配管が必要	・壁体内結露防止に配慮した排気口が必要
第三種 ダクト式換気 居室機械排気	・各居室で換気が可能 ・居室における運転騒音が小 ・インテリアデザインが良い ・扉のアンダーカットを要しないので，プライバシーが確保できる	・各居室の給気口から屋外騒音の侵入の可能性あり ・給気口のコールドドラフトへの配慮が必要 ・各室へダクト配管が必要	・扉のアンダーカット等を設けると，冬期等において居室への新鮮空気の供給が減少する ・水まわりから排気する場合は，浴室の排気量が確保できる風量設計とする
第一種 換気居室設置型 居室機械給排気	・各居室で確実な換気が可能 ・施工が簡単 ・扉のアンダーカットを要しないので，プライバシーが確保できる ・有効換気量率の高い熱交換型の場合，コールドドラフト防止と空調負荷低減効果が期待できる	・運転騒音が居室で発生 ・機器が露出するため，インテリア性がよくない ・外壁穴が多数存在するため，外観がよくない ・給気によるコールドドラフトへの配慮が必要	・廊下やホールなど非居室も常時換気の対象とする
第二種 換気居室設置型 居室機械給気	・各居室で確実な換気が可能 ・天井裏や壁体内からの流入を抑制するので，シックハウス対策として有効 ・施工が簡単 ・扉のアンダーカットを要しないので，プライバシーが確保できる	・各居室の排気口から屋外騒音の侵入の可能性あり ・機器が露出するため，インテリア性がよくない ・外壁穴が多数存在するため，外観がよくない ・運転騒音が居室で発生 ・給気によるコールドドラフトへの配慮が必要	・壁体内結露防止に配慮した排気口が必要
第三種 換気局所換気利用 集中機械排気	・費用が安価 ・施工が簡単	・各居室の給気口から屋外騒音の侵入の可能性あり ・給気口のコールドドラフトへの配慮が必要	・気密住宅でない場合，上階居室の給気口から給気されにくくなるので，上階の居室への給気ファンの追加で対応

表1 代表的な換気システム
（出典　国土交通省国土技術政策総合研究所・独立行政法人建築研究所　監修：自立循環型住宅への設計ガイドライン，財団法人建築環境・省エネルギー機構）

るように考慮した。

給気口

　給気口からは外気が導入されるので，その気流が人体に影響を与えないような位置にする配慮が求められる。冬場に，冷気が身体に当たるようなことは避けるべきである。また，家具などで給気口が塞がれないような配慮も必要だ。

　LCCM住宅デモンストレーション棟では，1階東西隅にあるベンチの側面に目立たないように設置されている(写2)。外部からは給気グリルは見えず，室内の給気口は外壁のサイディングのすぐ内側にある通気層に通じている。つまり，壁体内の乾燥のために用意してある通気層に外壁下部から入ってきた空気の一部が，室内に給気されるシステムである(図2)。この方法にはデザイン上の外観をすっきりとさせるメリットがあるが，エネルギー，室内環境から見た場合には一長一短がある。外気は室内に給気される前に外壁サイディング内側を通るため，サイディングに日射が当たって温度が上がっているときには加熱，夜間などは放射冷却により冷却されることになる。当然，これは暖冷房負荷や室内の温熱環境に影響を与える。冬季暖房時に加熱される場合はプラス，冷却されるとマイナス効果である。夏季冷房時は逆で冷却はプラス，加熱はマイナスとなる。両者は相殺されるため，トータルではあまり影響していないともいえるが，夏季の日中や冬季の夜間は，暖冷房設備の容量を小さくしていたこともあり，ややマイナスの効果が目立つことになった。

換気エネルギーの削減のために

　シックハウス対策として24時間換気が義務づけられ，ファンが常に稼働している状態となるため，少しでも電力消費の少ないモータを採用したファンを使うことが望ましい。DCブラシレスモータは，一般のモータに比べて1/3程度の消費電力で稼働するため，大変高性能で省エネルギー性に優れている。

　なお，キッチンのレンジフードファンは常時換気に比べて大変大きな風量を排気するが，これに伴い同量の外気が侵入してくる。これを常時換気と同じ給気口から取り入れると，暖冷房時には室内の温熱環境を大きく乱すことになる。そこで，レンジフードには専用の給気口を設けて連動させる，同時給排気型とした。

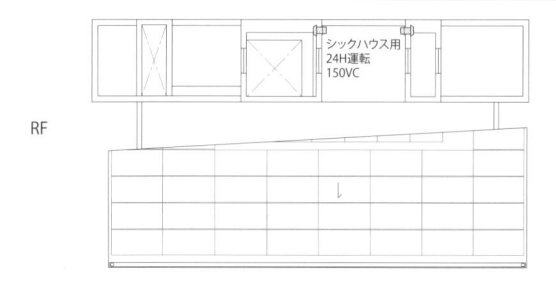

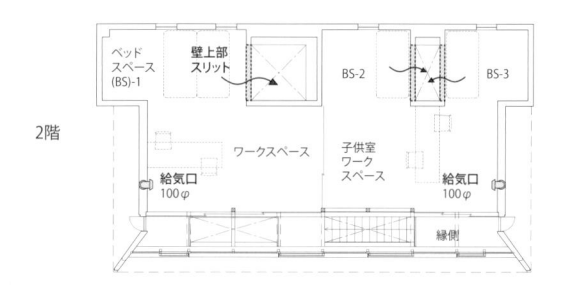

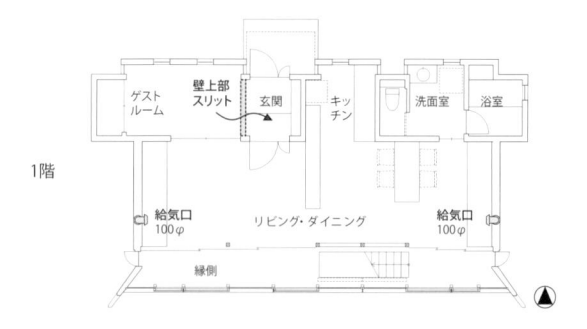

図3　給排気口位置図

写1　通風塔上部の換気扇と開口

写2　ベンチ脇給気口

居住者行動と環境設備（HEMS）
小泉雅生

　住宅の省エネルギー達成において，居住者の生活行動が果たす役割は大きい。居住者の生活行動を促す一助として，HEMS（HOME ENERGY MANAGEMENT SYSTEM）を設置し，エネルギー創出やエネルギー消費を「見える化」したり，さまざまな機器を連携させ総合的にコントロールしたりするアプローチがある。LCCM住宅デモンストレーション棟においては，製品化されているHEMSを採用しているが（写1），近年のIT技術の普及を受けて，民間の通信事業者，ハウスメーカーなどにおいては，スマートグリッドや電気自動車社会を見据え，より高度なシステムを構築すべく実証実験などが行われている。

　TVとHEMSのインターフェイスを兼ね，エネルギー消費を「見える化」するとともに地域情報の端末として機能させ，日常生活の中に自然に組み込み，生活行動を促すといったことも可能だろう（写2）。また，より簡便にアクセスできるようにスマートフォンと連係して，空調・照明・家電を遠隔操作することも考えられる（写3）。今後，電気自動車（EV）の普及が想定されることから，EVの蓄電池を利用して，住まいと自動車とが連携していくこともあり得るだろう。蓄電池については現状コストや機器寿命などの課題があり，LCCM住宅デモンストレーション棟においては設置していないが，EVで兼用する形であれば，実現性が期待できるのではないだろうか（写4）。

　さらに，単独の住宅での環境配慮だけでなく，周辺地域を含めた取組みへと拡がっていく可能性もある。EVを用いたカーシェアリングや，地域内での省エネ達成度の競争など，単独の住宅だけではできないネットワーク化による効果も期待できる。LCCM住宅デモンストレーション棟では大きく取り上げていないが，今後のテーマの一つといえるだろう。

　省エネルギーのための環境調整をどこまで居住者に委ね，住宅・環境設備あるいは家電でどこまで補うのか。そのベストバランスの模索が求められる。

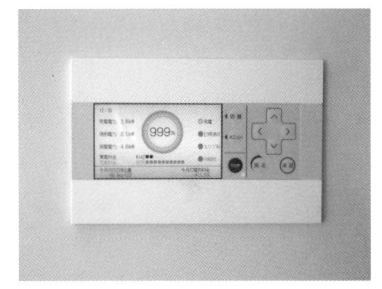

写1　LCCM住宅デモンストレーション棟に設置されたHEMSのディスプレイ

写2　「観環居」リビング中央にHEMS

写3　タブレットによる環境設備の遠隔操作

写4　EV急速充電の様子

また，見える化による省エネルギーの効果を，いかに長続きさせられるのかといった議論もあろう。住宅供給者・設計者のみでなく，居住者を含めた今後の課題と考えられる。

環境設備 4

昼光照明と日射遮蔽

三木保弘＋中村芳樹

輝度の対比と照明点灯（沖縄の事例から）

　昼光による光量のレベルは，夜間の人工照明によって得られる光量とは比べものにならないほど高い。したがって，周辺が開けた住宅の昼間の居室は，複数の開口や大きな開口により十分な明るさとなって，照明を点灯せずに済むのが通常だ。しかし，十分な昼光が居室に入っているにもかかわらず，照明を無駄につけてしまうことがある。たとえば，庇を設置しても，窓の外の照り返しなどがまぶしかったり明るすぎたりして室内が相対的に暗く感じ，照明を点灯してしまう場合がある。写1は，沖縄の実際の住宅だが，長庇で遮蔽しているにもかかわらず，窓外と室内の明るさの対比が強く，昼間でも明るさのバランスをとるために照明を点灯している。夏の日差しが強い沖縄では日射遮蔽が重視されるが，一方で通風のために開口が必要であり，そのままでは写1のようなことが起こりやすい。これを防ぐには，庇の設置だけでなく窓面の明るさを調整する，すなわち窓面の輝度と室内の輝度の対比を調整することが有効であり，沖縄では日射・台風除けの格子状の花ブロックのような日射遮蔽部材は，実は強い輝度対比を減らすのに効果があることがわかっている[1]。

　LCCM住宅デモンストレーション棟のような大開口住宅の場合，上述のような窓面全体での日射遮蔽と昼光照明の両立は当然考えなければいけない。デザイン性との関係も考える必要があるため，LCCM住宅デモンストレーション棟では，基本設計時から，実際の見え方に近い輝度分布[2]画像や輝度分布に基づく状況画像などを，シミュレーションによって算出し検討していった。

　以下，設計時のシミュレーションの過程のうち主要な部分として，夏季のルーバーの効果を中心に，竣工後の建物の光環境や夕方の暗くなる時の床面の照度分布[3]の検討も含め紹介していく。また，一般住宅における昼光照明の設計可能性についても触れる。

LCCM住宅の昼光照明シミュレーション

　夏季の最も日射が厳しい時間帯における開口部の見え方について，ルーバーの効果を中心に検討を行った。シミュレーションは，昼光照明の予測に定評があるRadiance[4]をベースにしたREALAPS[5]というソフトウェアで行っている。ここでは，定量的に根拠が明確な輝度分布，および輝度分布をもとに導出された状況画像で示していくことにする。

夏至のルーバーのシミュレーション

　図1は，夏至の12時におけるルーバー開閉の違いの検討結果である。輝度分布画像でルーバー開とルーバー閉を比較すると，ルーバー開は窓面が高輝度になり，室内の床面部分との強い輝度対比が生じるが，ルーバー閉は，窓面の輝度が抑制され，輝度対比のバランスが調整されている。また，ルーバーの反射の効果により，室全体に光を拡散させ，対比のバランスの調整効果がさらに高まっている。輝度分布をもとにした状況画像でも，このことはおよそ確認できる。

　なお，並行してルーバーの明るさ（反射率）の検討も行っている。夏至12時，晴天下のルーバー表面の明度を濃いグレーのN3（反射率約10％），薄いグレーのN6.5（反射率約40％），白のN9（反射率約80％）の3通りでシミュレーションした（図2）。反射率が高い白のN9では窓面だけでなく天井も高輝度になり，強い輝度対比とグレアが生じる原因となるが，グレーのN3，N6.5は室内光環境に大きな差はなく，輝度対比も適切である。したがって，デザインとしての内装との色のバランスも考慮し，現場での微調整を経て，ルーバー明度は薄いグレーのN6となった。

季節・時刻別のシミュレーション

　夏至・晴天・12時以外に，春秋分，冬至などの季節や曇天，午前や午後の太陽位置が異なる時間帯のシミュレーションも行い，ルーバーの設置が一年を通じて昼光照明として効果的であることを確認している。

写1 強い輝度対比で室内が暗く感じ点灯した沖縄の事例

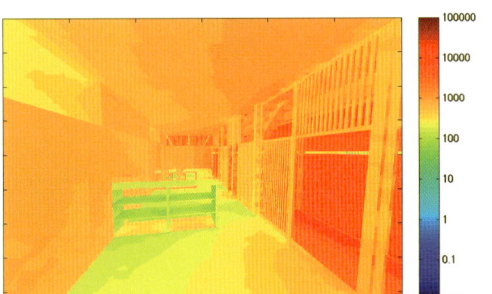

ルーバー開　輝度分布画像

ルーバー開　輝度分布をもとにした状況画像

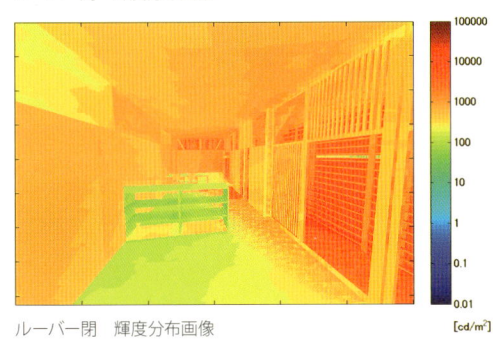

ルーバー閉　輝度分布画像

ルーバー閉　輝度分布をもとにした状況画像

図1 ルーバー開とルーバー閉の比較（夏至，12時，晴天　1階）

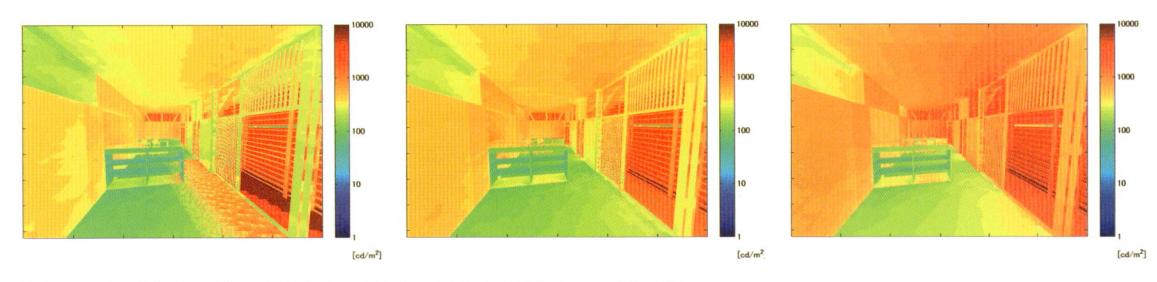

図2 ルーバーの仕上げ決定のための検討（左からN3，N6.5，N9の場合の輝度分布画像）

夏至の実測写真

竣工後に，夏至（6/22），12時の晴天下におけるルーバー閉のモノクロ写真（写2）を撮影した。写真は，シミュレーションとは異なり広範囲の輝度分布が考慮されていないので参考としてではあるが，実際の建物ではフローリングが艶のある仕様となったことを除けば，室内の昼光環境の状況はシミュレーションによってよく予測できることがわかる。

東西開口の光環境的な意味

竣工後見学時に，午後に一時的に西面開口からの日射が厳しくなることから，南面の大開口があるのだから東西の開口は不要と考えられなかったか，という意見が出たことがあった。では，東西窓がない場合はどうであったか。図3は，夏至，晴天12時の東西開口なしの，輝度分布画像および輝度分布をもとにした状況画像によるシミュレーションである。室奥（北側）が暗くなる上，一方向からの昼光で南側の室内の壁も暗く，室全体として暗くなってしまうため，光環境上，東西開口は大きな意味があることがわかる。

夕方のシミュレーション

大開口の住宅であっても，夕方には急激に昼光が少なくなる。昼間はルーバーが効果的であるが，夕方ではどうか。図4は春分の17時30分，曇天時のルーバーの有無の場合の照度分布である。ルーバー開の方は，室奥でも床面が75lx程度で，何とか作業ができる明るさであるが，ルーバー閉の場合は室奥が暗く照明が必要となる。また，夕方の東西窓がない場合のシミュレーションではさらに暗いという結果も得られている。夕方では，東西口が設置されている意味はさらに大きくなっていることがわかる。

一般の昼光照明設計に生かすために

昼光照明は，LCCM住宅デモンストレーション棟に限らず，時々刻々で見れば省エネ効果は他の要素に比べて大きくはないが，季節による通風や日射遮蔽などと違い，年間を通じて効果を見込むことができ，また，冬季においては日射取得につながり，温熱環境にもよい影響を及ぼす。さらに，本稿で示してきたように，光環境の質やデザインという意味でも大きく寄与する。昼光照明の効果は，単純に照明だけの省エネルギー効果や単一季節だけで考えるものではないことを，意識することが重要である。

従来の住宅における昼光照明設計は，変動要素が大きく，扱いが難しい直射光を可能な限り排除し，安定した光である天空光（拡散光）による設計がもっぱらであり，それ以上を考えたい場合には設計者の経験則で調整するという状況であった。

しかしながら，これからの住宅における昼光照明設計では，LCCM住宅デモンストレーション棟のように，直射光を完全には排除することを考えずに，グレア（眩しさ）など不快につながる要因を避けつつ，適度に調整しながら昼光を積極的に導入していく計画が求められる。

このような微妙な設計は，変動の大きい屋外の模型による検討では限界があり，季節・時刻などを考慮した輝度分布まで正確に導出できるシミュレーションがやはり効果的である。

現在，詳細な天空データの利用や，実際の見え方に近い輝度分布等を算出する環境が整いつつあることから，それができる状況に近づいているといえよう。

まずは本稿で示した照度，輝度分布までを予測[4), 5)]できることが第一段階であり，それ以上のグレアなどの知覚の考慮は，学術的な検討と併せたより専門的なツール[5)]などを用いて検討していくことになる。

1) 国土交通省国土技術政策総合研究所・独立行政法人建築研究所 監修：蒸暑地版 自立循環型住宅への設計ガイドライン，財団法人建築環境・省エネルギー機構
2) ある面（発光面や被照面）から人の目に向かって放射される光の量を表す値（単位：cd/m^2）の分布
3) ある面に入射する光の量を表す値（単位：lx）の分布
4) 照度分布，輝度分布が高精度に予測できるフリーの米国のソフトウェア。昼光データ（天空輝度分布）設定が細かくできるため，昼光照明のシミュレーションに適しているが，使い方が難しい。その他，フリーソフトとしては，設計の仕様は限られるが，Radianceのエンジンを使いつつも，使いやすいインターフェースのDaylight Visualizer，照度のみだが（独）建築研究所のDaylightingというソフトウェアなどがある。その他，昼光環境の照度や輝度を高精度で予測できる有償のソフトウェアは，Inspirer，3dsMaxDesign，AGi32などがある
なお，ソフトウェアを習得するのに必要な時間は，有しているCADなどのモデリング技術や光環境に関する知識，求める結果のレベルでさまざまに異なってくる。上記の仕様が限られる簡易なソフトは一般的な建築の設計者であれば，半日～1日程度が必要であり，その他の高精度な市販のソフトウェアについては，汎用CADが使いこなせ，かつ，環境工学に関する基礎知識を有しているという前提で，操作を習得して基本的な照度や輝度分布を導出するのに2～3週間程度，また，求める結果が高度な場合にはそれ以上の時間が必要となる。
5) Radianceのエンジンをベースに照度，輝度分布に加え，明るさ知覚を考慮した画像（明るさ画像）やグレアの試行的評価，リアルな明暗の状況画像などを学術的な進捗に合わせ導入した有償のソフトウェア。LCCM住宅デモンストレーション棟のシミュレーションに用いている

写2 モノクロ実測写真（夏至12時，晴天，ルーバー閉）

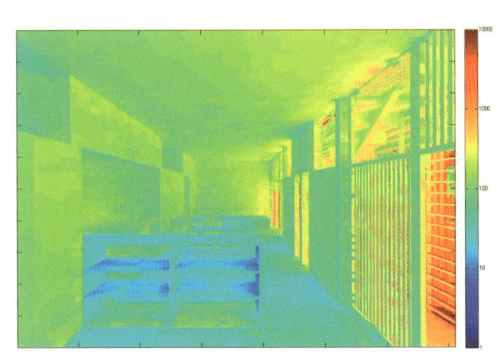

図3 東西開口がない場合の室内（輝度分布画像と輝度分布を基にした状況画像，夏至12時，晴天，ルーバー閉）

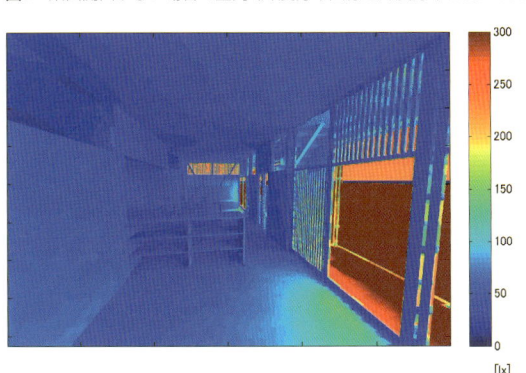

図4 夕方のルーバー有無の照度による検討（春分17時30分，曇天，左：ルーバー開，右：ルーバー閉）

105

環 境 設 備 ⑤

多灯分散照明
三木保弘＋松下 進

多灯分散照明のLCCM住宅への導入

　住宅の照明は，夜間主体のさまざまな生活行為に対し，物がよく見えるための明視性と，くつろぎや食事などの雰囲気性が求められることから，省エネと両立させるのは実はなかなか難しい。単純に高効率のLEDなどに変えると，それだけでかなり省エネ効果は上がるものの，光源・器具の効率に加え，点滅や調光などの制御，照明配置を含む設計，の三つを複合的に組み合わせることが，生活行為や雰囲気と省エネを両立させるために必要になる。

　これまで，日本の居室の照明は，天井中央から一つの照明で照らす一室一灯が標準だった。一室一灯は，全体に明るくなるが，居住者のさまざまな生活行為や雰囲気に対応しにくく，常に一灯で空間全体を同じ明るさで照らすことで無駄が生じる。最近は，細かい調光が可能な一室一灯用LED照明もあるが，一室一灯で調光するとメリハリのない薄暗い照明になりがちという問題がある。

　一室一灯の普及は，狭い部屋で多くの生活行為をこなすことに対して合理的だったことが理由の一つだが，最近のリビング・ダイニングのような主要な居室は徐々に広くなる傾向にある。そのような広い室では，複数の生活行為に対応する場所は家具配置でおよそ決まる。したがって，広いリビング・ダイニングで最も効率的かつ各生活行為に適した照明は，行為がなされる場所に近い位置で無駄のない光量の光源で，必要な時に必要な組み合わせで照らす，すなわち，適時・適所・適光を考えた照明となる。

　このような考え方で提案されたのが，「多灯分散照明方式」[1]である。多灯分散照明は，多くの生活行為が想定される広い部屋で，標準的な一室一灯の容量（W数）を目安に，それを超えない合計容量の分散した照明配置とし，生活行為に応じて点灯状況を設定する。目安を設定することで，消費電力だけでなく過剰な明るさも，未然に防ぐ効果がある。

　LCCM住宅デモンストレーション棟では，連続した広い空間のプランが採用されており，多灯分散照明が有効と考えられた。加えて，LCCM住宅デモンストレーション棟のようなデザイン性の高い住宅では，単なる器具配置だけでなく，照明器具を含めた空間全体の見え方をデザインする，というプラスαの照明設計も重要になる。これらの照明設計のコンセプトについて，次節では詳しく述べていく。

照明設計コンセプト

高効率照明機器の採用

　消費電力当たりの有効利用光束を，最大限にすることを意図した。これは，器具効率が高い照明器具を採用し，さらに器具光束が有効に利用されていることを意味する。壁面のブラケットライトが一例であるが，照明器具が埋め込まれていないために，器具内部に吸収される光束[2]が少なく，ほとんどの光束は空間の明るさ感を得るために有効となっている。また，照明器具から漏れるきらめきは，空間の華やかさの創出に役立っている（写1，写2）。

　基本的には総合効率[3]も高い方が望ましいが，LCCM住宅デモンストレーション棟では消費電力を小さくすることが主目的であるために，高W数で高効率の照明器具ではなく，多少効率が低くても消費電力の絶対値の小さい照明器具を選定している。そのため総合効率は高いが，高W数のタイプが多い蛍光ランプ器具を用いず，結果的にすべてLED照明を採用した（図1）。

　また，光束を有効に利用する場合に重要となる要素が照明器具の配光である。LEDは点光源であるために，配光制御が行いやすい。そのため，必要な部分以外の漏れ光を小さくすることができる。さらに，照明器具の設置位置も重要となる。食器棚用の照明器具は食器棚の上部に設置したり，階段は中桟に設置したりと，

写1　夜間の光環境（1階）

写2　夜間の光環境（2階）

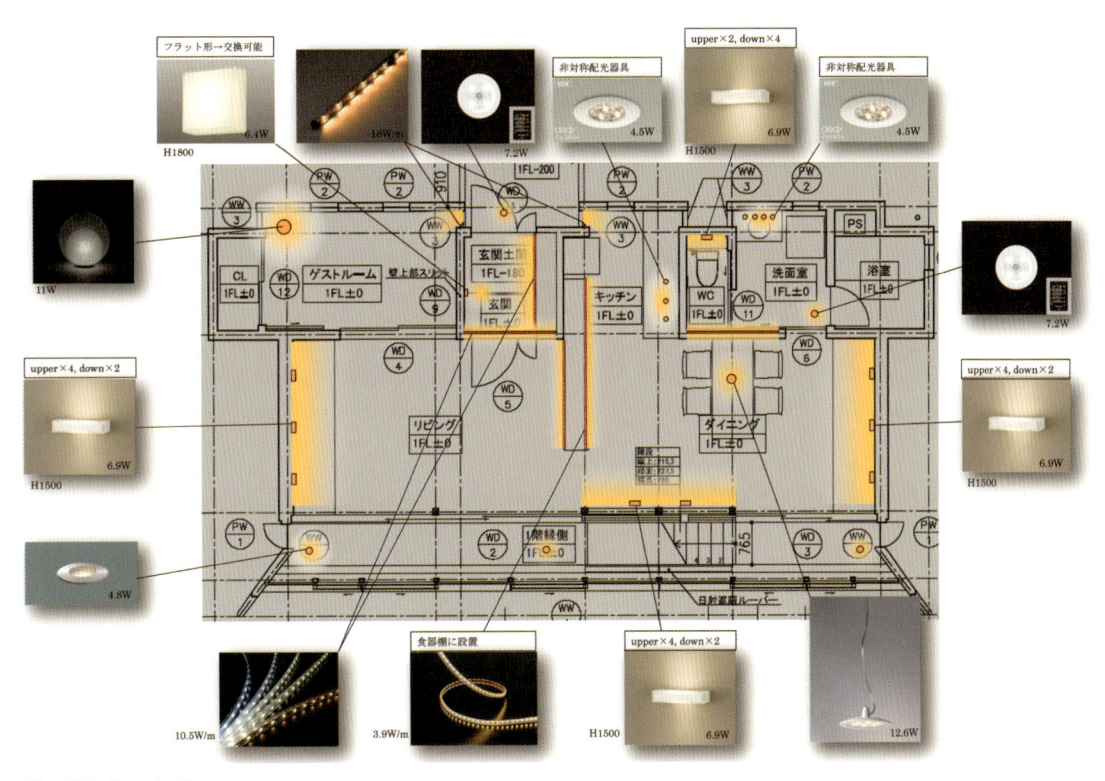

図1　照明プラン（1階）

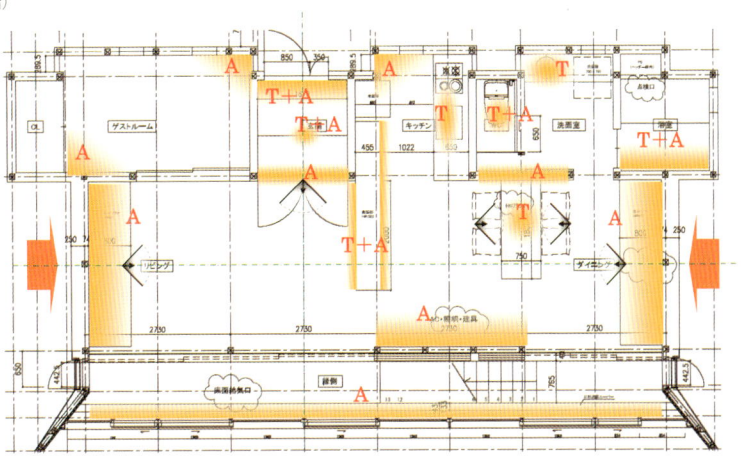

図2　タスク照明（T）とアンビエント照明（A）

107

照明器具と被照面との距離が極力小さくなることを心掛けている。

生活行為の整理

今回のような実験住宅は，通常住まい手を特定できないために，最大公約数的なプランになることが多い。しかし，実際は建築プランと住まい手のライフスタイルに応じて生活行為は異なる。そこで，今回は生活行為をある程度絞ることを試みた。たとえば，リビングやゲストルームでは視作業を行わないと想定し，タスク照明の機能を持たせていない。必要であれば，運用時にスタンドを追加するといった考え方である。

そのような考え方に沿って，生活行為を整理し直し，タスク照明とアンビエント照明を各部屋にあてはめていった(図2)。視作業を行うためのタスク照明では，必要な照度を確保することを優先し，空間の雰囲気をつくり出すアンビエント照明は空間全体の光のバランスを考慮して，適当な明暗ができるようにするとともに，できるだけ少ない灯数で空間の明るさ感が得られることを心掛けた。ただし，オフィスなどと異なり，住宅においては，タスク照明とアンビエント照明が明確に分離できない場合が多く，それぞれがお互いを補完するようなイメージとなっている。

多灯分散照明方式は多くの生活行為を行う部屋において真価を発揮するために，照明器具の灯数が多くなりがちであったが，生活行為を絞ることで照明器具の灯数を減らすことができた。モノの製造および廃棄まで考えるLCCMの考え方に適した，照明方式に進化したといえる。

適切な輝度対比

アンビエント照明を検討する際に，空間全体の光のバランスを考慮しているが，視野内の照度[4]や輝度[5]などの分布状態をシミュレーションしている[6](図3〜5)。照度分布図ではダイニングのテーブル面において200lx程度が確保できていることなど，タスク照明における設定照度が確保されていることを確認し，明るさ画像[7]では複数の照明シーンにおいて，明るさ尺度値[8]が5NBから10NBの範囲におおむね入っていることなどから，過剰に明るい部分や暗い部分がないことを確認した。

また，少ない光束で明るさ感を高めるため，ブラケットライトを一般的な目の高さである床上1,500mmに設置している。これは視線方向の壁面周辺の輝度が，明るさ感を高める効果が高いという知見に基づいている。しかし同時に，グレア(眩しさ)により逆効果になるおそれもあるため，上下方向に光の出るブラケットライトを採用した。さらに，昼光と人工照明との明るさの調和にも配慮している。夕方の光環境をシミュレーションし，開口部の状況[9]や，人工照明の点灯状況を検討した。

省エネルギー

この住宅では，オールLEDによる照明機器の効率化と生活行為に適した照明配置，およびライフスタイルに合った点灯スケジュールの設定を行うことで，省エネルギーを実現している。

ライフスタイルに合った点灯スケジュールの設定とは，一日の生活スケジュールを想定し，その生活行為に合わせて変化させる照明の点灯パターンをスケジュール化することを意味する。これにより，光環境と消費エネルギーの最適化を図る。たとえば，1階の生活行為はダイニングでの食事やリビングでの団らんなどが想定されるが，食事時はダイニングテーブル用のペンダントライトや間接照明を主体とした点灯パターンとし，団らん時はリビングのベンチ近くのブラケットライトを主体とした点灯パターンとするといったことである(写3，写4)。

結果的に，蛍光ランプを用いたシーリングライトによる一室一灯照明方式プランと，本施設の多灯分散照明方式プランにおいて照明による最大消費電力と，1日の消費電力量を比較すると，表1のようになった。比較用に作成した一室一灯照明方式プランは，ダイニングのペンダントライトだけは白熱電球であるが，主にHf蛍光ランプを用いたシーリングライトと，電球形蛍光ランプを用いたダウンライトおよびスポットライトにて構成している。基本的に高効率となる照明プランとの比較であることから，今回の次世代型多灯分散照明プランの採用によって，大きなエネルギー削減効果が得られていることがわかる。

また，省電力であることはランニングコストの軽減につながる。多灯分散照明方式の採用によりイニシャルコストはやや高くなる傾向にあるが，ランニングコストの軽減によりトータルコストは低く抑えることができる。

一般的な住宅の省エネ設計に活かすために

照明の設計は，個々の住宅のプランに依存する側面が非常に大きい。しかしながら，設計コンセプトで示

したように，空間の広さやそこで行われる生活行為などについてよく検討してみると，本質的にはどのような住宅でも押さえるべきポイントがほぼ同じであることがわかる。それらを踏まえたうえで，各住宅に合った照明手法を適用すべきであろう。

また，来るべき省電力時代に必要となる最適設計は，光環境のシミュレーションが不可欠となる。しかし現状では，今回のような複雑な間取りにおける照度や輝度を，容易に算出できる安価なソフトウェア環境は未だ不十分である。

そのため，LCCM の思想を反映した新しい住宅照明を普及させるには，設計の高度化とシミュレーションツールの充実，そして，すでに表1 で示したように，器具の数が一見多くなったように見えても，照明計画の最適化がなされることで，エネルギーとコストは従来の照明手法に比べ，削減できることを知っておくなど，住まい手の光環境に対する意識の向上が必要と考えられる。

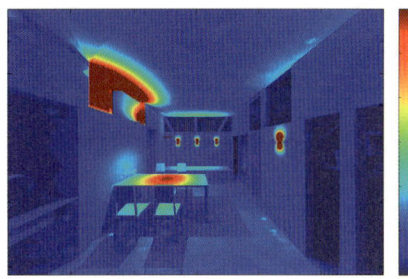

図3　照度分布図

図4　輝度分布図

図5　明るさ画像

1) H13～H16 年に実施された国土交通省の技術開発プロジェクト（自立循環型住宅の開発）で提案された居室の省エネルギー照明設計の考え方
2) 光束：光の量のこと，単位は lm（ルーメン）
3) 総合効率：「ランプ光束（ランプから出る光の量）/点灯回路の損失を含めた消費電力」のこと。単位は lm/W（ルーメン毎ワット）。今回使用した 6.9WLED ブラケットライトの総合効率は 40.9lm/W であり，100lm/W 以上の蛍光ランプシーリングライトなどと比較すると低い。ただし，LED 照明は器具効率が高い（照明器具内で吸収される光束が少ない）ことに留意する必要がある
4) 照度：ある面に入射する光の量，単位は lx（ルクス）
5) 輝度：ある面（発光面や被照面）から人の目に向かって放射される光の量，単位は cd/m^2（カンデラ毎平方メートル）
6) 使用したソフトウェアは，環境設備 4「昼光照明と日射遮蔽」104 頁，注5）参照
7) 明るさ画像：空間内の明るさ尺度値の分布状態を表現した図。視対象と周囲との明るさの対比の効果を加味し，輝度分布図を変換して作成する
8) 明るさ尺度値：人が感じる明るさの程度を，明るい，暗いなどの形容詞を用いて表し，数値（尺度値）と対応させたもので，数値が大きいほど明るい。単位は NB（エヌビー）。『住宅照明設計技術指針（照明学会）』では，暗すぎると考えられる 5NB 以下の部分および明るすぎると考えられる 10NB 以上の部分が視野内に大きな部分を占めないようにすることが推奨されている
9) 環境設備 4「昼光照明と日射遮蔽」104 頁，夕方のシミュレーション参照

写3　食事時点灯パターン

写4　団らん時点灯パターン

	一室一灯照明方式	LCCM住宅多灯分散照明方式	エネルギー削減効果
最大消費電力	820W	480W	－41.5%
消費電力量/日	2.9kWh/day	1.4kWh/day	－51.7%

表1　消費電力および1日の消費電力量の比較

環境設備 6

給湯給排水設備
前 真之

住宅における給湯設備は，生活水準の向上に伴って大きく増加した用途である。暖冷房設備に比べると設計時に十分な注意を払われない傾向があるが，年間を通じて発生するために通年での消費エネルギーはかなり大きく，温暖地では一般に暖房を上回っている。当然ながら，LCCMの達成のためには給湯設備の十分な配慮が不可欠となるため，LCCM住宅デモンストレーション棟においては熱源だけでなく，配管や水栓・浴槽を含めた給湯システム全体の省エネ措置が施されている。

給湯熱源・コジェネ

給湯の省エネ処置の基本は，エネルギー効率の高い熱源の採用である。LCCM住宅デモンストレーション棟においては，給湯専用の熱源として太陽熱併用型ヒートポンプ式，さらに給湯・電気の両方を供給するコージェネレーションとして家庭用燃料電池，合わせて2台が採用されている。実証実験時には，この2台のうちいずれか1台が稼働されている（写1）。

太陽熱併用型ヒートポンプ式給湯機は，現在市場にある最も高いエネルギー効率を有し，CO_2排出量も最小となる，最も環境性能の高い給湯機である。ヒートポンプ式は電気駆動コンプレッサーにより，大気熱からの集熱を行うことで元々高い効率を有しているが，本機種は屋根に設置された有効面積$6m^2$の集熱パネルにより太陽熱を集め，さらに天気予測機能によりヒートポンプの深夜沸き上げを適切にコントロールするため，いずれの季節でも晴天日には太陽熱のみで給湯の大部分を賄うことができる。

一方のコージェネレーションはガスを燃料にして発電を行い，その排熱を給湯・暖房などに利用することで，総合的なエネルギー効率を向上させるシステムである。LCCM住宅デモンストレーション棟には，発電容量700Wの発電効率が最も高い（2010年度当時）燃料電池が設置されている。日中の電力負荷を分担，その発電時の排熱を200リットルの貯湯槽に貯めることで，給湯負荷の大部分をまかなっている。本機種は，発電ユニットと貯湯ユニットが一体化されており，設置スペースがコンパクトである。また，発電・給湯に用いる燃料は天然ガスであるため，熱量あたりのCO_2の排出原単位が少ないこともLCCM達成に有利である。

配管

現在，標準的な住戸セントラル給湯方式では，給湯熱源から水栓までを給湯配管で接続しており，特に一般的な先分岐方式では配管径が太くなりがちなため，実使用において配管での熱ロスがかなり大きくなることが知られている。LCCM住宅デモンストレーション棟では，ヘッダー方式を採用することでヘッダーから水栓までの配管を小口径化しているため，配管での熱ロスを低減するとともに湯待ち時間の短縮を達成している。また配管経路も配慮されており，通常の寒冷な床下空間ではなく，断熱境界の内側を通すことで，配管での熱ロスを，さらに低減させている（写2）。

水栓

給湯の省エネにおいては，湯消費そのものの削減も不可欠である。LCCM住宅デモンストレーション棟においては，「住宅事業建築主の判断基準」における節湯A（容易な止水）/節湯B（小流量吐水）に該当する台所水栓，シャワーが設置されている。また，台所シングルレバー水栓については，中央位置で水のみが吐水する方式を採用しており，夏や中間期における不要な湯消費の削減に貢献している（写3, 図1）。

浴室・浴槽

浴室は裸体で入浴するために，本来は最も良好な温熱環境が求められるが，実際には北側の日当たりの悪い部位にレイアウトされることが多く，結露のおそれ

などから断熱・気密を意図的に行わない場合も少なくない。そのため，冬季には終日にわたり室内が極端に低温となっている場合が多く見られ，居室との温度差によるヒートショックなどの健康上のリスクが指摘されてきた。LCCM住宅デモンストレーション棟においては，浴室を断熱境界の内側とするだけでなく，ユニットバスを天井・壁・床の全周にわたり断熱されているタイプを採用している。そのため，浴室暖房なしに冬期でも快適な室温での入浴が可能である。

また，浴槽は1杯で180リットル程度と大量の湯を消費するだけでなく，冷めるたびに保温を行う必要があるため，適切な省エネ措置が重要になる。ここでは，湯温が冷めにくい高断熱型を採用するとともに，少ない湯量で水位を確保できるように形状が工夫された節湯タイプを採用しており，湯量・追焚熱負荷の両方の低減を達成している。

写1 給湯熱源・コジェネ。現行で最高の環境性能を有するものが選定されている

写2 配管。配管の小口径化が容易なヘッダー方式を採用するとともに，断熱境界の内側を通すことで熱ロスの最小化を図っている

写3 台所。節湯水栓は省エネだけでなく，使い勝手向上にもつながる

写4 浴室。節湯の配慮が徹底されるとともに，高断熱ユニットバスにより温熱環境も確保されている

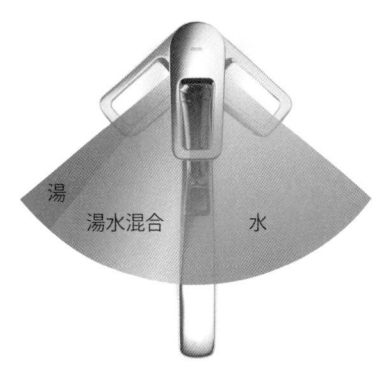

図1 水優先吐水水栓。よく使われる中央位置では水のみを吐水することで，夏季や中間期に不必要な給湯消費を抑制できる

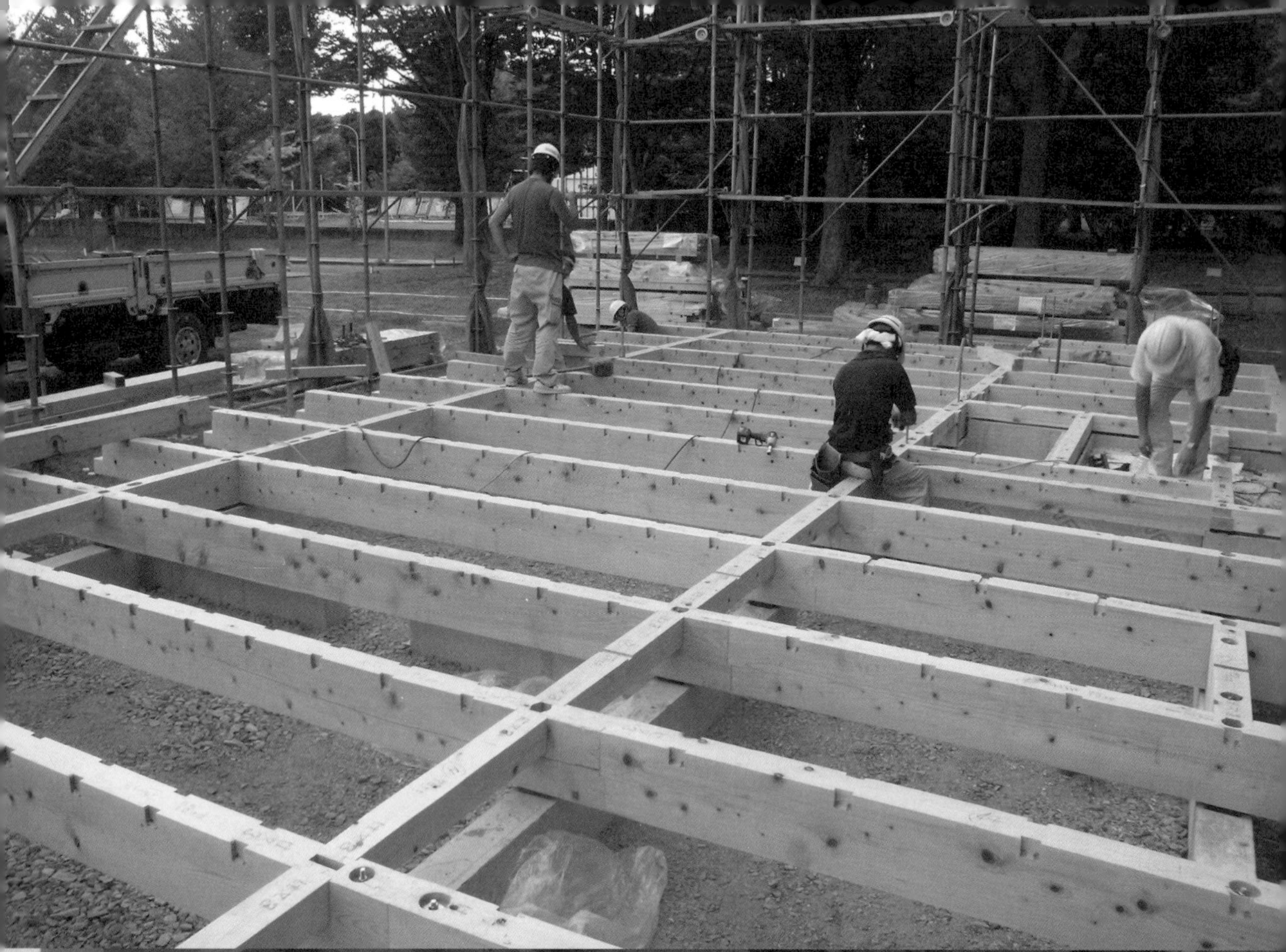
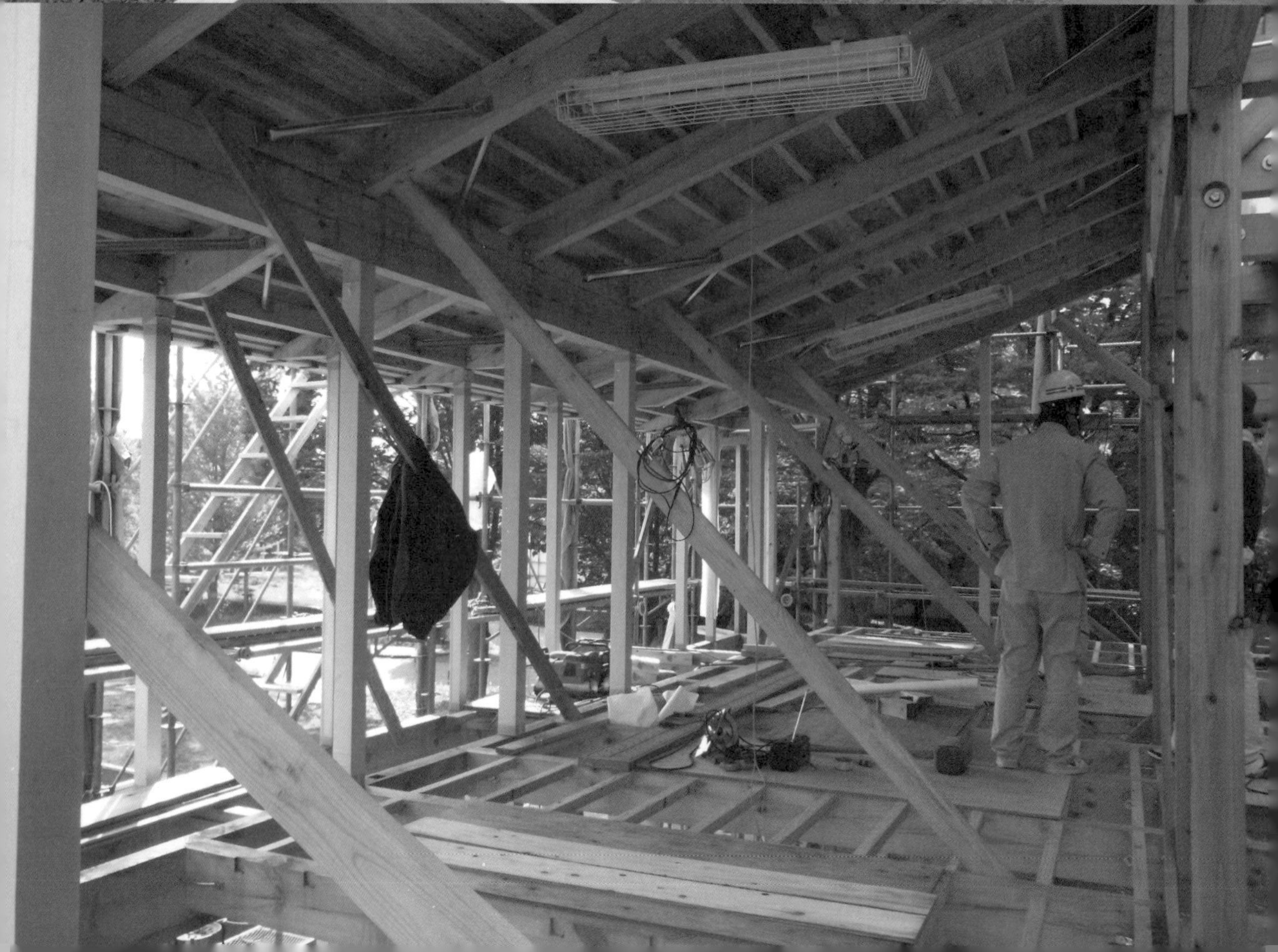

第4章
LCCM住宅デモンストレーション棟を建てる

　ここまで述べてきた技術検討を踏まえ，茨城県つくば市の独立行政法人建築研究所を敷地として，LCCM住宅デモンストレーション棟の設計・建設が行われることとなった。究極のエコハウスであるLCCMという枠組みを構築するためには，従来の環境配慮の設計手法からさらに進んで，新たな検討事項や配慮ポイントも必要とされるだろう。
　そこで，LCCM住宅デモンストレーション棟の設計・建設の過程を仔細に辿ることで，LCCM住宅の実現のための課題を浮かび上がらせ，LCCM住宅の設計手法・建設プロセスを明らかにしていくこととする。

プロセス 1

設計プロセスの記録と分析
門脇耕三

LCCM住宅デモンストレーション棟のテーマの整理

　設計に先立って,「夏季・冬季・中間期の三つのモードを持つ住宅の具現化」,「自然エネルギー利用を図る空間計画」,「温熱環境・風環境・光環境・音環境のすべてを満足させる環境計画」,「カーボンコンシャスな建材・構法の開発」,「省エネ行動を促す設備機器と建築計画の開発」,「設備機器と建築空間の一体化」が,LCCM住宅開発のテーマとして与えられており,LCCM住宅デモンストレーション棟の設計は,まずこれらのテーマ・コンセプトを整理することから始まった。

　テーマの整理にあたって,まず議論されたのが,住宅資材のCO_2排出原単位についてである。結果,コンクリートや木材など,建設段階のCO_2排出量削減の鍵となる資材については,その用い方ばかりでなく,調達方法など,流通システムに関わる試みが必要であろうことが浮かび上がってきた。

　また,ライフサイクルカーボンマイナスの達成にあたっては,建物ハード側の努力ばかりでなく,住まい手の協力も不可欠になろうことが予想されたため,「住まい手自身が環境を調整する」ことを積極的に促すとともに,これを住まい手の満足度向上に結びつけることを,テーマ整理の大きな軸に据えることとした。住まい手の生活における喜びと,環境負荷の低減が一致するような住宅の姿である。

　併せて,これまでに開発・建設された環境配慮型住宅について,資料の収集を行い,そのデザインボキャブラリーの整理を行った。さまざまな環境配慮上のコンセプトと技術の関係を見極めることによって,既存の技術と開発すべき技術のベストミックスの姿を議論し,具体的な開発の方向を見極めていったわけである。

「LCCM」は住宅設計に変化をもたらすか?

　「ライフサイクルカーボンマイナス」というコンセプトは,住宅設計の進め方に変化をもたらすだろうか? また,変化をもたらすとすれば,それはどのようなものなのだろうか?

　未知の領域であるLCCM住宅の設計に取り組むにあたって,こうした疑問が沸きあがるのは,当然のことといえよう。そこで私たちは,LCCM住宅デモンストレーション棟の設計プロセスを仔細に記録し,従来の住宅設計との相違点を浮かび上がらせることを試みた。

　容易に予想できることではあるが,結論からいえば,「LCCM」という考え方の導入は,住宅設計の方法を大きく変えるものであった。そこで,本稿ではLCCM住宅デモンストレーション棟の設計プロセスを追いながら,その特異性について考えていくこととする。

工程表の原理を用いて設計プロセスを記述する

　さて,一言で「設計プロセスを記録する」といっても,それが恣意的なものであったり,その表現が一般的でなかったりすることは望ましくない。そこで,私たちは建築の世界では馴染みの深い,工事工程表を作成するのと同様の方法で,設計プロセスを記録・記述することとした。なお,工事工程表には,工程別の進行状況を一覧表示するバーチャート工程表,工期と工事進捗率の関係を工程管理曲線(バナナ曲線)を用いて表す曲線式工程表など,さまざまな種類があるが,ここで採用したのはネットワーク工程表と同様の方法論である。

　ネットワーク工程表とは,簡単にいえば,工事項目(工事アクティビティ)どうしの関係を,ノード(点)とアロー(矢線)を用いて図式的に表したものである。たとえば,ある工程を行おうとしたときに,事前に済ませておかなくてはならない工程がある場合,両者は図式的に関係づけられることとなる。建築工事では,工程をアローとして表すアロー形表記が一般的だが,ここでは直感的なわかりやすさを優先し,工程をノードとして表すイベント形表記を採用した。

　次に,LCCM住宅デモンストレーション棟の設計プロセスの記述の方法を,具体的に見てみる。

LCCM住宅デモンストレーション棟の設計プロセスの全体像

設計プロセスは，LCCM住宅デモンストレーション棟の基本コンセプトが確定した後（2009年5月）から，実施設計が完了するまで（2010年3月）について記述することとした。プロセスの調査にあたっては，設計者の作業を逐一記録していくことは難しいため，会議資料や検討用図面などを用いて，行われた検討や加えられた変更などを，設計項目（設計アクティビティ）として整理することとした。さらに，設計項目どうしの関係を，資料や設計者へのヒアリング調査によって明らかにした。ここで「設計項目どうしの関係」とは，ネットワーク工程表の場合と同様に，「ある作業を始めるにあたって，先に済ましておくべき作業があるか」という観点に基づくものである。

このようにして記述したLCCM住宅デモンストレーション棟の設計プロセスを，全期間に渡って示したものが，**図1**である。ここで，箱形の記号は設計項目を，それらを結ぶ矢線は設計項目間の関係を表している。つまり，矢線の始点となる設計項目は，矢線の終点となる設計項目が開始される前に済ませておかなくてはならない作業であることを意味している。また，LCCM住宅デモンストレーション棟の設計は，温熱解析やCFD解析など，さまざまなシミュレーションが導入されたことが大きな特徴であるが，図1ではシミュレーションを網掛けされた箱として表現している。全体として，さまざまな設計作業が複雑に影響を及ぼし合いながら，設計が進んでいったことが見てとれるだろう。

それでは，これが一般的な住宅の設計プロセスとどのように異なっているのだろうか。次に，設計のそれぞれの段階について，さらに詳しく見てみる。

再生可能エネルギー利用・建設・運用CO_2排出量の検討を要する基本構想初期

基本構想段階で特徴的なのは，テーマ整理の直後に，太陽光発電（PV）パネルの搭載量の仮決定や，給湯システム・暖冷房システム・照明システムなどといった，設備システムの検討が行われていることだろう。通常の住宅設計においては，設計の中盤以降に行われることの多い設備システムの検討が，LCCM住宅では設計のすべてに先立つ前提条件となるのである。

写1　模型初期

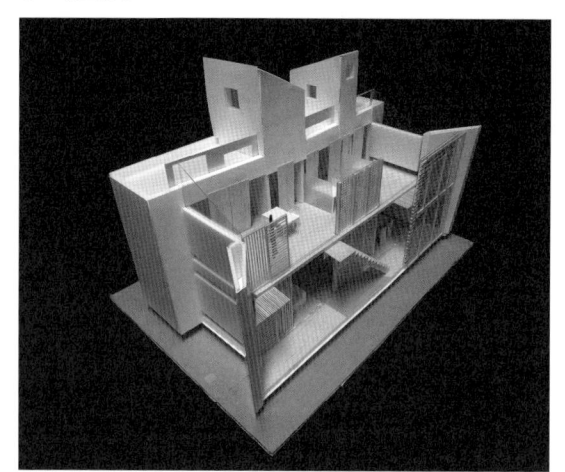

写2　模型中期

写3　模型後期

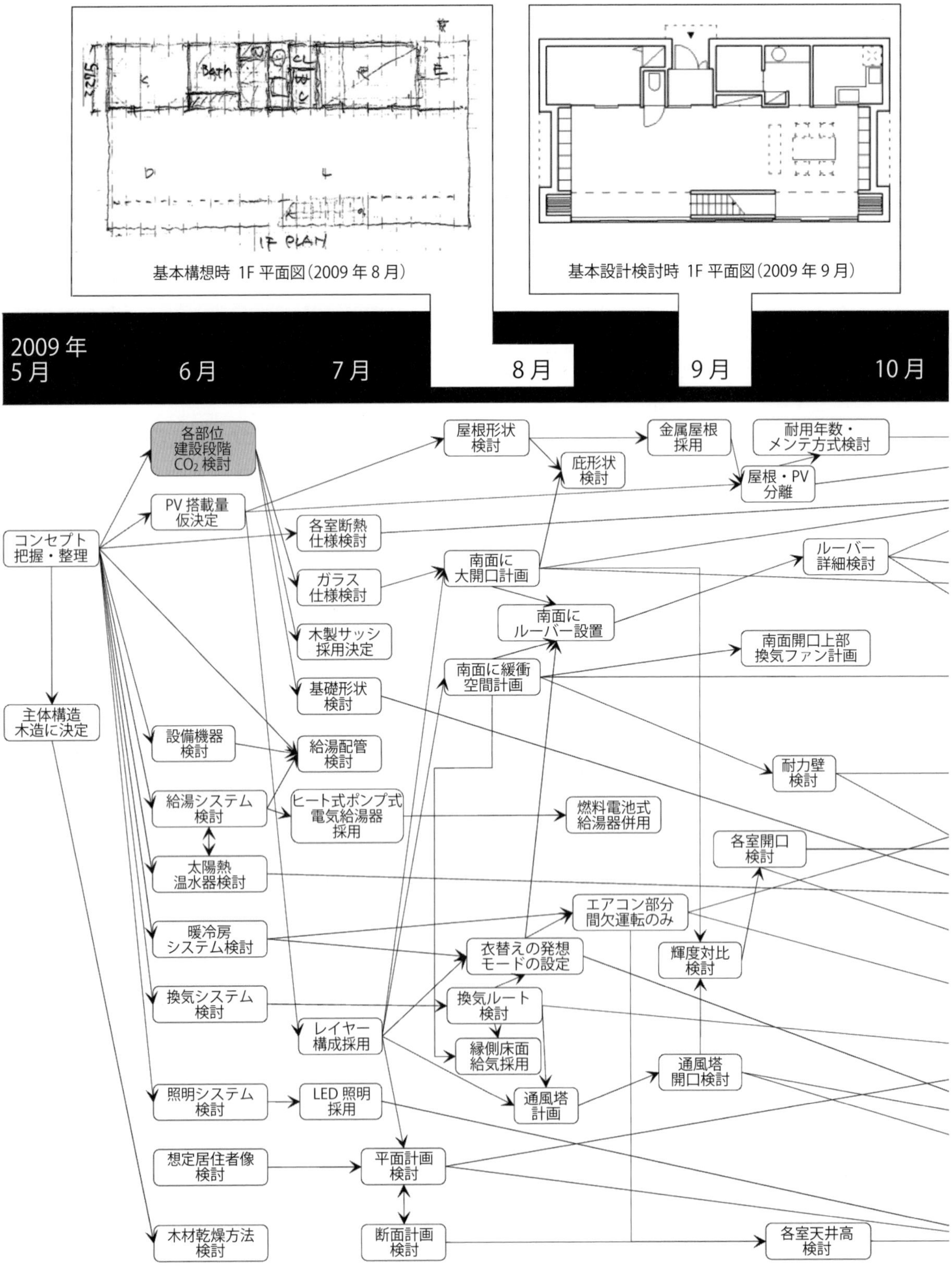
Bath
CL
1F PLAN
基本構想時 1F 平面図(2009 年 8 月)
基本設計検討時 1F 平面図(2009 年 9 月)
2009 年
5 月
6 月
7 月
8 月
9 月
10 月
各部位 建設段階 CO2 検討
PV 搭載量 仮決定
コンセプト 把握・整理
主体構造 木造に決定
各室断熱 仕様検討
ガラス 仕様検討
木製サッシ 採用決定
基礎形状 検討
設備機器 検討
給湯配管 検討
給湯システム 検討
ヒート式ポンプ式 電気給湯器 採用
太陽熱 温水器検討
暖冷房 システム検討
換気システム 検討
レイヤー 構成採用
照明システム 検討
LED 照明 採用
想定居住者像 検討
木材乾燥方法 検討
屋根形状 検討
南面に 大開口計画
南面に ルーバー設置
南面に緩衝 空間計画
衣替えの発想 モードの設定
換気ルート 検討
縁側床面 給気採用
通風塔 計画
平面計画 検討
断面計画 検討
金属屋根 採用
庇形状 検討
燃料電池式 給湯器併用
エアコン部分 間欠運転のみ
通風塔 開口検討
輝度対比 検討
各室天井高 検討
耐用年数・ メンテ方式検討
屋根・PV 分離
ルーバー 詳細検討
南面開口上部 換気ファン計画
耐力壁 検討
各室開口 検討

図1 ネットワーク式に表現した LCCM 住宅デモンストレーション棟の設計プロセス

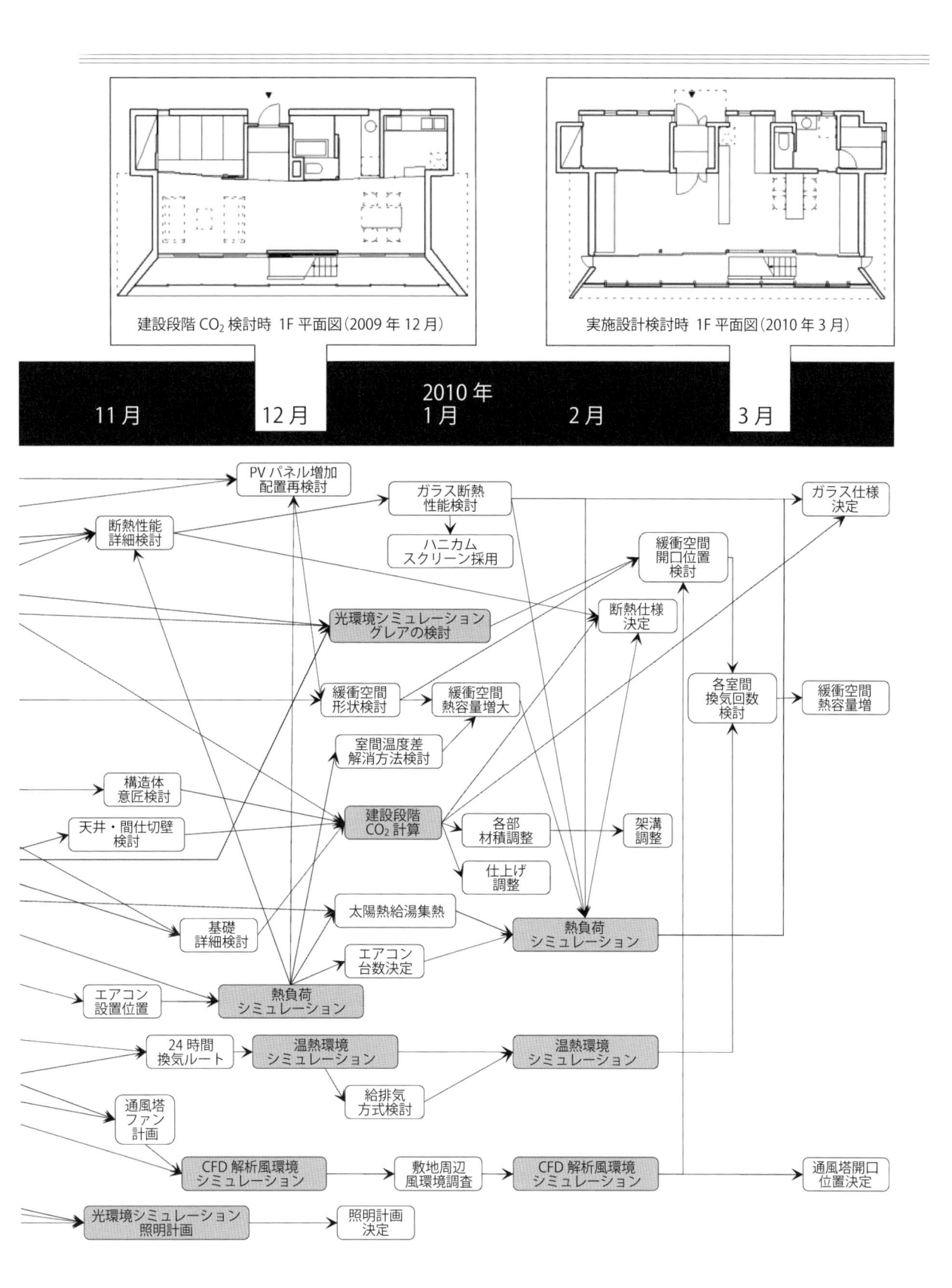

建設段階CO₂検討時 1F平面図（2009年12月）

実施設計検討時 1F平面図（2010年3月）

| 11月 | 12月 | 2010年 1月 | 2月 | 3月 |

- PVパネル増加配置再検討
- 断熱性能詳細検討
- ガラス断熱性能検討
- ハニカムスクリーン採用
- 光環境シミュレーション グレアの検討
- 緩衝空間開口位置検討
- 断熱仕様決定
- ガラス仕様決定
- 緩衝空間形状検討
- 緩衝空間熱容量増大
- 各室間換気回数検討
- 緩衝空間熱容量増
- 室間温度差解消方法検討
- 構造体意匠検討
- 天井・間仕切壁検討
- 建設段階CO₂計算
- 各部材積調整
- 架溝調整
- 仕上げ調整
- 基礎詳細検討
- 太陽熱給湯集熱
- エアコン台数決定
- 熱負荷シミュレーション
- エアコン設置位置
- 熱負荷シミュレーション
- 24時間換気ルート
- 温熱環境シミュレーション
- 温熱環境シミュレーション
- 給排気方式検討
- 通風塔ファン計画
- CFD解析風環境シミュレーション
- 敷地周辺風環境調査
- CFD解析風環境シミュレーション
- 通風塔開口位置決定
- 光環境シミュレーション 照明計画
- 照明計画決定

また，設備システムの検討と並行して，各部位の仕様を仮定しながら，建設段階のCO_2検討が行われていることも，LCCM住宅の設計に特有なことである。これは，ライフサイクルにおけるCO_2収支をマイナスとするために，運用段階CO_2排出量ばかりでなく，建設段階CO_2排出量も極力低減させる必要があるためである。

以上のように，住宅におけるLCCMを実現させるためには，再生可能エネルギーの利用可能量（PVパネル搭載量の検討など），運用段階CO_2排出量（設備システムの検討など），建設段階CO_2排出量（各部位の仕様の検討など）の3点について，設計の最初期から見当をつけておくことが求められるのである。

「衣替えする住宅」というコンセプトが明確化した基本構想終盤

基本構想の中盤以降では，各室の断熱仕様や，ガラスやサッシの仕様など，住宅内外の境界となる部位の検討が行われている。通常の住宅設計においては真っ先に行われる，平面計画や断面計画の検討が始まったのは，これらの仕様についての検討が進んだ後であり，実験住宅の設計であるという特殊な条件を差し引いても，LCCM住宅デモンストレーション棟の設計プロセスの特異性がわかるだろう。こうした検討を経て，基本構想終盤には，LCCM住宅デモンストレーション棟の大きなコンセプトである「衣替えする住宅」という考え方が明確化されることとなる。（図2，3）

「衣替えする住宅」とは，夏季・冬季・中間期などのいくつかのモードを切り替えることのできる住宅を表すキーワードであり，具体的には，平面的・断面的に折り重なった建具などのレイヤーを，気候条件や生活シーンにあわせて，居住者自身がアレンジすることによって，環境調整が可能となる住宅のことである。つまり，LCCM住宅デモンストレーション棟では，居住者が環境系を形成する重要な要素として組み込まれているのである。また，「居住者が環境を自らアレンジする」という考え方は，設備システムや開口のデザインなどに影響を及ぼしており，その後の設計を進めるにあたっての前提条件ともなっている。

LCCM住宅デモンストレーション棟では，「居住者の省エネ行動を促す」ことも重要である。したがって，居住者がどのような暮らし方をし，住宅を通してどのように環境と関わるのか，設計の初期段階で定義付けておくことが必要となる。

基本設計終了後の再度の建設段階のCO_2検討

「衣替えする住宅」のコンセプトが明確化され，レイヤー構成の平面計画・断面計画が固まった後，設計は基本設計に移行していく。基本設計時には，平面計画や断面計画の調整が続けられるとともに，構造計画，設備システムや機器，各部位の仕様などがより詳細に検討されていくわけであるが，これも通常の住宅設計の基本設計時にはあまり行われないことである。通常は，実施設計時に検討される事項を，基本設計時に先取りして検討しているといってよいだろう。

基本構想段階の解説でも述べたとおり，各部位の仕様を早い段階である程度決定しておくことは，建設段階のCO_2排出量の算定が「LCCM」という大目標達成のために必要だからである。事実，基本設計終了後にも，建設段階のCO_2の算定が，再度行われている。また，このときに行われた建設段階のCO_2の算定によって，材積の調整や，それに伴う各部の設計変更など，さまざまな作業が発生し，実施設計にも大きく影響を及ぼしている。すなわち，通常の住宅設計の場合は，実施設計終盤に行われる，建設コストに基づく材料や仕様の調整（いわゆる見積もり調整）と類似するかたちで，実施設計の中間段階で，環境負荷（CO_2排出量）に基づく材料や仕様の調整が行われている。（図4）

したがって，LCCM住宅の設計手間は，通常の住宅設計に比して，増えることが予想される。ただし，手間の増加を最小限に抑える工夫は，さまざまに凝らす余地があるだろう。全般的に，LCCM住宅の設計においては，一般的な住宅では実施設計時に行われる作業が，基本構想時や基本設計時に前倒しされる傾向が見られる。つまり，これを踏まえたうえで，設計の全体工程を事前に綿密に計画し，実施設計時に重複作業が増えないようにする工夫が肝要なのである。また，クライアントとの契約も，基本設計時の作業が増えることを織り込んだものとする工夫などが必要であろう。

幾多のシミュレーションが適用された設計終盤

図1に示す網掛けされた設計項目は，それがシミュレーションであることを意味しているが，設計の中盤以降，数々のシミュレーションが幾度となく行われていることが，容易に見てとれる。行われたシミュレーションは，熱負荷シミュレーション，温熱環境シミュ

レーション，風環境シミュレーション（CFD解析），光環境シミュレーションなどである。特に，熱負荷と温熱環境に関するシミュレーションは，外壁や開口部，縁側状の緩衝空間など，特に異なる空間の境界となる部位の調整を伴いながら，数度にわたって繰り返されている。このことは，室内環境とその調整機構を最適化するために，設計の微細なチューニングが必要であったことを意味している。いうまでもなく，このような微細なチューニングの様相を呈する設計調整に際しては，シミュレーションは大きな威力を発揮した。

設計を重層的に意味づける
エンジンとしてのシミュレーション

さらに，こうした調整作業に伴って，LCCM住宅デモンストレーション棟の平面や断面も，大きく変貌を遂げていることは，特筆に値する。たとえば，当初は矩形に近かった平面形は，二度目の建設段階CO_2算定が行われたのと同時期に，緩衝空間が外部に向かって大きく広げられ，パラボラ状の形状に変化している（**図4**）。これは，熱負荷シミュレーションと建設段階のCO_2の算定により，太陽光発電パネルの搭載量を増大させる必要があることが判明し，屋根面積を拡大したことに端を発するものである。このように，シミュレーションは環境性能の把握という役割のみにとどまらず，設計をドライブさせるエンジンとして機能したのであり，シミュレーションが数度にわたって繰り返されたことは，その何よりの証左である。

さらに，さまざまな種類のシミュレーションが実施されたことは，設計内容への重層的意味付けをも喚起している。前述した緩衝空間のパラボラ状平面は，後のCFD解析による風環境シミュレーションの結果，敷地周辺の東西方向に卓越した風を受け止める形状としても，合理的であることが確認され，これを受けて，東西の袖壁端部に採風窓が計画されることとなった。つまり，設計とシミュレーションがフィードバックを繰り返しながら，ループするプロセスは，さまざまな環境配慮手法が統合される過程であるとも理解可能なのである。

むろん，通常の住宅設計において，これだけのシミュレーションを実施することのハードルは未だ高く，より少ないシミュレーションで環境性能を最適化できる設計工程の工夫などが必要であろう。一方で，LCCM住宅デモンストレーション棟の設計が，シミュ

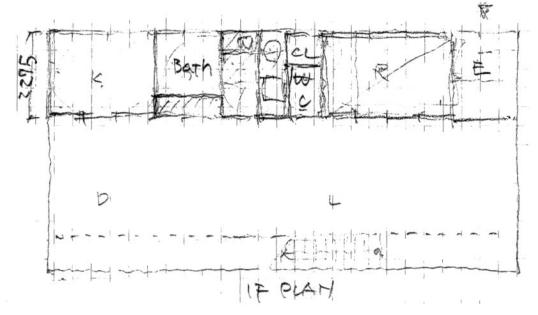

図2 基本構想時の1階平面図スケッチ（2009年8月）

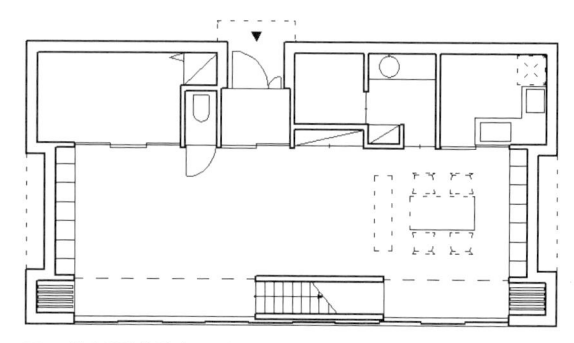

図3 基本設計検討時の1階平面図（2009年9月）

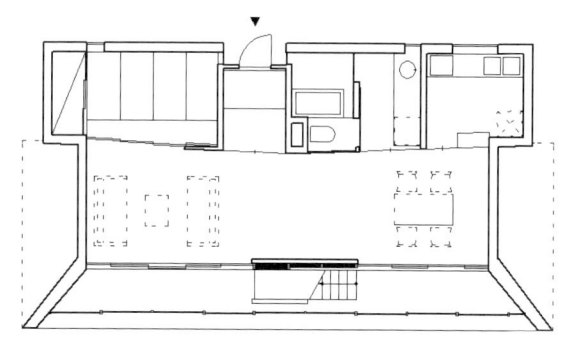

図4 建設段階CO_2検討時の1階平面図（2009年12月）

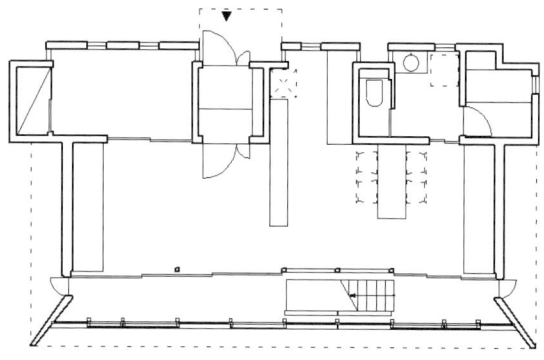

図5 実施設計検討時の1階平面図（2010年3月）

レーションなしには実現し得なかった建築的価値に直接的に結びついていること，すなわち，シミュレーションが設計を進めるうえで有益な助言をもたらすパートナーのように機能したことは，再度強調しておくべきことだろう．

設計プロセスの構造化

以上のように，設計プロセスの全般にわたって，LCCM住宅デモンストレーション棟の設計には，さまざまな特異性が見いだされた．

次に，設計プロセス全体に対して，大きく影響を及ぼす部位はどこであるかを検討することとする．

検討を行うにあたって，まず，図1に示す設計項目（設計アクティビティ）を，それが対象とする部位名に書き換えた．さらに，ノードどうしを結ぶアローは保持したまま，重複するノード，すなわち同じ部位についての複数のノードを，一つのノードにまとめた．これを模式的に表したのが，図6である．このようにして，図1を元にして得られたのが，図7である．

図7は，LCCM住宅デモンストレーション棟の設計における部位間の関連構造を表したものであり，多くの矢線が接続する部位は，他の部位との関連が多かったことを示している．ただし，シミュレーションなど，特定の部位に限定されない設計項目は，設計項目のまま示している．また，ノードをまとめる際に，二つのノードが二つ以上のアローで結ばれることもあるが，図7では，元のアローの数が多いものほど，線を太くして表現している．すなわち，太い線で結ばれた部位ほど，設計プロセスにおいてフィードバックが多く繰り返され，関連が深かったことを表している．

設計プロセスにおいて支配的な
設計アクティビティと部位

図7を注視すれば，温熱環境シミュレーション，$LCCO_2$検討，建設段階CO_2検討が，さまざまな部位とアローで結ばれており，設計プロセス全般において，支配的な設計アクティビティであったことがわかる．温熱環境シミュレーションは，設備システムおよび緩衝領域・開口部・間仕切壁といった異なる空間の境界に相当する部位との関わりが深く，住宅の環境調整機構に大きく影響を及ぼしていることがわかる．また，$LCCO_2$検討は設備システムおよび南面に計画された大開口に影響しており，また建設段階CO_2検討は，基礎や軸組といった構造，および外周壁や仕上げなどの仕様に大きく影響している．温熱環境シミュレーション，$LCCO_2$検討，建設段階CO_2検討は，それぞれの部位の検討時期に合わせて，効果的に実施することが，LCCM住宅設計の効率化に結びつくといえよう．

また，住まい手の行動シミュレーションの結果が，設備システムの設計に強く影響を及ぼしていることも示唆的である．つまり，LCCM住宅における設備システムの設計は，人間行動と関連づけて行われる必要があり，これは意匠設計／設備設計といった，従来的な職能の区分を横断する設計体制の構築が重要であることを意味している．

また，部位については，縁側状の緩衝空間がさまざまな項目と関連づけられているが，緩衝空間が「衣替えする住宅」というコンセプトと大きく関わっていることを考慮すれば，これは当然の結果であるといえる．北関東に立地するLCCM住宅デモンストレーション棟では，四季にあわせたモードの変化が重要となるため，キーコンセプトとして「衣替えする住宅」が採用されたが，LCCM住宅の考え方自体は多様なはずであり，プロジェクトの立地条件などに応じて，設計プロセスに対して支配的な部位は異なってくる可能性が高い．しかし，いずれにせよ，異なる空間の環境を調停する役割を担う部位が，設計プロセスの鍵となることは間違いなさそうである．LCCM住宅の設計において，設計工程の計画が重要であることはすでに述べたが，工程計画の策定にあたっては，環境調整機構をもつ部位の検討時期に，細心の注意を要することになる．

再び，LCCM住宅設計の特異性

これまで見てきたように，LCCM住宅デモンストレーション棟の設計プロセスには，通常の住宅設計と様相を異にする過程が散見された．繰り返しにはなるが，それを再度まとめれば，下記のようになる．

①設計の最初期段階において，再生可能エネルギー利用・建設段階，運用段階CO_2排出量の検討が必要となる．

②上記に関連して，太陽光発電パネル搭載量，採用する設備システム，各部位の仕様などの仮定が，設計の最初期段階に必要である．

③全体として，通常は実施設計段階に行われる各部位の仕様や詳細の検討が，基本構想段階や基本設計段階に前倒しされる傾向があり，これに応じた工程を

事前に計画しておくことが重要である。
④いわゆる見積調整と同様の調整作業が，基本設計終了以降に行われる建設段階 CO_2 算定に伴って必要となる。
⑤LCCM 住宅の設計においては，温熱環境などについてのシミュレーションが大きな効力を発揮するが，シミュレーションの結果として必要となる設計変更作業や，その対象となる部位を見据えながら，適切な時期に実行する必要がある。
⑥環境調整機構を担う部位の設計変更などは，さまざまな部位の設計変更を伴う可能性が高く，早い時期からの検討が作業の効率化に有効である。

以上を総合すれば，LCCM 住宅の設計は，現段階では決して容易なものであるとはいえないだろう。このような LCCM 住宅の設計の難しさは，部位ごとに仕様を最適化し，加点法的に住宅の性能を向上させるような設計方法が有効ではないことに，根源的な理由が求められると考えられる。

つまり，「ライフサイクルカーボンマイナス」という目標を達成するためには，単一の部位の設計に際しても，住宅のライフサイクルに及ぶトータルな思考が求められるのである。

一方で，「常にトータルを志向する」ことが要求されることに起因した，LCCM 住宅の特異な設計プロセスは，住宅の姿と居住者の住まい方を，豊かに変えうる可能性を有する。「LCCM」という考え方を追求した LCCM 住宅デモンストレーション棟は，そのことを強く証明しているといえるだろう。LCCM 住宅の設計は，困難さを引き替えにしてでも，取り組むべき価値の大きいものなのである。

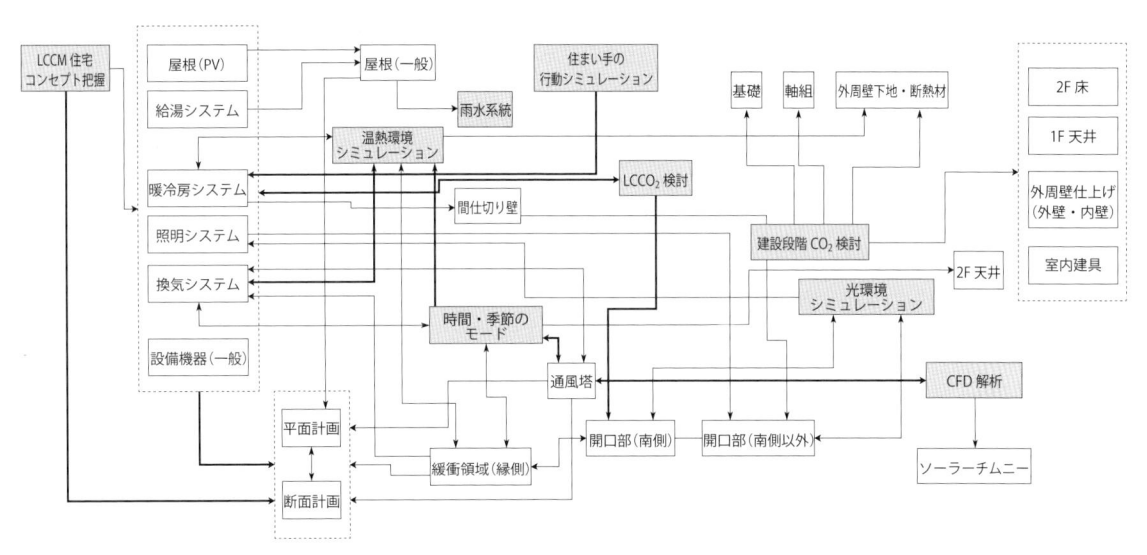

図7 LCCM 住宅デモンストレーション棟の設計における部位間の関連構造

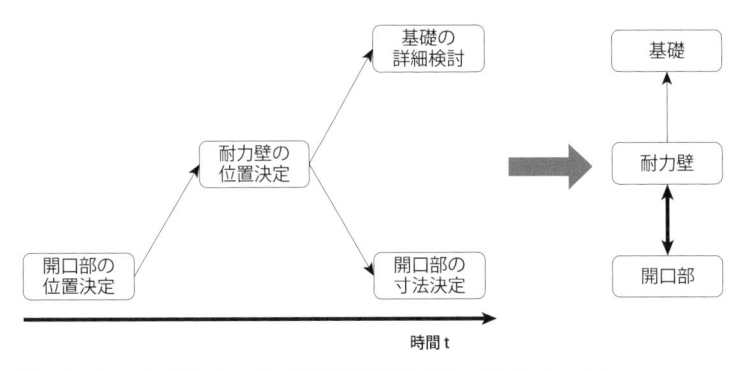

図6 ネットワーク式設計プロセスから部位間関連構造を展開する手順の模式図

写4 ワーキング風景

プロセス 2

建設段階CO_2排出量の検討

兼松 学＋清家 剛

$LCCO_2$の検討の概要

　LCCA（ライフサイクルコストアセスメント）の世界では，建設時のイニシャルのコストに対して運用段階のランニングのコストなどが多いことが知られており，イニシャルコストに対して見えないコストがあるという意味で，氷山に例えられる。これは，CO_2アセスメントの世界においても同様で，供用期間のエネルギー消費に起因するCO_2排出が大きい。とかく運用段階の環境負荷低減が取り上げられるのもそのためである。しかしながら，LCCMのコンセプトでは，ライフサイクル全般にわたるCO_2排出量をマイナスにすることが目的となるため，運用段階以外で排出されるCO_2の検討が必須となる。

　LCCMプロジェクトにおいては，プロセス3（126頁）で取り上げる運用期間の詳細なエネルギー収支（CO_2収支）の検討に対応して，建設段階のCO_2排出量の検討が行われた。本プロジェクトでは，これらを「建設段階CO_2排出量」と定義し，初期の設計・施工に起因するCO_2排出，建設時に投入される建設資材・建築材料および供用期間中に維持保全（メンテナンス）される際に使用される建築資材・建築材料の製造・輸送などに起因するCO_2排出に加え，想定される耐用年数で建築物が解体・廃棄されると仮定したうえで排出されるCO_2を対象として分析を行った。

　さて，$LCCO_2$評価と一口にいっても，評価対象に応じたさまざまな手法が提案されている。建築のように膨大な資材から構成される評価対象に対しては，投入されるあらゆる資材を網羅し，かつ同条件で評価可能であることが求められる。特に，LCCM住宅は先進的な環境配慮型住宅であることから，一般的な住宅と材料・構法や設備の仕様が異なり，投入される資材構成も大きく異なってくることが想定されるため，これらを公正に評価することが求められた。

　本プロジェクトでは，$LCCO_2$の評価は日本建築学会が定める「建物LCA指針」[1]に従うこととし，その算定に当たっては，住宅やオフィスビルなどのライフサイクルアセスメントツールである「建築物のLCAツール 戸建住宅版」（以下，AIJ-LCAツール）[2]を利用することとした。AIJ-LCAツールは，同会が「LCA指針」に基づき作成したツールで，建物の設計・資材製造・建設・運用・解体・廃棄までのライフサイクルを通して，環境評価を行うことができる。本ツールでは，エネルギー消費・CO_2排出・SOx排出・NOx排出の4つのインベントリー（製品のライフサイクルに投入された資源やエネルギー，大気・水域へ排出された物質，固形廃棄物，製品・副産物などの項目を取りまとめたもの）を分析するとともに，オゾン層破壊，地球温暖化，酸性雨，健康障害（大気汚染），エネルギー枯渇について環境影響評価を行い，分析することができる。

　通常，投入資材の種類ごとに投入量を算定し，その資材種類に対応するCO_2排出原単位をかけることで，CO_2排出量が算定される。AIJ-LCAのCO_2排出評価は，経済産業省の発表する産業連関表に基づく，CO_2排出原単位を決定することから「産業連関法」と呼ばれ，国内のすべてのサービス・製造業などを網羅して，評価することができるのが特徴である。本プロジェクトでは，CO_2排出原単位はLCA指針に示された値を採用するとともに，高炉スラグや各種ガラスについては必要に応じて複合原単位を使用した。

建設段階CO_2の検討

　建設段階CO_2の算定が始まったのは，南面にダブルレイヤーを配置した計画が終了した段階であり，基本設計が固まりつつある時期であった。

　基本設計の段階での目的は，第1に，LCCM住宅を主眼とした高環境配慮型住宅のCO_2排出量がどうなっているかを把握し，代替構法・材料を検討することにあった。

　この時点では，レイアウトなどの基本計画に加え，

主要な部位の材料・仕様が検討されており，建設段階CO_2の中でもまずは建築物自体に用いられる主要部位の建築資材に起因するCO_2排出（以下，新築時CO_2排出）に焦点を絞って分析がなされた。また，同時に太陽光発電の導入計画や断熱仕様，設備仕様などが検討され，$LCCO_2$が分析された。

新築時資材投入量

基本設計が進行している時点での投入資材量は流動的で，かならずしも最終的な数値が与えられるわけではない。そのため，実際の検討過程では，主に2009年12月における設計案を基準案（以下，基準案）として検討が行われ，設計の進行とともに情報をアップデートしながら，詳細な検討が進められた。最終的には，工事契約見積書（または契約図）に基づき，確認がなされることになる。

表1に，基準案として見積もられた当初の主要資材の投入量を示す。ここでは，比較用に文献[3]に示される$LCCO_2$評価のための「標準モデル住宅」木造（軸組工法：125.8m^2，2階建，Ⅳ地域想定）を，一般住宅の建設段階CO_2排出量の参考値として想定した。

LCCM住宅デモンストレーション棟は，そもそもの想定される仕様が大きく異なり，一般的な住宅よりもガラスの使用量が多く，断熱材量が多いなどの特徴が挙げられる。ガラスに関しては，南面のダブルレイヤー層に見られるように，ふんだんにガラスを採用したデザイン上の特徴もさることながら，複層ガラスの採用によりガラス使用量が増加しており，同様の省エネルギー住宅に特徴的な傾向と捉えることができるものと考える。

一方，基準案の時点で，すでにコンクリート起源のCO_2排出量が大きいことが想定されたことから，基礎をべた基礎から布基礎に変更することで，コンクリートの使用量自体を減らす方針が盛り込まれている。そのため，すでにコンクリートの使用量が削減されていることが見て取れる。同様に，投入される製材量についても，梁間の大きな架構とし，軸組木材の材積を減らすなどの工夫がなされた。窓枠は断熱性の観点から木製サッシが採用されたが，結果アルミニウムの使用量を減じることでCO_2排出削減にも貢献しているものと考える。

なお，製材に関しては，この時点では主要構造材のみを対象として集計したため，小さな値となっている。

図1 建築物のLCAツール　戸建住宅版[2]

資材名	単位	一般的な住宅	LCCM基準案
鉄筋	t	1.32	0.81
コンクリート	m^3	16.22	9.98
木構造材	m^3	41.67	14.84
木面材・仕上材	m^2	598.09	767.32
断熱材	m^3	20.16	75.02
ガラス	m^2	31.26	106.61
畳	m^2	6.04	0.00
PB	m^2	374.06	308.53
タイル	m^2	5.26	31.10
モルタル	m^2	22.07	22.44
塗料	m^2	-	486.49
仕上げ（クロス）	m^2	608.78	0.00
屋根瓦	m^2	76.27	-
屋根鋼板	m^2	-	74.01
窯業系サイディング	m^2	162.36	172.90
サッシ	箇所	19	0
木窓	m	-	173.00
太陽光発電	m^2		48.38

表1 新築時の主要資材投入量（基準案時点）

各種シナリオの検討

以上で得られた資材投入量の予測値を踏まえ，建設段階CO_2を削減するうえで有効であると考えられた，次の対策について検討された。

主要な対策として，基礎コンクリートに高炉セメントを使用したコンクリートを用いること（シナリオ1），ガラスを複層ガラスから真空ガラスに変更すること（シナリオ2）が検討された。

高炉セメントは，鉄鋼の生産過程で副産される高炉スラグを利用したセメントで，普通ポルトランドセメントの一部を粉末化した高炉スラグで代替することで製造されるため，セメントクリンカーの焼成に起因するCO_2排出量を，減少させることが可能である。一般に，CO_2排出量に関して比較すれば，3〜4割程度の削減効果が見込まれる。

真空ガラスの使用は，断熱性能の向上といった観点でも優位性が高いことはもちろんであるが，ここでは特に開口面積あたりの材料使用量という観点での使用が検討された。基本設計時点では，南面の開口部は厚6＋6mmの複層ガラスの使用が検討されていたが，厚3＋3mmの真空ガラスの採用により，同等以上の性能を確保しつつ，CO_2排出量を削減することが可能と判断した。

以上を踏まえ，初期建設に必要な建築資材に起因するCO_2排出量を確認した結果を，図2に示す。

この時点で，1棟あたりの新築時CO_2排出量が，一般的な住宅で27.1t-CO_2/棟であるのに対し，LCCM住宅デモンストレーション棟は35.6t-CO_2/棟との試算が示された。この値は，住宅1棟全体での排出値であることから，床面積あたり（一般的な住宅125.9m^2，LCCM住宅デモンストレーション棟基準案145.7m^2）の排出量に換算して比較すると，それぞれ0.215t-CO_2/m^2，0.244t-CO_2/m^2となり，すなわち1割強のCO_2排出量の増加が見込まれた。

これに対して，上記対策を導入した場合について試算すると，31.1t-CO_2/棟（0.213t-CO_2/m^2）まで削減され，約1割強の削減が期待される，との結果を得ることができた。

なお，この時点では，設備仕様が定まっていなかったため，設備に起因するCO_2排出量は太陽光発電を除いて，一般住宅と同等であると仮定して，その他に含めてある。太陽光発電パネルは8kW（210Wモジュール38基）を想定し，CO_2排出原単位については最新のNEDOの研究成果[4]を参照した。

建設段階CO_2排出量の算定

続いて，以上で述べた検討を反映させ，AIJ-LCAツールにより，建設段階CO_2排出量の算定を行った。先述したとおり，建設段階CO_2排出量とは，運用段階のエネルギー負荷シミュレーションは別途行われることを想定して，LCAの段階区分のうち，運用段階のエネルギー分を除いた，設計監理，新築，建替，修繕，改修，廃棄処分に起因するCO_2排出量である。

新築時に投入された建築材料は，ひとたび供用されると傷ついたり汚れたり壊れたりし，供用期間中であっても修繕されたり交換されることとなる。AIJ-LCAツールでは，修繕率と耐用年数を設定することで資材の劣化に伴う更新を考慮している。修繕率とは，想定外の状況により修繕（交換）が必要となる資材の割合であり，資材にもよるが年間1％程度の修繕率を想定している。

また，耐用年数（更新周期）は，対象とする建築材料が要求性能を満たさなくなり交換が必要となる期間をいい，たとえば主要構造材料（コンクリートや木材）は供用期間と同じ耐用年数を想定したが，設備や配管類は15〜30年程度の更新周期を想定している。したがって，建築物の供用期間が長くなると耐用年数を迎えた資材の交換が想定されるため，供用期間に応じてCO_2排出量が増加することとなる。

図3に，AIJ-LCAツールによる建設段階CO_2評価結果を示す。供用期間と建設段階CO_2排出量の関係は，設備や建材の更新周期の差に起因する不連続性がみられるものの，供用期間の増加とともに，建設段階CO_2排出量が増加する傾向がみられ，供用期間30年で54.8［t-CO_2/棟］，40年で58.0［t-CO_2/棟］，50年で86.2［t-CO_2/棟］となる試算結果となった。

実際には，耐用年数を迎えた資材をすべて交換する見積りはやや厳しい評価であると考えられるが，ここでは，設備や他の資材の不確定要素を考慮して，この値を基に建設段階CO_2排出量の評価が進められることとなった。

また，今回は検討の対象とならなかったが，高耐久材の使用による環境貢献は，ここで示した供用期間中の材料の更新を考慮することで評価可能である。今後，耐用年数関連の情報整備により，高耐久材の優位性が適切に評価される枠組みの構築が必要となるものと考える。

建設段階CO$_2$排出の評価

運用段階でのCO$_2$の削減は，すなわちランニングコストの削減として住まい手側に直接的なモチベーションがあるのに対し，ここで検討したような建設段階のCO$_2$の削減は，ユーザーに見える形でアピールし，同様に取りうる手段を公平に，同じバウンダリーコンディションで評価する枠組みが重要である。しかしながら，建築物に投入される材料は多岐にわたるため，適切なCO$_2$排出原単位を設定し，検討対象の特性を公正に反映させて評価するには，CO$_2$排出原単位の整備と利用性の向上が急がれる。また，建築一棟の投入資材量の見積りは容易ではなく，特に基本設計時における検討段階においては，高環境配慮型住宅に対応したより簡便なLCCO$_2$評価ツールの開発が必要であるといえよう。

1) 建物のLCA指針：温暖化・資源消費・廃棄物対策のための評価ツール，日本建築学会，2006.11
2) 戸建住宅用LCAツール Ver.1.02，日本建築学会，2006
   http://news-sv.aij.or.jp/tkankyo/so/site/arc08.html
3) (社)日本サステナブル建築協会（JSBC）・編集：CASBEE 戸建-新築-評価マニュアル
4) 平成19〜20年度新エネルギー・産業技術総合開発機構—委託業務成果報告書：太陽光発電システム共通基盤技術研究開発 太陽光発電システムのライフサイクル評価に関する調査研究，2008

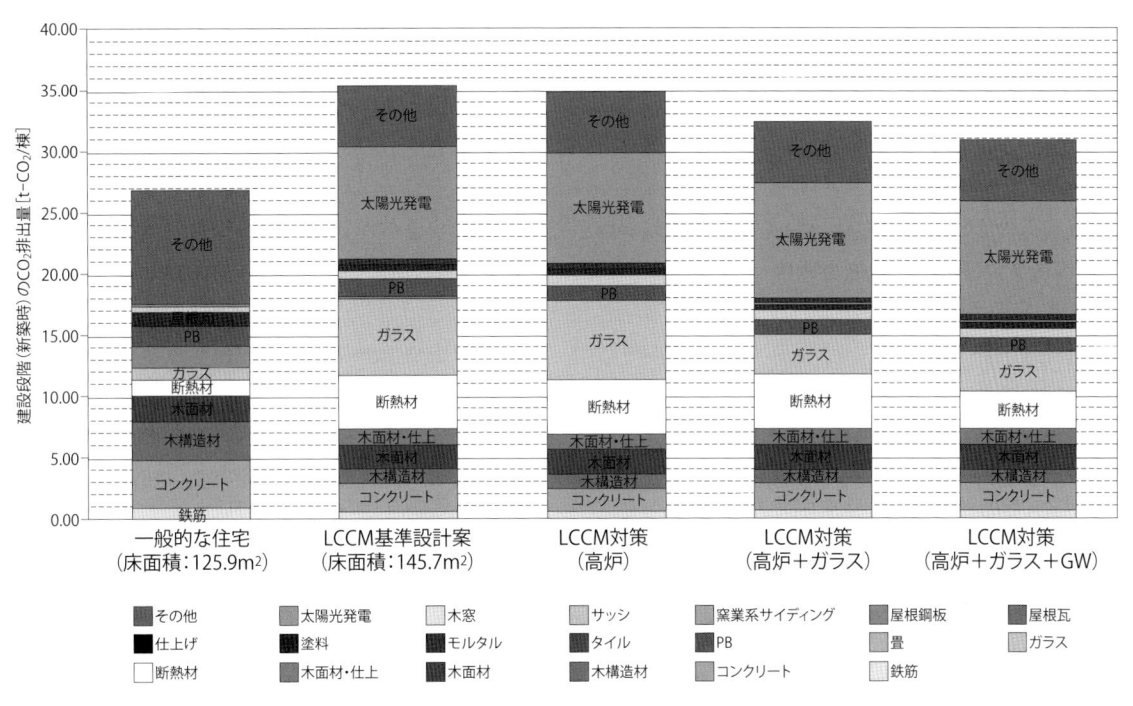

図2 資材投入量から算定した新築時 CO$_2$ 排出量

計画供用期間
建築物の寿命は，建築物の物理的劣化による物理的寿命と，陳腐化などに代表される計画的・意匠的・経済的寿命とが挙げられるが，事前に明確にその建物が何年供用されるかを予見することは困難である。ここでの計画供用期間とは，ユーザーが予定する建替えまでの期間を指し，期間中は主要構造においては物理的劣化に起因する更新が必要ないものと考えている。なお，AIJ-LCAツールでは，計画供用期間を「耐用年数」の用語で定義している。

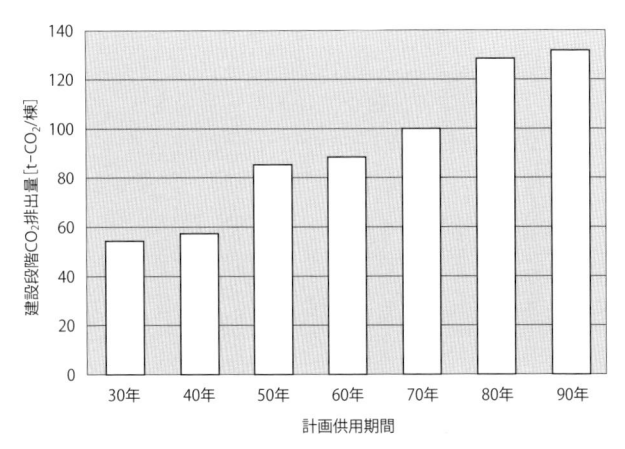

図3 計画供用期間に応じた建設段階 CO$_2$ 排出量

プロセス 3

LCCMの検討
兼松 学＋桑沢保夫

LCCO$_2$の検討

LCCM住宅の目的は，建築物のライフサイクル全体を通じて排出されるCO$_2$と，エネルギーの創生に伴って節約されるCO$_2$が相殺されマイナスになる住宅の実現であり，LCCO$_2$の検討がプロジェクトの要であることはいうまでもない。LCCM住宅デモンストレーション棟では，先進的な住空間とLCCMのコンセプトの両立を実証的に示すべく，専門家を構成して綿密なLCCO$_2$の算定が行われた。

一般に，ライフサイクルで排出されるCO$_2$とは，建設時の設計・施工に伴い排出されるCO$_2$と，投入される資材の製造・運搬に伴い排出されるCO$_2$，メンテナンスにより更新・投入される資材に起因するCO$_2$，さらには廃棄に伴い排出されるCO$_2$に加え，運用段階に居住者が生活に使用するエネルギーに起因するCO$_2$などが挙げられる。

これに対して，ライフサイクルを通じて創生されるエネルギーは，太陽光発電が軸となる。

プロジェクトの中では，運用段階CO$_2$排出量と，建設段階CO$_2$排出量がそれぞれ別のグループにより算定され，最終的にそれらを合算することでLCCMの評価が行われた（図1）。それぞれの検討内容は，第3章およびプロセス2（122頁）で詳細に説明されているので，ここでは全体的なLCCM収支について解説する。

LCCMの検討

LCCM住宅デモンストレーション棟では，エネルギー創生によるCO$_2$削減の軸となる太陽光発電が屋根面積によって制約されるため，おのずと全プロセスにおける省CO$_2$が指向されることとなった。そのため，省CO$_2$の手段として，運用段階の使用エネルギーに起因するCO$_2$排出量削減を目的とした，太陽熱給湯やLED照明，高効率エアコンの導入など直接的手段に加え，多層レイヤーや環境制御モードといった計画的手段がとられるとともに，そもそもの投入資材の削減や，CO$_2$排出量の少ない建材の利用などが検討された（図2）。

このように多様な手段を的確に評価するには，LCCO$_2$の評価方法自体が重要となるが，本プロジェクトでは主に日本建築学会のLCA指針に準拠する形で，同指針の提供する「建物のLCAツール 戸建住宅版」（以下，AIJ-LCAツール）[1]の最新版を用いて評価が行われた。

同ソフトは，設計監理から，新規建設，修繕（維持保全），設備関連など，廃棄に至るまでの全プロセスの評価を行うことが可能である。しかしながら，本プロジェクトでは，上記のような多彩な環境計画をより正確に評価するため，別途運用段階のCO$_2$排出量に関する詳細な評価が行われ，これらを複合的に利用することでLCCMの検討が行われた。

建設段階CO$_2$排出量の評価

建設段階CO$_2$排出量の評価については，基本設計時点で行われた。新築時に投入される資材に起因するCO$_2$排出量は31.1t-CO$_2$/棟（0.213t-CO$_2$/m²）となるが，一般住宅（27.1t-CO$_2$/棟（0.215t-CO$_2$/m²））と比べてもほぼ同等の投入量となった。住宅の主体構造である，木材・コンクリート・鋼材などに起因するCO$_2$排出量は全体の1/4程度を占めるとともに，設備のCO$_2$排出量は1/3程度を占める結果となった。

なかでも，太陽光発電設備は全住宅に投入される資材の中でも相当大きなウェイトを占めるが，太陽光発電によるエネルギー創生に伴い，これらは数年で償還可能であるとされている。一般的に，この期間は，CO$_2$ペイバックタイム（CO$_2$ Payback Time）と呼ばれ，太陽光発電設備の生産過程などで排出される温室効果ガスが，エネルギー創生に伴う削減効果によって相殺される期間をいう。住宅用太陽光発電設備の場合，たかだか1～3年程度とされるため[2]，LCCM住宅の観点からみると，計画供用期間からCO$_2$ペイバック

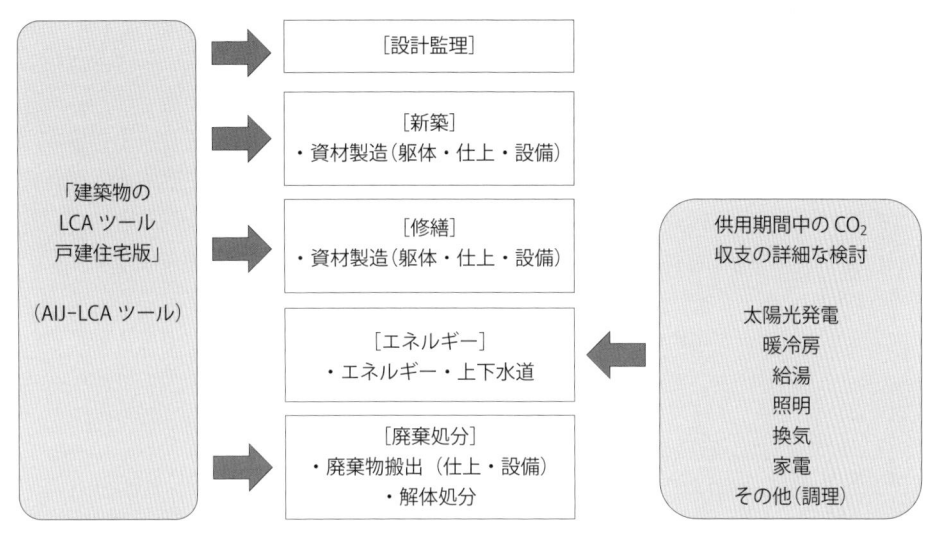

```
┌─────────────┐
│「建築物の   │──→ [設計監理]
│ LCA ツール  │
│ 戸建住宅版」│──→ [新築]
│             │    ・資材製造（躯体・仕上・設備）
│(AIJ-LCA     │                                    ┌──────────────────┐
│ ツール)     │──→ [修繕]                          │ 供用期間中のCO₂  │
│             │    ・資材製造（躯体・仕上・設備）  │ 収支の詳細な検討 │
│             │                                    │                  │
│             │──→ [エネルギー]          ←─────── │ 太陽光発電       │
│             │    ・エネルギー・上下水道          │ 暖冷房           │
│             │                                    │ 給湯             │
│             │──→ [廃棄処分]                     │ 照明             │
│             │    ・廃棄物搬出（仕上・設備）      │ 換気             │
│             │    ・解体処分                      │ 家電             │
└─────────────┘                                    │ その他（調理）   │
                                                   └──────────────────┘
```

図1 LCCMの検討の枠組み

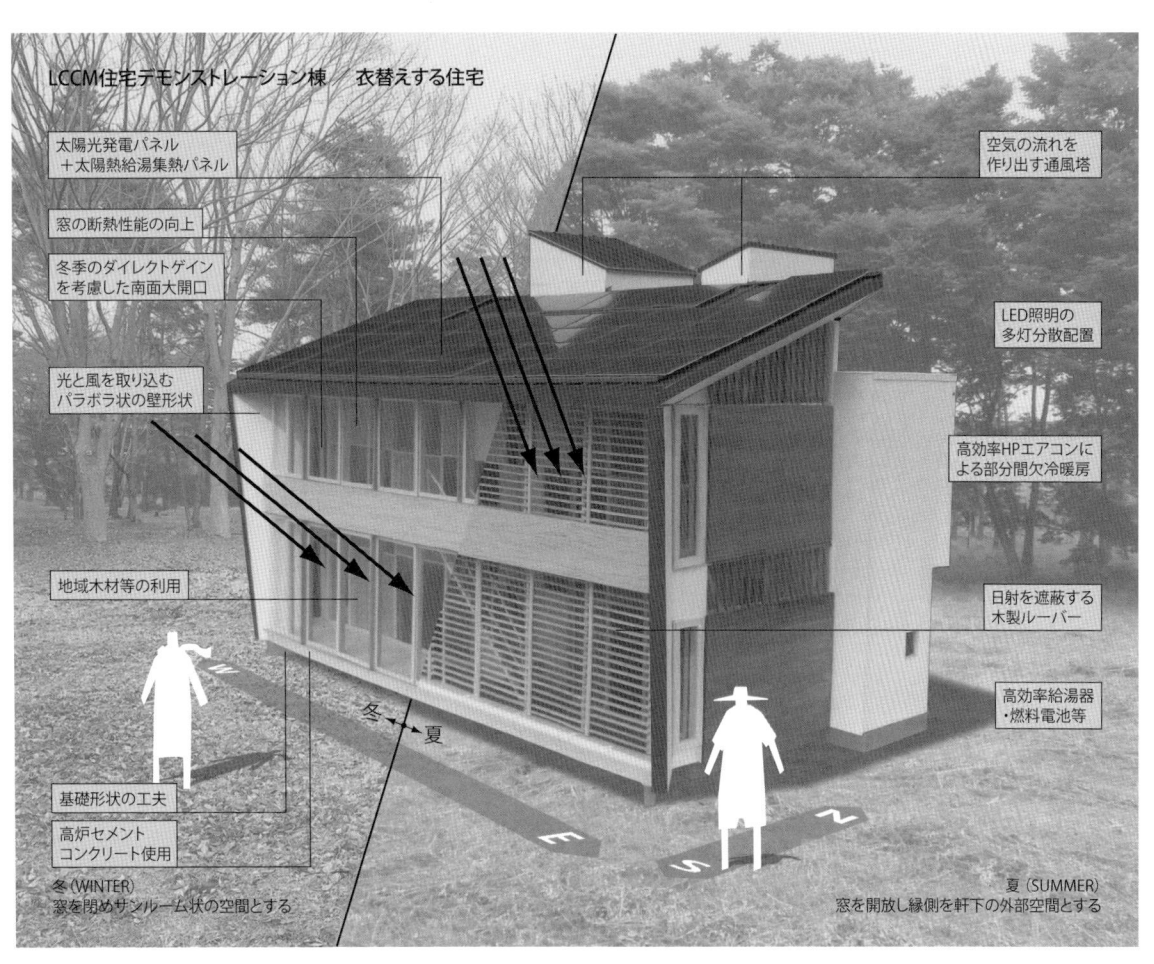

図2 省CO₂の主な取組み

タイムを除いた期間のCO_2削減効果が、その運用段階のCO_2排出量と相殺されればよいと理解することができる。

また、新築時の投入資材以外の項目については、耐用年数および修繕率に基づき材料が更新されることが想定されている。すなわち、材料ごとに耐用年数・修繕率を定め、耐用年数が来ると該当材料を更新されることに加え、毎年修繕率に応じた材料がすべて更新されることとし、計画供用期間中の材料の更新にともなうCO_2排出量が決定される。

耐用年数および修繕率については、ここでは先述のLCA指針に示されている例を参考に、各種調査に基づき耐用年数および修繕率を定めた。本プロジェクトでは、主要躯体構造は90年の耐用年数を想定したが、外装・開口部・設備系は耐用年数を30年としており、30年を過ぎると大幅に材料の更新が行われるため、これらが負担となって長期的なCO_2排出量が伸びていく結果となっている。

なお、太陽光発電設備については耐用年数などは十分な情報がないが、パネル自体は20～30年以上の耐用年数があるとされている。ここでは、すべてのパネルの交換が必要となる耐用年数を30年とする代わりに、故障率1％を想定した。

現在、最も参照されている耐用年数データベースの一つに、建築研究所の研究成果などに基づくデータが挙げられ、今回の耐用年数の設定においても参考としている。しかしながら、これらの耐用年数が必ずしも実際の更新時期と合致するわけではない点に注意が必要である。特に、構法的なつながりのある材料は、一方の更新時期に合わせて他方の更新も実施するようなことはまま起こり得る。また、ここで採用されている耐用年数よりはるかに長い期間の使用に耐える材料も多く開発されている。本プロジェクトのようにLCCMを指向する設計の中では、高耐久の材料の利用は一つの有効な手段となり得るため、それらを適切に評価するための評価手法の整備が望まれるところである。

運用段階CO_2排出量とLCCMの評価

運用段階CO_2排出量としては、太陽光発電・暖冷房・給湯・照明・換気・家電が考慮された。算定結果を表1に示す。表1には、参考として『自立循環型住宅への設計ガイドライン』[3]にある基準値と設計値の例が示してある。基準値は2000年にあったと考えられる平均的な住宅におけるエネルギー消費量で、設計値とはこれをガイドラインの中で示しているいくつかの手法によって、削減した場合のエネルギー消費量である。LCCM住宅デモンストレーション棟ではこの数値を参考にして、各用途におけるエネルギー消費量の目標値を検討した。照明や換気など、ある程度仕様の決まっていたものについてはあらかじめ固定値とし、暖冷房エネルギー消費量などは断熱性などとの関連によって数値を決めた。

ただし、ここでは運用段階の一次エネルギーとしてまとめているため、各種エネルギーをCO_2排出量に読み替えるための換算値を乗じる必要がある。この換算値はエネルギーのCO_2排出原単位（t-CO_2/kWh）と呼ばれるが、地域や年度によって異なる値が用いられる。

そこで、これらをCO_2排出量に換算し、計画供用期間別のCO_2排出量として示したのが、図4である。太陽光発電によって相殺されるCO_2排出量をCO_2償還量とすると、太陽光発電設備の容量8kWで3.4t/年、6kWで2.5t/年がCO_2償還量となる。また、運用段階CO_2排出量（給湯は太陽熱エコキュートの使用を想定）は1.42t-CO_2/年となった。

さらに、太陽光発電設備容量別のCO_2排出量と太陽光発電によるCO_2償還量を比較したものが図5である。図より、いずれの計画供用期間でも8kWの設定であれば、CO_2排出量を上回る償還が可能であり、LCCMが実現可能であることがわかるが、6kWではぎりぎりCO_2排出量を下回っており、LCCMの実現が困難であることを示している。

以上より、8kWの発電容量を想定して基本設計案での償還期間を試算すると、表2のとおりとなった。ここでは、計画供用期間に応じたCO_2排出量が算定され、それを償還するのに必要な年数を求めている。計画供用期間の差により償還期間の差があるものの、おおむね供用期間の6～8割程度で累積のCO_2排出量がマイナスになり、LCCMを確実に実現できることを確認した。

まとめ

LCCO$_2$の算定の概要について示したが、8kWの太陽光発電設備の導入により、LCCMを確実に実現できることを確認した。その償還期間は、おおむね計画供用期間の6～8割程度の期間で償還可能であることを確認している。ここでは、基本設計時点での想定であることから、供用期間中の材料更新に伴うCO_2排出

量を相当量見込んだが，今後，更新周期などを評価し直すことでより正確な償還期間の算定が可能となる．

また，設計段階でのLCCM算定には，さまざまな情報の検証が不可欠であり，特に，LCCMに貢献する各種技術を適切に評価するには，特定の設備機器の使用によるエネルギー消費の抑制といった直接的な評価のみならず，資材の耐用年数や更新周期などを適切に捉える必要があり，LCCMの普及にはこれらを公正に評価し比較する枠組みが必須である．すなわち，LCCMの手段となり得る設備機器や，環境負荷低減効果の見込まれる材料・構法の正確なCO_2関連情報や，各種建材の耐用年数の扱いの確立がLCCM評価のカギとなる．

1) 日本建築学会：建物のLCA指針—温暖化・資源消費・廃棄物対策のための評価ツール，2006年11月
2) 平成19〜20年度新エネルギー・産業技術総合開発機構：委託業務成果報告書　太陽光発電システム共通基盤技術研究開発　太陽光発電システムのライフサイクル評価に関する調査研究，2008年
3) 独立行政法人建築研究所と国土技術政策総合研究所が共同で開発したガイドラインで，建物や設備についてさまざまな省エネルギー手法を紹介し，それらを組み合わせた場合の住宅全体におけるエネルギー消費量の面からみた評価手法を示したものである．

単位はGJ

	自立循環基準値	自立循環設計値	LCCM住宅 消費	LCCM住宅 発電
太陽光発電	0.0	0.0	0.0	79.4
暖冷房	15.2	4.4	4.4	0.0
給湯	24.5	19.6	5.0	0.0
照明	10.7	5.8	6.0	0.0
換気	4.7	2.8	3.8	0.0
家電	23.7	14.2	9.5	0.0
その他（調理）	4.4	4.4	4.4	0.0
合計	83.2	51.2	33.1	79.4

表1　運用段階の一次エネルギーの収支（数値）

計画供用期間	30年	40年	50年	60年	70年	80年	90年
建設段階排出CO_2 [t-CO_2]	54.8	58.0	86.2	89.4	101.4	129.6	132.8
CO_2排出償還年数	27.7年	29.3年	43.5年	45.1年	51.2年	65.5年	67.1年

太陽光発電設備は8kWを想定

表2　建設段階CO_2排出量と償還期間の関係（基本設計案での試算値）

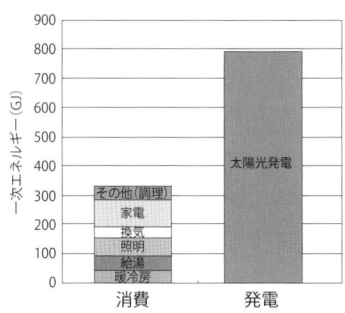

図3　運用段階の一次エネルギーの収支

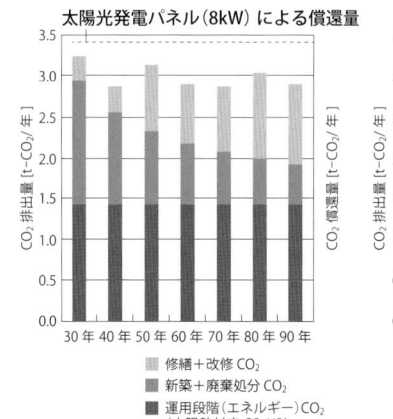

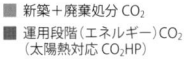

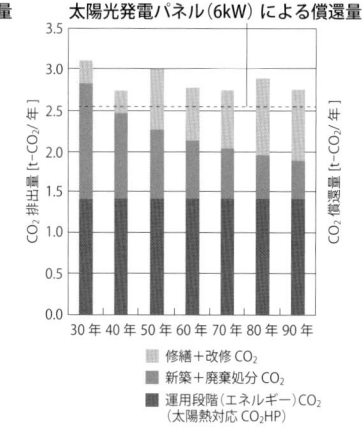

図4　計画供用期間別のCO_2排出量（t-CO_2）

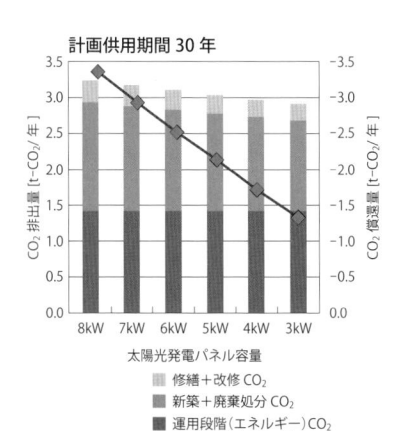

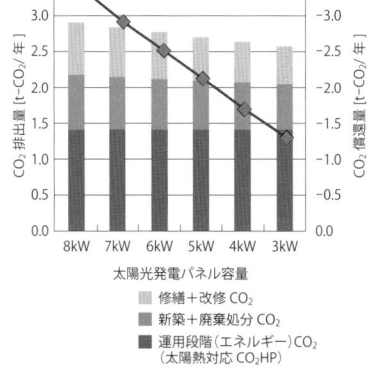

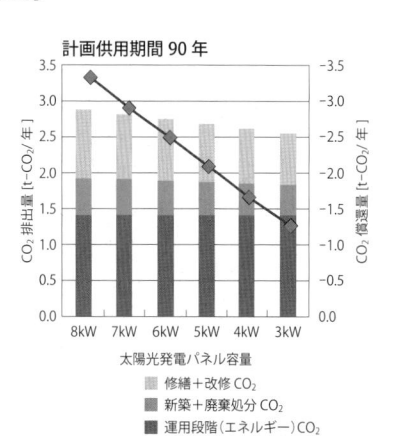

図5　太陽光発電パネル容量別の建設段階／運用段階CO_2排出量（t-CO_2/年）と太陽光発電によるCO_2償還量の比較

プロセス 4

LCCM住宅デモンストレーション棟の設計・監理
唐木研介＋門脇耕三

LCCM住宅デモンストレーション棟の現場から

　LCCM住宅の施工・工事監理において，一般住宅の場合と何が異なるか。カーボンマイナスという大きな目標のために，特殊なものに思われるかも知れないが，実際には省エネルギーに配慮した住宅の場合の延長として考えることができる。建物の熱的性能確保のため，断熱・気密工事に注意が求められることに加え，LCCM住宅ならではの特徴には，創エネ設備の設置，省CO_2建材の調達，省CO_2工法の選択などが挙げられる。具体的な内容を，LCCM住宅デモンストレーション棟の工事工程に沿って紹介する。

　LCCM住宅デモンストレーション棟は，一般的な在来軸組工法の木造住宅を模しており，地場の工務店・大工が一般的な技術を用いて，施工することを念頭に計画されている。実際に施工を請負った郡司建設は，在来木造工法の住宅について十分な経験があり，建築家との協働の経験もある地元工務店である。地場の工務店による在来木造の注文住宅のケーススタディとして理解すると，わかりやすい。

基礎工事——布基礎と高炉セメント

　木造住宅の建設段階CO_2において，RC基礎の占める割合は大きい。LCCM住宅デモンストレーション棟では建設段階CO_2削減の工夫として，基礎形式を布基礎とし，セメントに高炉セメントを用いている。布基礎の採用には基礎に用いるコンクリート量を減らすねらいがあったが，結果的に土工事の根切り，発生土の量も小さくて済む結果となった(写2)。建設段階CO_2削減のためには，建設資材そのものを減らす工夫が重要であるが，同時に，より小さな重機で施工できる，重機の使用回数を減らせるといった施工上の工夫も，今後の課題となるだろう。布基礎とする際に気になるのは，床下の防湿対策である。LCCM住宅デモンストレーション棟ではコンクリート量削減のため，防湿コンクリートではなく，防湿シートの上に砕石敷きにとどめている。本計画では，1階床が高床状となるため，床下の通気が通常よりも十分に得られると考えたうえでの試みである。敷地ごとの地盤の状況，上部躯体の計画に応じた計画が求められる。

　高炉セメントの採用にあたっては，現場でも抵抗なく，採用することができた。戸建住宅規模の工事では珍しいが，土木工事など，大規模なRC工事では一般的に用いられており，資材調達，コストについても，普通ポルトランドセメントの場合と大きな違いはない。ただ，普通ポルトランドセメントを用いる場合に比べ，強度の発現に時間がかかるため，基礎工事の工期が長くかかるなど，工程管理には注意が必要となる。

木工事——木材調達の注意点

　LCCM住宅デモンストレーション棟では，軸組材はすべて国内産の無垢材を用いている(写3, 4, 5)。木材の調達経路は工務店によりさまざまであり，設計で木材の原産地・製材所を指定することによって，必要以上に納期やコストがかかるということも起こりうる。契約前の見積段階で，工務店の調達可能な木材の内容，製材所との取引の有無など，十分に情報交換することが必要と考えられる。

　木材の選定・入手における注意点としては，構造・構法3「地域産木材の活用」(88頁)で述べられているように，①木材の乾燥方法，②木材の輸送距離が挙げられる。傾向として，①木材の乾燥方法による部分が大きいため，多少輸送距離が大きくなっても，バイオマスエネルギーの利用など，省エネルギーに配慮した乾燥方法を採用している製材所から入手できることが望ましい。しかし，当然ながら建設予定地の地域，必要とされる樹種によって，入手の難易は異なる。先進地域である秋田のスギ材など，地元産で製造時エネルギーの小さな材が容易に手に入るという場合もあるが，設計者が国産木材でさまざまな樹種を用いたいと

写1 建設過程も実証実験の対象となるため，木造住宅規模の現場にかかわらず現場事務所を設置した

写2 根切り・砕石敷き転圧後の様子。掘削による発生土が少ない

写3 現場に搬入された軸組木材。木材は国内産のものとした

写4 土台のヒノキ材。関東以北では大径のヒノキは少なく，入手に苦労した

写5 建方後の様子

写6 断熱施工の様子。断熱はグラスウールを用いた充填断熱工法とした

写7 透湿防水シートの施工。外壁通気工法を採用

写8 屋根上，太陽光発電パネル施工の様子。瓦棒の上にレールを敷設してパネルを取り付ける

考えた場合，それ相応のエネルギーとコスト増が生じるというのが現状だろう。木材供給側の省エネ化に加え，建設地近郊で入手可能な木材を使用するといった，設計者側の工夫も必要ではないだろうか。

屋根工事——太陽光発電パネルの設置は何工事？

現状，LCCM住宅においてはカーボンマイナスのための創エネ設備として，太陽光発電パネルの設置が必須となると考えられる。LCCM住宅デモンストレーション棟では，南向きの屋根ほぼ全面に，太陽光発電パネルと太陽熱給湯集熱パネルを設置する計画となっている。本工事では，屋根施工者が屋根工事から太陽光発電パネルの設置まで，一貫して対応する体制を組むことができたが，まだまだ施工区分，施工後の責任範囲など，設置工事における課題は多い。屋根工事の事前打合せの時点から，屋根工事施工者のみでなく，太陽光発電パネルのメーカー・施工者，太陽熱給湯システムのメーカー・施工者を含めた，総合的な検討が必要といえる。太陽光発電パネル，太陽熱給湯システム，いずれも電気・給湯の設備工事と関連があるため，引き込みルートの検討を含め，十分に確認しておきたい。

また，太陽光発電パネルを設置する場合，別途パワーコンディショナーの設置が必要となるが，パワーコンディショナー本体が熱を発するため，屋内設置の際には設置場所など，注意が必要と考えられる（写9）。

内装工事——どこまで国産建材にこだわるか

軸組材に比べ，内装・造作材に用いられる木材の出自は，まだまだ不透明な印象がある。たとえば，国産木材を用いた無垢フローリングであっても，加工に用いられた木材の乾燥方法まで明らかなものは少なく，現状ではそこまで配慮した建材選びは難しい。また，ナラやタモといった硬質の広葉樹など，樹種によってはもともと国産材の入手が難しいケースもある。LCCM住宅デモンストレーション棟では，仕上げの多様性を検証する意図もあって，北海道産ナラの無垢フローリングを用いたが，既製品として入手可能なものは限られた。仕上材として用いた，シナ合板についても同様である。幸い，芯材を含めて，国産のシナ材を用いたシナ合板を製作しているメーカーが見つかったが，製作寸法，納期，コストなど，輸入製品に比べればやはり現場の負担の大きい部分がある（写10）。

国産という呼び名にも，注意が必要だ。輸入木材を国内加工した製品を，国産製品として称しているもの，国産針葉樹の芯材に南洋材を用いているものなど，国産にもさまざまなグレードがある。現状，隅から隅まで国産材では，設計・コストなどに無理が生じる。建材の出自を意識し，可能な範囲でなるべく省エネルギーの資材，工法を選択するといった，丁寧な対応が求められている。

南側縁側部の階段については，できるだけ少ない素材ヴォリュームとすることを考えた。約750mm離れた力桁に加えて，その中間に蹴込み板による支持点を設け，踏み板の支持スパンを375mmとすることで，一般の床構成の下地合板（荒床）と同様の形で踏み板を構成している。そのため，厚さ15mmのスギ板で階段を形作ることが可能となっている。LCCM住宅デモンストレーション棟では，そこに床フローリングを仕上げ材として張っている（図1，写12）。

設備工事——配管はなるべく短く

設備工事における施工上の注意点は，従来の省エネルギー住宅の場合と大きく変わりはない。建築の熱的性能確保のために，配管・配線の気密層貫通部分の処理，工事の順序に配慮する，といった点である。特に，HEMSの設置による「見える化」を検討する場合，配線・配管への計測センサー設置が必要となるなど，計測のために必要な配線・配管などが通常よりも多くなる可能性が高い。センサー設置の位置・時期も含めて，建築工事，設備工事の工程調整を念入りに行う必要がある。

LCCM住宅デモンストレーション棟では，計画上の工夫として，給湯配管などなるべく屋外での配管距離が短くなるように，浴室，キッチンといった水まわりが集約し，直近の屋外に給湯器を設けるなどの配慮を行った。断熱区画内で配管を行っていることをわかりやすく示すために，あえて洗面室内では壁際に配管を露出して設けている（写11）。

また，LCCM住宅デモンストレーション棟ではLED照明を採用しているが，間接照明などに用いるライン形状の製品など，外付でコンバータを必要とする製品が多く，意匠的に見苦しくないように納めるため，現場で対応に苦労する結果となった。計画段階での十分な注意が必要と考えられる。

手間をかけてでも省エネルギー？

LCCM住宅の工事においては，工法技術の違いによる消費エネルギーにも，考慮が必要となる。工事に手間はかかるけれども，用いる建材の製造時の排出CO_2が小さくて済む，といった可能性もあるからだ。施工性・消費エネルギー両面からの検討に加え，実際にはコストも含めた総合的な判断が必要となる。

現時点では，建設にかかわる施工者のCO_2への意識はそれほど高くはない。労務費と材料費を勘案した結果，現場での省力化を図るために材料が余計に必要とされる構法が採用されることも少なくない。建設段階のCO_2削減のためには，当然のことながら，直接それにかかわる施工者の理解が不可欠である。LCCMというねらいが理解されるよう，住宅にかかわる専門家間での意思疎通が重要だ。

とはいえ，まだまだ判断材料が少ないのが現状である。たとえば，耐力壁を設けるにあたって，構造用合板を用いるのがよいのか，無垢材の筋かいを用いるのがよいのか，判断が難しい。構造用合板の方が施工性に優れているが，製造時の排出CO_2は無垢材よりも大きくなる可能性がある。工法技術の違いにおけるエネルギー面での再評価は，これからの課題といえるだろう。評価軸が増えることで，設計・施工ともに，総合的でより細やかな配慮が必要となる。しかし，最適解はひとつではなく，対策は工法の選択・建材の入手にまで遡る。工務店にとっては，独自の特徴を見出すチャンスといえるかも知れない。

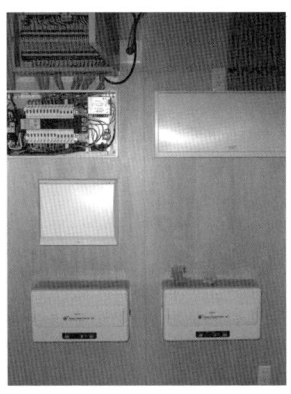

写9　下段が太陽光電池用のパワーコンディショナー。1階の収納内に4kW対応のものを2つ設置

写10　ベッドスペースの内装。天井と建具は国産シナ合板，床は八溝杉のフローリング

写11　洗面室。断熱区画内配管のデモンストレーションのため，給湯・給水の配管が露出で設けられている

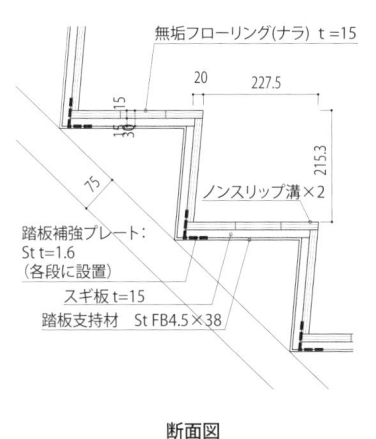

図1　階段詳細図

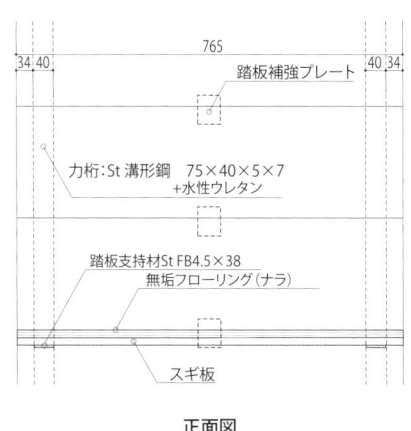

写12　上：省資材に配慮した階段
　　　下：仕上前の階段（裏側）

プロセス 5

LCCM住宅デモンストレーション棟の建設時廃棄物の調査結果

清家 剛＋兼松 学

建設時廃棄物の位置付け

建設時の環境負荷は，セメントや鉄を製造するときに莫大な熱エネルギーを使っているため，使用する材料の製造に係るCO_2がほとんどを占めることになる。一方で加工段階や輸送段階での工夫によって，数％ではあるが環境負荷を減らすことはできる。このような環境影響を検討するにあたっては，さまざまな要素があり，現場で発生する廃棄物もその一つである。

通常戸建住宅の重量は，基礎まで入れれば100t程度になる。これらを建設するにあたって，工事現場では2〜3t程度のゴミが発生するのが一般的である。仮に2tとすると，比率にすれば，資材投入量に比べて2％ということで，全体への影響は少ない。一方で2tという大量のゴミが発生する，という見方もできる。これらを削減することは，ゴミの削減であり，建設現場での環境影響の低減にもつながる。大手住宅メーカーなどでは，積極的に取り組んでいるところもある。ただし，$LCCO_2$でみると，先述したようにコンクリートや鉄などの製造時のCO_2が莫大であるため，その影響はきわめて少ない。しかし，ゴミはゴミである。LCCM住宅デモンストレーション棟では，あらゆる環境影響の要素を調べることとしたので，建設時廃棄物についても実態調査を行った。

建設時廃棄物の実態調査

LCCM住宅デモンストレーション棟の現場内廃棄物の実態を調査するため，2010年8月より2011年2月までの施工期間に調査を実施した。現場の作業工程概要を，表1に示す。

建設時の廃棄物は，実際に使われる材料の端材と，それらを運搬するための梱包材の2種類が主要なものである（写1，写2）。

これらを削減するためには，プレカットなどできるだけ工場で製作して端材を減らす，梱包材を減らす，あるいは産業廃棄物広域再生利用指定制度に則った業者については現場の梱包材を持ち帰っていただくなどの努力が考えられる。工場で発生する廃棄物に関しては，広く環境影響の範囲を捉えた場合は考慮しなければならないが，通常調べることは難しいので，今回も除外している。ただし，プレカット工場の端材のみ計測することができたので，報告する。

廃棄物は現場に廃棄ヤードを設置し，発生したすべての廃棄物を一端ヤード上へ保管・計量した後に，コンテナに積み替え，廃棄物処理施設へと輸送した（写3）。幸い敷地周辺に余裕があったので可能であったが，通常は敷地内での分別や保管場所がほとんどとれないことが多い。

材種別の廃棄物量分析

廃棄物処理の分類法に基づいて，廃棄物の材種ごとに分類集計した結果を図1に示す。ただし，①本来現場で廃棄される物ではない廃棄物（プレカット工場での端材，ポンプ内残コン）および②施工ミスによる物（サイディングのやり直し分）については，表内では分けて記載し（*が付くもの），分析では用いないこととしている。

調査結果より，廃棄物総重量は3,062kg，床面積あたりでは21.6kg/m²となり，一般的な木造戸建住宅と比較すると，通常の範囲か，もしくはやや多めであるといえる。また，廃棄物の種類は多岐に渡る。木材の端材が約半分を占めているが，サイディング・プラスターボード（以下PB）などのボード類もそれぞれ約2割と比較的多い。それ以外の部分では比重の軽い紙類が8％発生しており，梱包，養生のための紙の廃棄物が比較的多いことが明らかになった。

最も多かった木材の端材については，端材の発生理由としては，①現場での加工調整，②見積書からのマージン，③工務店が念のために現場に余計に搬入したもの，④職人の施工ミスの4点が考えられる。標準化

工種	7月	8月	9月	10月	11月	12月	1月	2月
仮設工事	■■							
基礎工事		■■						
木工事			■■■■■■■■■					
屋根外壁工事				■■■■■■■■■				
断熱工事				■■■■■■■				
防水工事				■■■■■			■■	
サッシ・ガラス工事				■■■■			■■	
設備工事				■■■■■■■■■■■■				
内装工事					■■■■■■■■■■■			
コンテナ廃棄日					↓11/10	↓12/25		↓2/25

表1 工程表

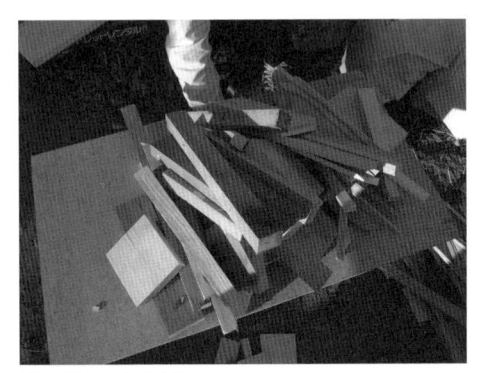

写1 端材の例（木材）

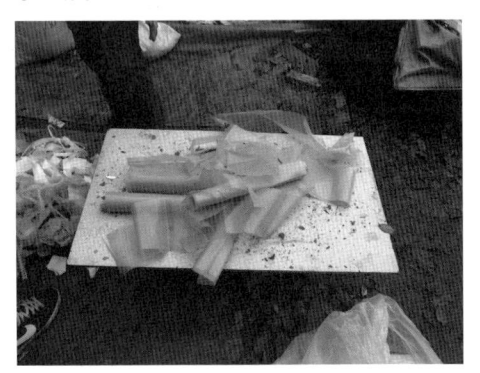

写2 梱包材の例（ビニル）

写3 現場での分別の様子

分類	内訳	重量(kg)
がれき類	＊残コン	226
	サイディング	604
	＊同上やり直し分	2,250
	その他	54
ＰＢ		483
木材	＊プレカット工場	1,170
	その他	1,456
金属類		50
プラスチック類		87
陶磁器		60
繊維類	断熱材	27
	その他	2
ゴム類		2
紙　類		239
総　計		6,708
	（＊を除く）	3,062

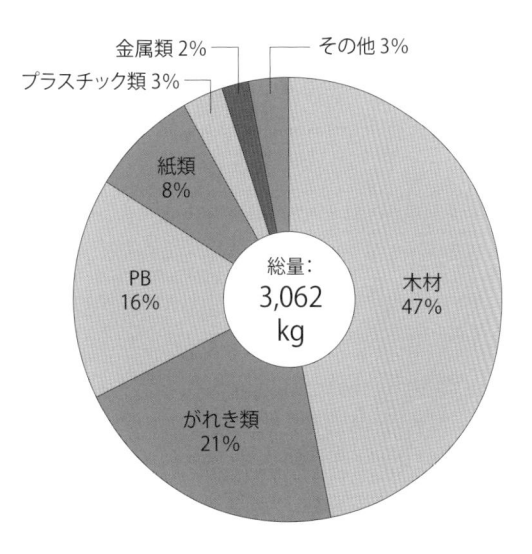

図1 材種別廃棄物重量調査結果

総量：3,062 kg
木材 47%
がれき類 21%
PB 16%
紙類 8%
プラスチック類 3%
金属類 2%
その他 3%

がある程度進んでいる一般的な住宅であれば，どれも少なくなるが，今回のLCCM住宅デモンストレーション棟は特殊な設計のため，現場で材料の余裕をみることになり，②や③の要因で量が増えていると考えられる。なお木材については，プレカット工場より現場での端材の方が多くなってはいるが，いずれも1tを超えているという実態が読み取れる。

廃棄物量の工事別分析

廃棄物の発生量を時系列に見ていくと，時期によって工事が異なるため，その量や種類も異なってくる。各工事段階において発生した廃棄物を材種ごとに集計した結果を表2に，工事ごとの内訳を図2に示す。また，各月の廃棄物累積量の変遷を図3に示す。全体としては木工事，屋根外壁工事がそれぞれ1/4ずつ占めているが，これらは投入量も多く，一つ一つの部材も大きいため，端材の量としては多くなる。最も重量が多いのは内装設備工事で，全廃棄物量の約4割を占めている。木材が中心の木工事やサイディングが中心の外壁工事と比較し，内装工事は総重量が大きいだけではなく，種類や材質が多岐にわたっているという点に特徴が見られた。

廃棄物をリサイクルする場合，大量に同じものが出る方が取り扱いやすい。逆に少量で種類が多いものは，たとえリサイクル可能な材料であってもゴミとして処理する場合が多い。したがって，内装からの廃棄物は個別にリサイクルするのは比較的難しいといえる。

廃棄物ごとの発生量を時系列で見ると，材種によって①特定の工事期間中に限定して発生するもの（PB，繊維類，陶磁器），②複数の工事にまたがって発生し続けるもの（木材，プラスチック類，金属類，紙類），に分類することができる。一時期に集中して発生するものは，まとめて分別するという点は容易であるが，主に梱包材・養生材に起因しているプラスチック類，紙類の廃棄物は常に一定量が発生し続けているため，異物として混入し，分別を妨げる要因となる可能性が考えられる。

投入資材量ごとの廃棄物の傾向

建築を構成する要素ごとに，廃棄物量を集計した結果を，図4に示す。ここでは，投入資材のCO_2排出原単位調査における項目の分類に準拠している。木構造材，窯業系サイディングは元々の投入量も大きく，端材も多いことがわかる。また，梱包材の重量もある程度大きいことがわかる。

建設時に投入された資材の量を把握するため，各材料について調査した発注量をもとに投入された資材の重量を算出した。ここでは，投入資材の種類ごとに分類集計を行っている。各資材の端材率（＝廃棄物として出た端材がその投入量に占める割合（％）），および投入量当たりの梱包材の重量比率を図5に示す（この場合は木構造材の端材にプレカット工場の端材を含めた）。

端材率は，資材の種類によって大きく異なることがわかる。コンクリートは投入資材量でその大部分を占めているが，一方で端材率は約1％と低い値となった。ただし，残コンとよばれる残ったコンクリートを入れると，率は変わってくる。次いで投入量が多い木材は端材率が高くなっており，PB，サイディングも同様に端材率が高い。木材，PB，サイディングはいずれも，①単体の規格が決まっているため標準寸法のものと実際の必要な寸法に差がある，②現場での加工（木材はプレカット工場も含めた）が必要となる，という点で共通しており，PBや木材はその後の内装工事においても，調整のために現場で加工される必要があることが影響していると考えられる。

また，投入量に占める梱包材の割合は，投入量では比較的少ない設備，サッシ，断熱材が大きく，梱包材の廃棄物重量全体の約8割を占めていた。設備やサッシは部品化として納入されるが，機械が壊れやすい，あるいはガラスやアルミニウムが傷つきやすいなどの理由で，輸送時の破損を避けるために，梱包が厳重になっていることが起因していると考えられる。このことから，使用資材の重量と梱包材の量は必ずしも相関は見られず，材料の丈夫さや表面積の大きさが梱包材の量に反映されるということが考えられる。

まとめ

調査を通じて，建設現場の廃棄物実態を把握することができた。現場での廃棄物は無視できない量だが，分別が進めばリサイクルされる率が向上することが期待される。しかし，建設段階のCO_2排出量には，現時点のツールなどでは評価されない。2〜3tのゴミをリサイクルするというのは大きな環境貢献であり，今回の実態調査から，建設するということのさまざまな環境影響について，あらためて考えていただきたい。

	基礎工事	木工事	屋根外壁工事	断熱・気密工事	防水工事	サッシ・ガラス工事	設備工事	内装工事
がれき類	225.9	19.3	604.0	—	—		24.6	5.5
PB	—	—	—	—	—		—	482.7
木材	40.0	753.9	129.5	—	—	39.3	2.3	513.9
金属類	21.3	0.3	12.8	—	5.2		0.9	9.8
プラスチック類	1.2	6.1	6.9	13.0	13.2	3.6	27.0	15.6
陶磁器	—	—	—	—	—		—	59.8
繊維類		0.7	—	26.5	0.6		0.7	—
ゴム類	—	—	0.2	—	1.0		—	0.3
紙類	6.7	14.3	55.8	20.3	16.4	47.1	20.7	57.2
計	295.1	794.6	809.2	59.8	36.4	90.0	76.2	1144.8

表2　廃棄物の工事別発生量（材種別）

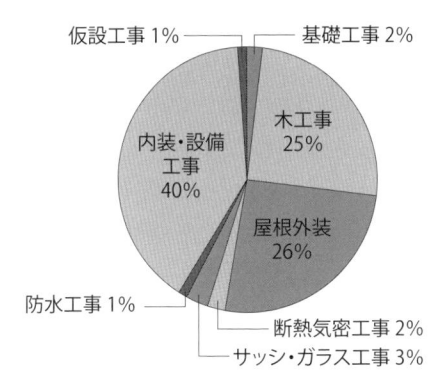

図2　工事別廃棄物重量調査結果

分類		(kg)	分類		(kg)
建材	木構造材	963.6	建材	屋根瓦	0.5
	木面材	241.8		屋根鋼板	4.3
	木面材・仕上	184.3		タイル	60.0
	木窓	49.7		窯業系サイディング	604.0
	コンクリート	250.5		設備配管	17.4
	鉄筋	9.8		その他	44.7
	サッシ	11.0	梱包		276.8
	断熱材	35.2	施工		86.1
	PB	482.7			

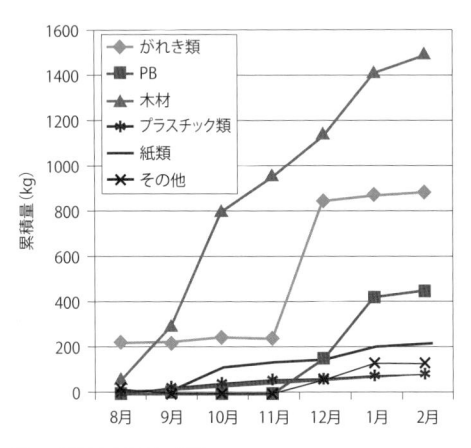

図3　月間廃棄物量の累積

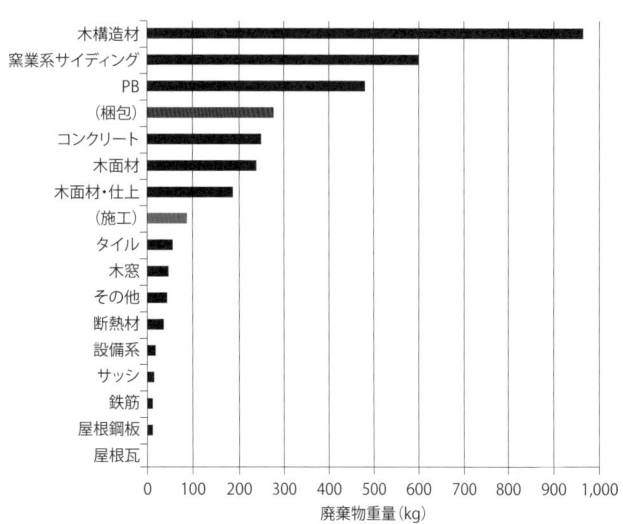

図4　構成要素別廃棄物量

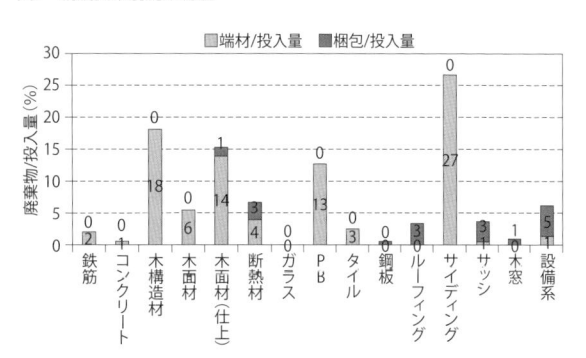

図5　廃棄物と投入資材量との比較分析（端材率・梱包材率）

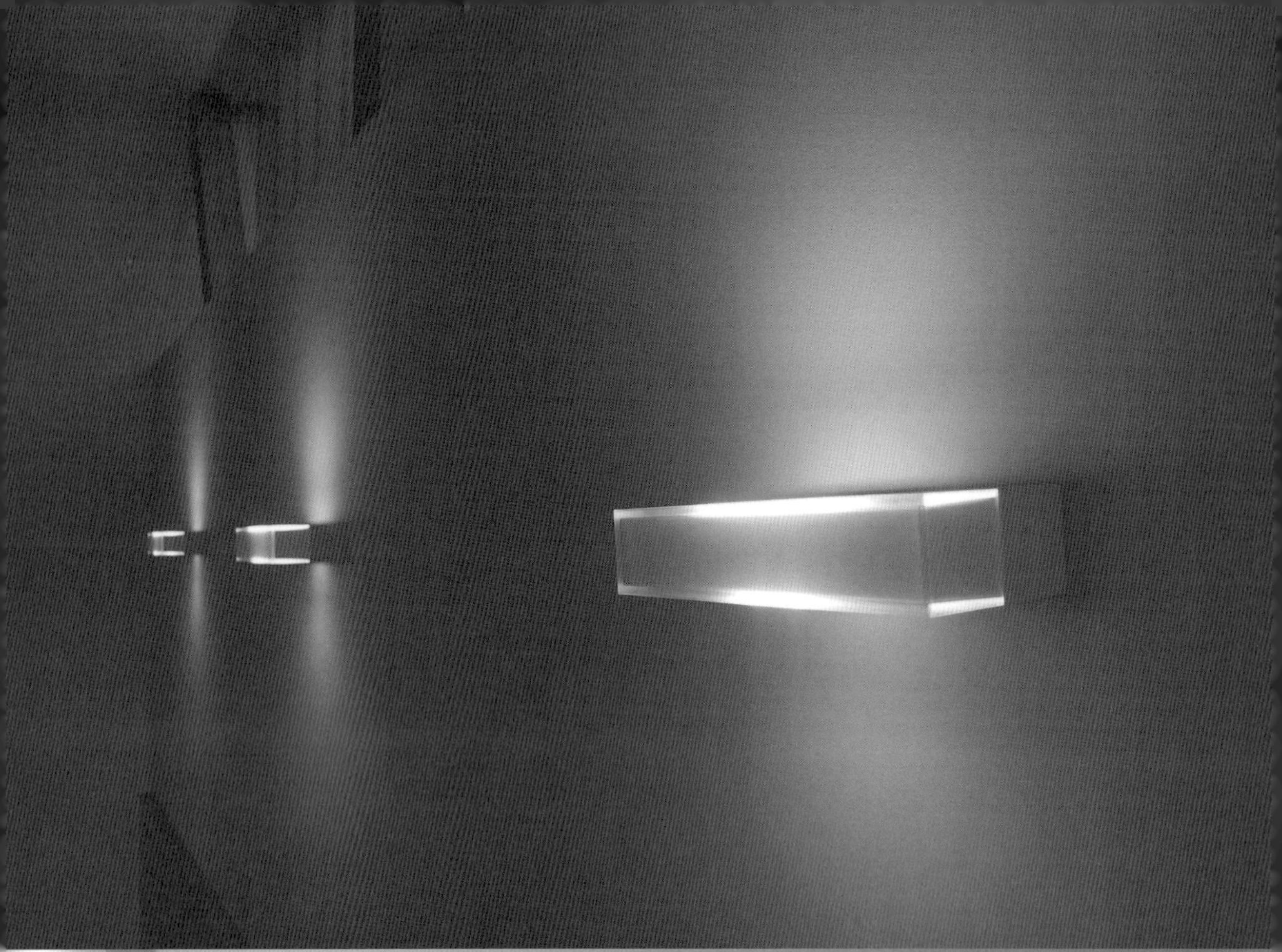

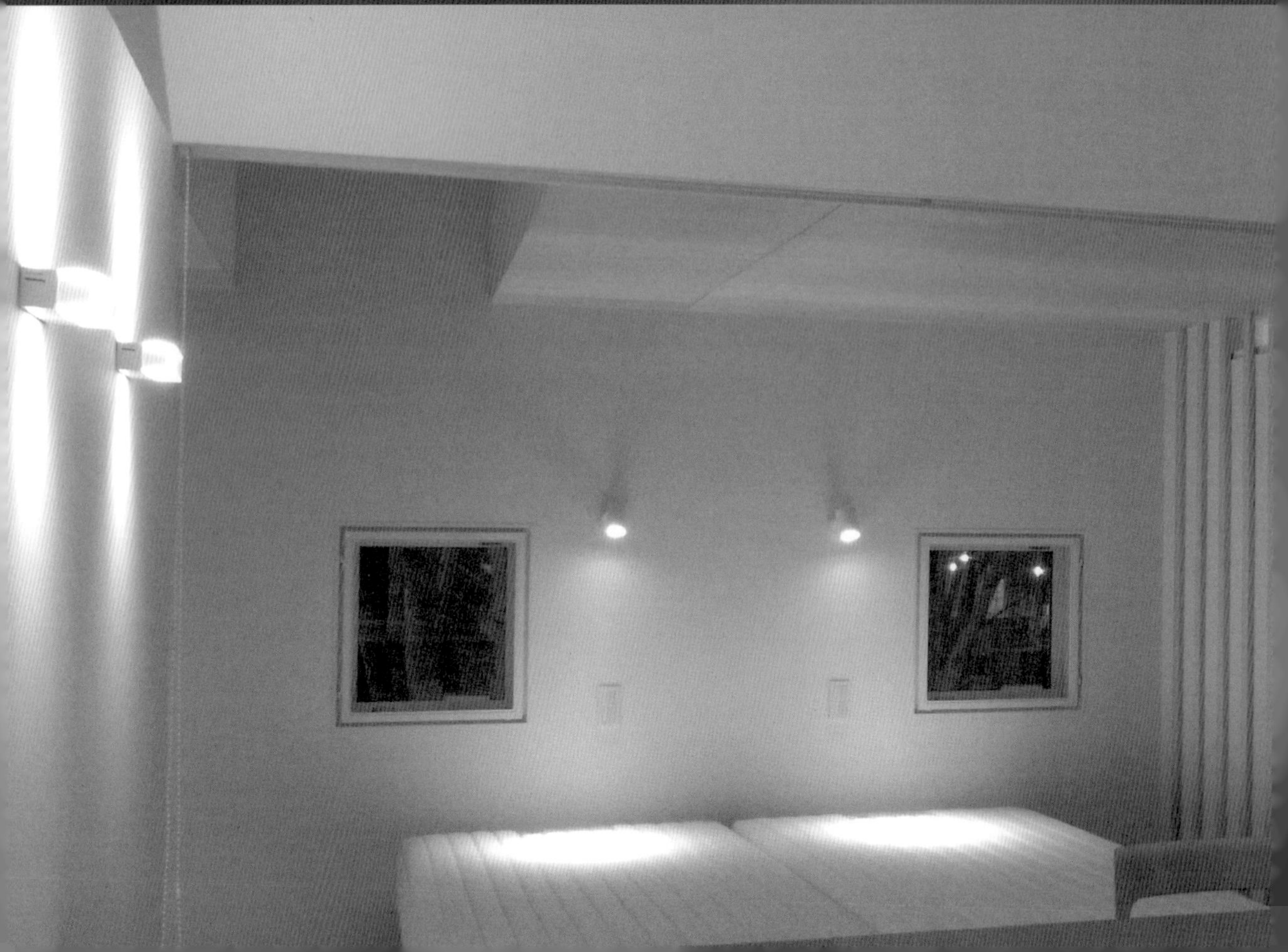

第5章
LCCM住宅デモンストレーション棟に住まう

　LCCM住宅デモンストレーション棟の「衣替えする住宅」というコンセプトは，建物の設計上の工夫というハード面だけでなく，居住者の生活行動というソフト面での貢献も不可欠な要素である。ここでは，LCCM住宅デモンストレーション棟の生活行動を踏まえた設計の特徴を，竣工後に行われた居住実験のデータとあわせて詳細に解説していく。

　設計時で想定された6つの環境制御モードを基本に，居住実験ではさまざまなモードが試され，上手に住みこなすべくアレンジされることとなった。生活のさまざまなシーンに応じて，どのように建物と人がふるまい，どのような室内環境が形成されるのかを見てみよう。

住まい方 1

LCCM住宅デモンストレーション棟の住まい方

篠崎正彦＋深澤たまき

住まい手と住まい方の想定

　LCCM住宅デモンストレーション棟は，「衣替えする住宅」をコンセプトにしているとおり，居住者の能動的な生活行為をうまく取り入れることで，運用段階のエネルギー消費をより少なく，かつ，より快適な住まい方を実現することを目指している。

　設計過程においてはエネルギー消費をより具体的に捉えるために仮想の居住者を想定し，居住者の生活スケジュールや生活行為を設定している。想定した家族は，4人世帯の核家族であり，戸建住宅を取得する世帯主の平均年齢を考慮して，40歳代半ばの夫婦（夫は会社員，妻は専業主婦）および高校生と中学生の子供2人とした。近年では妻が専業主婦である世帯を共働き世帯が上回っているが，平日の日中もさまざまな生活行為を表現するために，妻を専業主婦としている。

　住宅内での生活行為や居場所，内部発熱については「自立循環型住宅」の設定を参考にしつつ，LCCM住宅デモンストレーション棟ならではの空間構成や環境制御レイヤーの性格を考慮して設定している。

ストライプ状の空間構成と環境制御レイヤー

　室内空間はストライプ状の空間構成とし，生活行為の種類に合わせて南側から順次，熱的緩衝ゾーン，集合的行為ゾーン・中間的行為ゾーン，静的行為ゾーンと配列され，住宅内での多様な生活行為を整理している。環境制御レイヤーは各ゾーンの境界に置かれ，熱や風，光などの環境をコントロールすると同時に，視線や物音などプライバシーに関するコントロールも行う。集合的行為ゾーンと中間的行為ゾーンは複数の行為が干渉しないよう余裕のある面積を確保し，熱的緩衝ゾーンは吹抜けと階段により上下階をつないでいる。こういった空間構成により，行為と人の集まりに対応した「プライバシーのムラ」が生み出され，さまざまな場が室内に用意される。住まい手はその時々の状況にあわせてふさわしい場を選び取ることができるが，個人個人が孤立しているわけではなく，家族で集まってのコミュニケーションやお互いの雰囲気をそこはかとなく感じとる緩やかなつながりの中での個人的行為まで，プライバシーとコミュニケーションの多様なバランスを生み出しながら生活している。

　また，LCCM住宅デモンストレーション棟の空間構成は「室内環境のムラ」を生み出し，住まい手による環境制御レイヤーの調節を経て，より好ましい室内環境を実現する。LCCM住宅デモンストレーション棟の建築的な空間構成と環境制御技術の集成によりつくられる「プライバシーのムラ」と「室内環境のムラ」の重ね合わせが，住まい手のニーズにあわせた生活とエネルギー消費の抑制の両立を実現する鍵となっている。住みこなせば住みこなすほどエネルギー消費を抑えつつ，よりよい室内環境を達成する住宅であるといえる。ある1日における生活行為と温熱環境の推移（冬季：図1，夏季：図2）をたどりながら，具体的な環境制御レイヤーの使い方とその結果生まれる温熱環境について見てみる。環境制御レイヤーを開閉する設定を表1に，外部環境の状態については表2に示す通りである。

冬季の住まい方

　冬季に快適に過ごすためには日射熱を取り入れ，住居内の熱（暖房，人体・機器発熱）を逃がさないことが大切である。断熱性能が高いLCCM住宅デモンストレーション棟では，熱的緩衝ゾーンまわりの環境制御レイヤーを使いこなすことで，より快適に，より省エネルギーに過ごすことができる。

　日中（日射熱を利用できる時）は，熱的緩衝ゾーンを日射熱を取り込むサンルームとして機能させる。そのために，①断熱・気密レイヤーと④空調区画レイヤーを閉止し，②日射制御レイヤーと③断熱強化レイヤーを開放する。そのうえで，滞在する室のみの④空調区画レイヤーを開放すると，熱的緩衝ゾーンの熱を滞

在室に効率よく投入することができる。熱的緩衝ゾーンは単なる動線ではなく、陽当たりがよく暖かい空間という特性を生かし、植物を育て、庭の眺めを楽しみながら家事を行う場ともなる。

熱的緩衝ゾーンにまだ余剰熱がある場合には、まず滞在室以外の④空調区画レイヤーも開放し、次に⑤視線制御レイヤーを開放し、使用する室から順に暖める。住宅全体が温まり、まだ日射熱が余分に投入されている時には、②日射制御レイヤーを閉止し、通風塔を利用して建物外へと熱を逃す。

日没前には③断熱強化レイヤーを閉じ、熱的緩衝ゾーンの断熱性を向上させ、緩衝空間として機能させる。そのうえで、室温が低下し始めてから夜間にかけては、すべてのレイヤーを閉止して熱を逃さないようにする。日射熱利用を望めないときも同様とする。また、滞在室に暖房が必要となったときにも、レイヤーを閉じて暖房空間を小さくし、熱負荷を小さく抑えるが、断熱性能が高いため、暖房を利用する時間・場所は限られてくる。

夏季の住まい方

夏季の室温上昇を抑えるためには、日射熱の侵入を防ぎ、住居内の熱(人体・機器発熱)を排出することが重要である。また、外部風を取り入れることで、排熱を促進するとともに、室内気流速度を早め、体感温度を下げることでより快適に過ごすことができる。断熱性能が高く、熱を溜め込みやすいLCCM住宅デモンストレーション棟では、日射熱の侵入防止と排熱が必須である。図2に示す通り、冬季とはまったく異なる環境制御レイヤーの使い方になっており、「衣替え」していることがわかる。季節に合わせて住まい方も変わり、それに伴い環境制御レイヤーの使い方も異なってくる。

日射熱の侵入を防ぐために、LCCM住宅デモンストレーション棟では熱的緩衝ゾーンを外部化(縁側化)することが有効である。縁側のような半屋外空間があることは屋外の自然へと意識を向けることにつながるとともに、生活の場の選択肢を増やすことにもつながる。

熱的緩衝ゾーンを外部化し、②日射制御レイヤーを利用した場合、熱的緩衝ゾーンは外気温とほぼ同程度の温度となり、屋根が住宅南側の深い庇となる。さらに、⓪樹木レイヤー(142頁)により日射を遮るとともに、②日射制御レイヤーが外付けルーバーとして機能するため、居室内への日射熱の侵入を和らげることができる。

住居内の速やかな排熱のためには、全開口部を開放して建物全体に風を通すことが効果的である。LCCM住宅デモンストレーション棟は、向きの異なる2本の通風塔があるため、風の弱いときにも風向に合わせて、負圧により熱が排出されやすくなっている。夜間には、②日射制御レイヤーを固定して南面の窓を開放することで、防犯対策をとりながら、南面からの風を取り入れて排熱する。開口部を開放できない不在時には、熱的緩衝ゾーンの縁側床面の給気口を開放し、熱的緩衝ゾーンと通風塔に設置された上部ファンを利用して強制排気することで、帰宅時の熱的不快感が軽減される。

室温が高くなった時は冷房を利用するが、④空調区画レイヤーと⑤視線制御レイヤーを閉じることで空間の気積を限定し、空調負荷を減らしている。

住みこなす住宅

冬季、夏季いずれも、熱的緩衝ゾーンである縁側は室温変動が大きくなっている。その利用は短時間で、快適なときを狙って選択的に滞在がなされている。一方集合的行為ゾーンや中間的行為ゾーンは、滞在時間が長く、それに伴い安定した熱環境が提供されている。住まい手の行為にあわせて室内環境のムラをコントロールし、逆に室内環境のムラにあわせて住まい手がスマートに行動していく、住まいと住まい手のレスポンシブな関係が構築されていることが読みとれる。住まい手の能動的な住みこなしを引き出し、省エネルギーに暮らす住まいのあり方である。

	冬季	夏季
①断熱・気密レイヤー	閉止	開放
②日射制御レイヤー	開放	閉止
③断熱強化レイヤー	6:30～18:00開放	開放
④空調区画レイヤー	暖房時・縁側室温が18℃以上のとき開放	冷房時閉止
⑤視線制御レイヤー	LD室温が20℃以上のとき開放	冷房時閉止

・空調制御対象室：リビング・ダイニング、ワークスペース①②
・対象期間…暖房：10/16-5/9 (206日間) 冷房：6/27-8/31 (66日間)
・温度設定…暖房：18℃ 冷房：28℃ 60%

表1 温熱環境シミュレーションにおける環境制御レイヤーの設定

	冬季 (2/11)	夏季 (8/27)
気温 [℃] 最高	9	30.7
最低	-6.6	21.2
平均相対湿度 [%]	61.5	86.0
日積算水平日射量 [W/m²]	4297	4928
最大風速 [m/s]	2.3	2.3
日積算雨量 [mm]	0	0

・シミュレーションソフト：TRNSYS 16　COMIS 3.2
・生活スケジュール(内部発熱)：自立循環型住宅の生活スケジュール

表2 温熱環境シミュレーションにおける外部環境

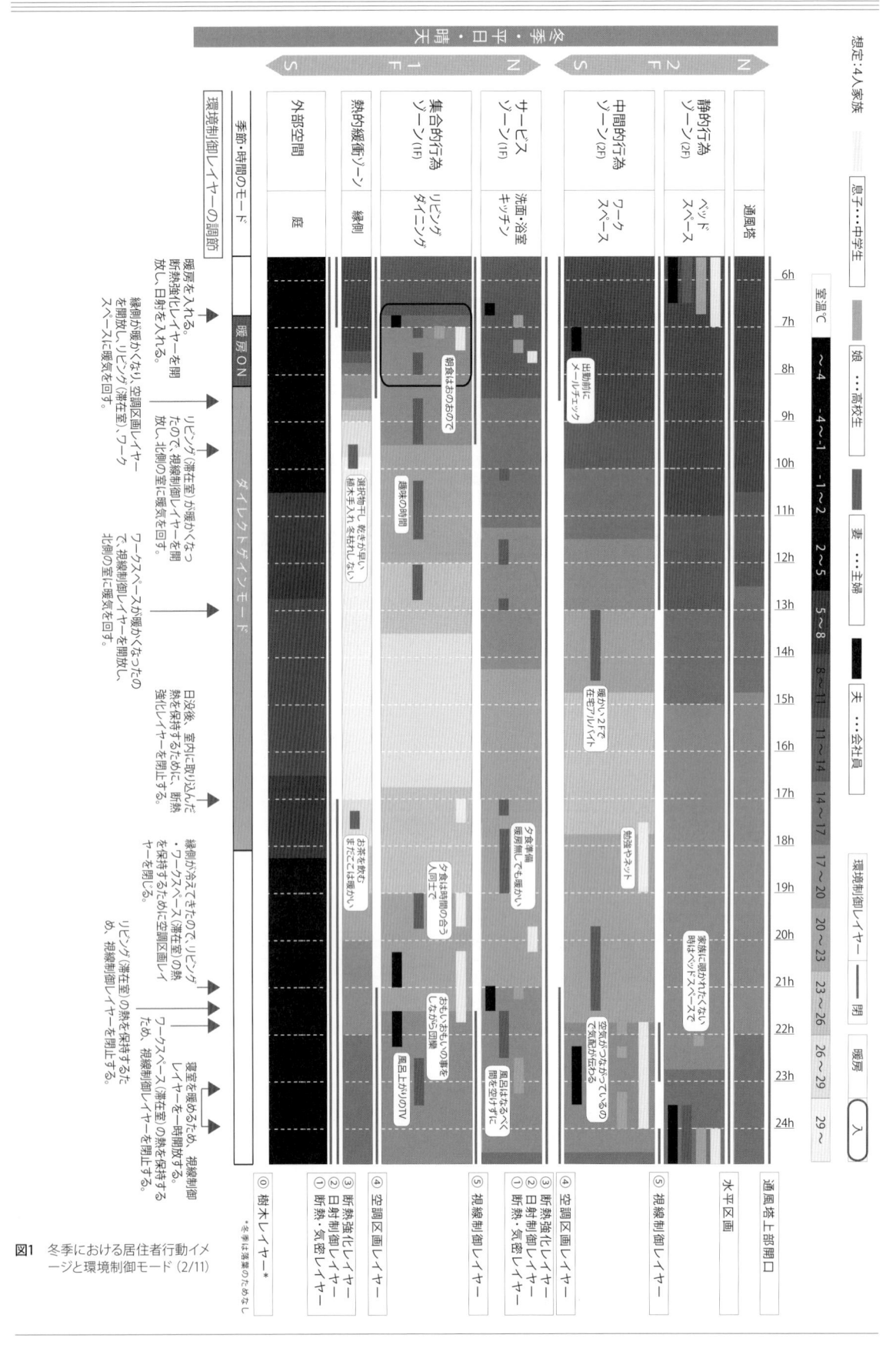

図1 冬季における居住者行動イメージと環境制御モード (2/11)

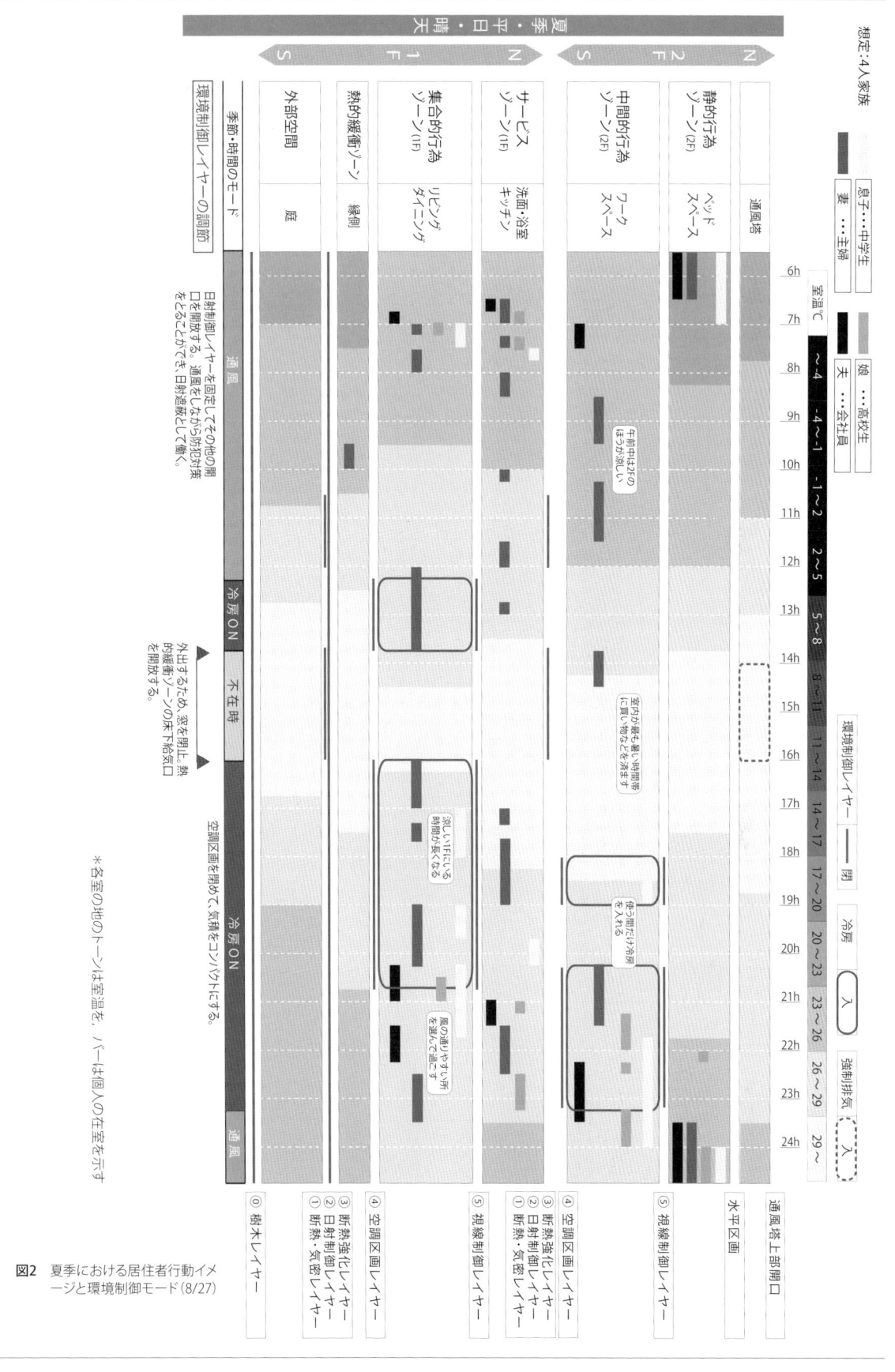

図2 夏季における居住者行動イメージと環境制御モード(8/27)

住まい方 2

LCCM住宅デモンストレーション棟の熱環境の実際
前 真之＋中川あや

　LCCM住宅デモンストレーション棟は，建物の外皮性能の確保や高効率設備の導入を設計段階から積極的に行っている。しかしながら本当に際立った特徴は，生活者が各季節の1日におけるその時々で，室内環境を自在に調整できる「しつらえ」にこそある。暑いから・寒いからといって，すぐにエアコンを動かすのではなく，さまざまな建具による温熱環境の調整が可能となっているのだ。LCCM住宅デモンストレーション棟では，冬季・夏季・中間期の各季節において，東京大学工学部建築学科の学生が1週間にわたり，実際に居住実験を行っている。その温熱環境は1日の中でどのように変化したのか，学生たちはいかに室内空間を調整したのかを，以下に居住実験を仔細に見てみることとする。

生活スケジュールの設定

　居住実験の生活スケジュールは，設計時の条件である『自立循環型住宅への設計ガイドライン』の平日の生活スケジュールに設定した。その中で，家電を使う時刻，エアコンの設定温度，湯消費・湯張り時刻などを揃えながら実験を行う。それによって，毎日の気象変動の違いが実験の結果によく表れてくる。また家電に関しては，設計時に消費電力3割削減を想定していたため，基本的に省エネ的な使い方をした。

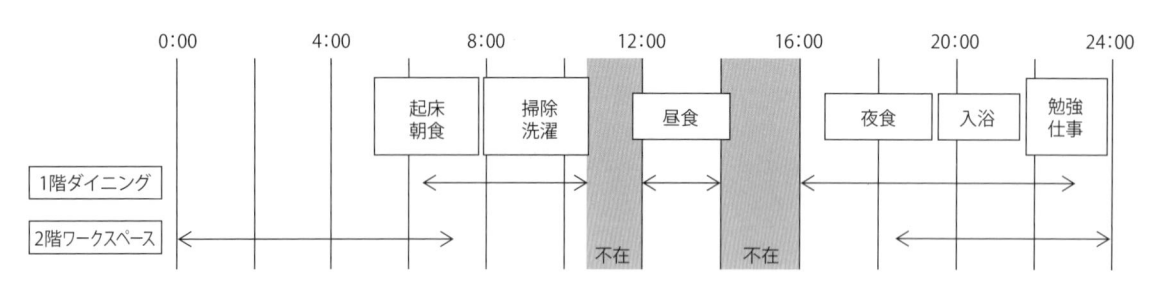

図1　居住実験におけるおおまかな1日の流れ

写1　冬季モード外観

写2　夏季モード外観

冬は日射の暖かさを夜まで利用

冬の晴れた1日の流れを，以下に述べる。

① 6:30（起床時）～9:20

前夜に暖房していない条件下で朝方は約10℃にまで冷え込んだ。外の0℃と比べれば暖かいとはいえ，日射もまだ強くないため，まず暖房を運転し，居室を早く暖める。

② 9:20～13:30

居室がある程度暖まり，日射が強くなってきたので，暖房の運転を止める。ハニカムスクリーンを上げ，内側ガラス戸を開け，「ダイレクトゲインモード」にした。晴れていたので，日射熱によって室温はどんどん上がっていった。

③ 13:30～17:00

室温が約27℃に達したので，ルーバーを使用して日射が入りすぎないように調整した。それによって室温が上がりすぎることなく，快適な暖かさを保つことができた。

④ 17:00～24:00

日射がなくなったらハニカムスクリーンを下ろし，しっかり断熱をする。日射によって暖められた室温を保つためである。この日は就寝時まで室温が約20℃以上の状態を保ち，夜間には暖房がまったく必要なかった。

このように，冬においては昼間の日射による暖気を夜までうまく利用することで，暖房なしでも暖かい室内を保ち，快適に過ごすことができた。

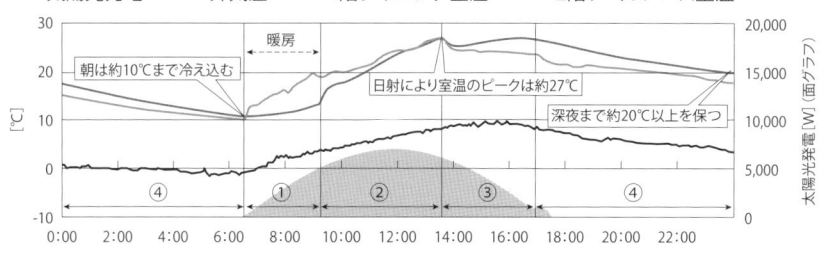

図2 冬季居住実験中の2011年3月5日における外気温・室温

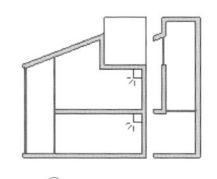

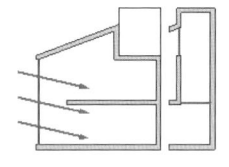

① 朝は暖房で暖める　② 日射を積極的に取り入れる　③ ルーバーで日射を調整　④ 熱が逃げないように熱区画

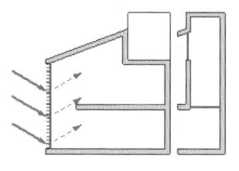

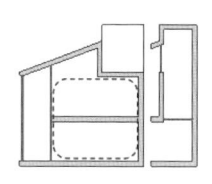

図3 冬のモード変化

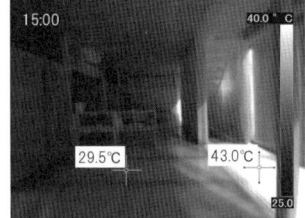

昼間たくさん差し込んでくる日射は，室内全体を暖める（サーモ画像） 　朝はハニカムスクリーンを上げ，日射を取り入れる 　ダイレクトゲインモードにすると日向が暖かい

写3 冬モードの居住実験

写4 冬の光環境　　8:00　　12:00　　15:00

145

夏は十分な日射遮蔽と通風

夏のある1日の流れを，以下に述べる。

⑤ 6:30〜9:00，21:40〜24:00

夜間から朝方にかけては涼しくなるため，通風モードにする。夜間は室温が外気温よりやや暑い感じがするが，朝方には大体同じ室温となり，涼しい。

⑥ 9:00〜10:30，12:00〜14:00，16:00〜21:40

日射が強くなるとすぐに暑くなってくるため，冷房を運転する。南面の木製気密サッシは開けた状態にすることで，縁側に熱がこもらないようにする。室温は外気温より約5℃下げるのが限界で，冷房運転中でも暑く感じるときはあった。

⑦ 10:30〜12:00，14:00〜16:00（不在時）

窓はすべて閉め，縁側の排気と通風塔の24時間換気のみを行う。外気温が上がっていく午前中においては，外気温より少し涼しく保つことができた。しかし，外気温が下がっていく午後は逆に熱がこもり，外気温よりも暑くなった。

このように，夏においては日射をルーバーによってしっかり遮り，涼しくなったら通風を行い，冷房の運転を最低限にする工夫を行った。

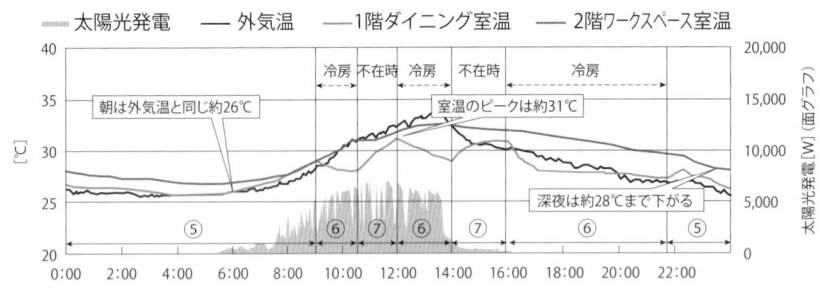

図4 夏季居住実験中の2011年8月7日における外気温・室温

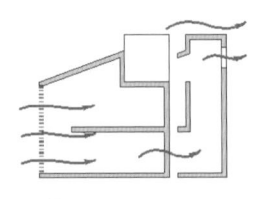

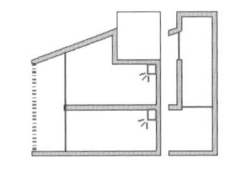

⑤ 夜から朝にかけては通風
⑥ ルーバーで日射遮蔽をしながら冷房
⑦ 不在時は縁側を排熱

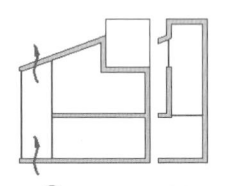

図5 夏のモード変化

昼間の日射をカットするルーバー（サーモ画像）　冷房時は木製建具を閉める　冷房時は通風塔のスクリーンも閉め，空調空間をコンパクトに

写5 夏モードの居住実験

写6 夏の光環境　8:00　12:00　15:00

春・秋は空調なしでさまざまなモードを

⑧ 6:30～8:10

朝方晴れていれば，まず室温より冷えている縁側を暖める。すぐに木製建具を開け放ってしまうと，室温が下がってしまうからである。縁側の温度と室温が同じになったところで，「ダイレクトゲインモード」にする。

② 8:10～9:00，16:00～17:00

まだ居室が冷えている朝と，外気温が下がっていく夕方は，日射を積極的に取り入れる。日射があれば室温がどんどん上がっていくため，ルーバーや木製建具による調整が必要である。

⑨ 9:00～9:40

室内は日射による熱で暖かくなっても，外気温が寒い場合は，縁側のみを通風する。すると今まで熱がこもっていた縁側がすぐに冷やされ，室温もすぐに約1℃下がる。

⑤ 9:40～16:00

縁側のみ通風しても室温が上がる場合は「通風モード」にする。日射があれば外気温ほど室温が下がらず，20～24℃の心地よい室温を保つ。

④ 17:00～24:00

日射がなくなったらしっかり断熱をする。縁側は外気温が下がっていくにつれてひんやりしてくるのを感じるが，居室は暖かい。外気温が約16℃まで下がるのに対し，室温は約21℃以上を保てている。

このように，春・秋においては，空調なしでも縁側が室内空間を安定させるためのバッファーゾーンとしてうまく機能し，快適な温熱環境となっていた。

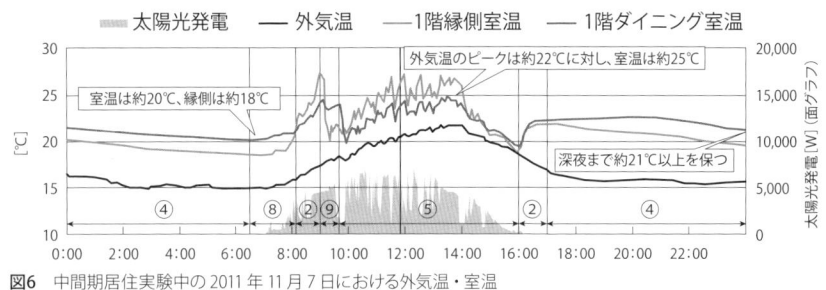

図6 中間期居住実験中の2011年11月7日における外気温・室温

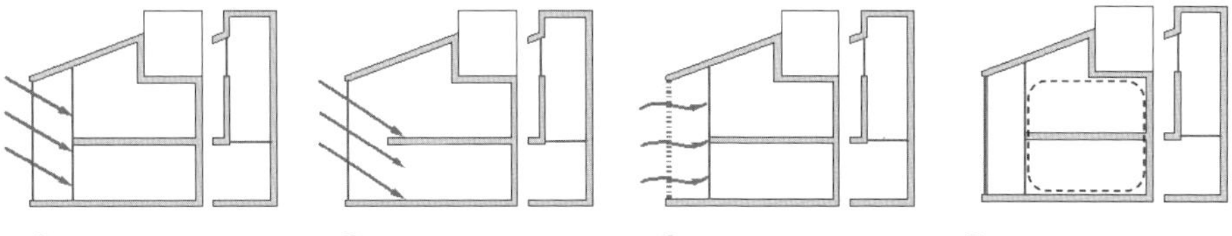

図7 春・秋のモード変化
⑧まずは冷えた縁側を暖める　②朝・夕方は日射を取り入れる　⑨外が寒ければ縁側のみ通風　④夜は熱が逃げないように熱区画

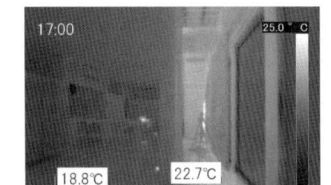

写7 春・秋モードの居住実験
夕方に縁側が暖かくなっている（サーモ画像） 　ダイレクトゲインモードでは通風塔のスクリーンも上げ，室内全体を暖める 　日射が強ければルーバーで調節を行う

写8 春・秋の光環境　8:00　12:00　15:00

住まい方 3

LCCM住宅デモンストレーション棟の風環境の実際
前 真之＋中川あや

　LCCM住宅デモンストレーション棟は開放可能な内部空間を有し，さらに通風塔を設けるなど，通風を積極的に取り込む設計がなされている。ここではその効果について，実際に風環境を計測した結果から明らかにする（写1）。

風通しの良い居室空間

　窓を開ける時は，外気温が暑くも寒くもない快適な時である。時期的には主に，春・秋の昼間と，夏の朝方や夜間である。南北方向に短い建物と南面の大窓は，室内に風を取り入れやすいものと考えられる。

　秋の昼間において，白煙を発生させることによって，風の流れを可視化する実験を行った。結果として，測る時間によって風向がかなり変動していたため，常時室内まで風が流れてくるまではいかなかったものの，風向が南寄りになったときには，室内の奥の方（北側）まで横切っていく風が確認できた。またそれは，室内を勢いよく横切っていき，室内に広がり，通風塔へも抜けていく。

　居住実験中においても，たまに風がすーっと室内を抜けていくのが感じられた。その時，実際に風速計を持って測ってみると，約0.8m/sとしっかり体感できるくらいの風が，室内の奥まで吹いてくることがわかった。実験参加者からも「通風モード」のときには，風が室内に入ってくるのを感じられて快適だった，との感想が多く得られた。

　また居住実験中に気がついたことは，通風をするには少し肌寒いような外気温の時でも，晴れの日には日射によって暖められた縁側空間によって，風が少し暖まった状態で吹いてくるということである。窓が開いていても，晴れていると縁側空間の温度は外気温より少し高くなる。それにより，少し冷たい風も少し暖かい風になり，室温は外気温より少し高い快適な温度を保つ（写2）。このように，縁側ゾーンは「通風モード」のときにも，バッファーゾーンとしてうまく機能していた。

外部のような縁側空間

　居室においては，屋外の風向によって風が体感できるほど通らない時もあるが，縁側付近は風が常に通りやすい。

　実験によって，縁側に風が入ってくるパターンは数種類あることがわかった。縁側空間においては，南寄りの風であれば居室の方へ南北方向に横切っていき（写3），東・西寄りの風であれば縁側を東西の長手方向に横切っていき（写4），また，北寄りの風であれば南面開口部の下側から上側に向かって風が抜けていく（写5）。これらから，縁側空間は，どのような風向の風でも，比較的取り込みやすい空間であることがわかった。

　この，風通しがかなりよい縁側空間は，主に春・秋の昼間や夏の夜間に行う「通風モード」の時には，特別な空間となる。昼間，心地よい風が通る中で読書や昼寝をしたり，夜間涼しい風が通る中で風呂あがりに涼んだり，家の中でありながら，まるで外部のような空間となっていた。

室内の空気を循環させる通風塔

　通風塔は，温度差による換気と，通風による換気を期待するものである。

　まず温度差換気については，効果を調べるために，室内から白煙を発生させる実験も行い，通風塔・縁側の床面給気口以外の窓が閉まっている時の空気の流れを調べた。すると，単に通風塔へ風が抜けていくだけでなく，一度南の窓面の方に流れ，そこで日射に暖められた空気が通風塔の方へ抜けていく，渦を巻くような風の流れも確認できた（写6）。その他，実験によって，通風塔の上下は約4℃の温度差があること（写7），また通風については，外部風が強くない時は，効果を確認するのは困難であるが，風が強かった時に風速計で測ってみると，約0.5m/sの風が通風塔へ流れていくことが確認できた。

このように，通風塔においては常に適度に空気が出ていくことがわかった。

縁側の床面給気口からの安定した通風

　縁側の床面給気口は主に，「不在時モード」の時に風を室内に取り入れるために利用する。

　その効果を確かめるため，縁側の床面給気口と通風塔の窓だけを開けてみると，常に約1.5m/sの風速で上の方へ風が流れていった。手を軽くかざしてみるとすぐに風を感じられる程度の強さである。そしてその風は床下地面によって冷やされている。床面給気口は屋外で風があまり吹いていなくても，温度差により安定した通風が期待でき，不在時に空気をこもらせないために効果的な工夫であることがわかった（写8, 9, 10）。

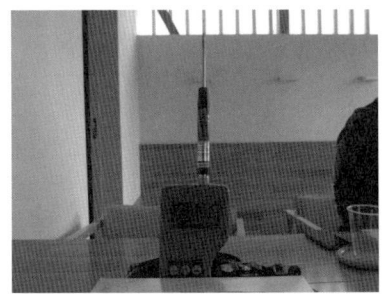

写1　ダイニングにおける風速計測

写2　暖かい風の流入

写3　南寄りの風の場合

写4　東西寄りの風の場合

写5　北寄りの風の場合

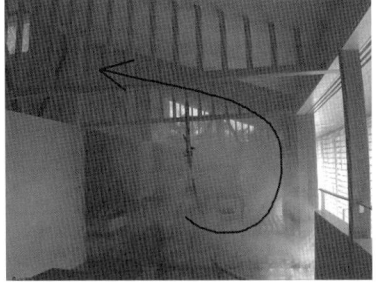

写6　通風塔への空気の循環

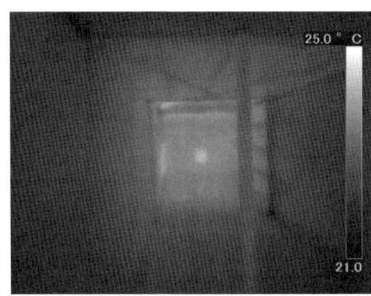

写7　温度差がついている通風塔（サーモ画像）

写8　床面給気口からの風

写9　床面給気口からの風の計測

写10　床面給気口では縁側下の日陰から冷えた空気が入ってくる（サーモ画像）

住まい方 4

LCCM住宅デモンストレーション棟の光環境の実際
前 真之＋中川あや

　LCCM住宅デモンストレーション棟は大開口を有することで，日射熱を豊富に取り入れ，冬季の暖房負荷の低減を目指している。一方，過剰な日射は室内の光環境を悪化させるリスクがあるため，適切な視環境を維持するには，慎重な設計が求められる。その工夫と効果を検証する。

冬は直射日光を取り入れ，明るさと暖かさを

　冬に室内に入ってくる日射は，暖かく心地よい。冬においては，日射を積極的に取り入れ，十分な明るさを確保することが想定されている。

　晴れの日，「ダイレクトゲインモード」にすると，南面の大窓から直射日光が差し込んでくる。また，冬は朝日や夕日も南寄りであるため，日射がある時は常にたくさんの光が室内に差し込んでくる。建物の形が南北に短く，室内の奥の方まで光が届くため，居室が全体的にとても明るくなるように感じられる。一方で，曇りや雨の日射のない日には，「暖房モード」としてすべての南面の窓にハニカムスクリーンが下ろされる。しかし，半透明の白い素材のため，障子のようにある程度光を通し，暗いとは感じない程度である。

　このように冬においては，天気の変化を敏感に感じ，また影によって時間の変化を刻々と感じられるような空間となっていた。

夏は直射日光を遮り，明るさだけを

　夏は暑い直射日光はなるべく取り入れたくないが，明るさはほしい。夏の昼間には，南面の庇とルーバーによって直射日光はカットされ，室内にはまったく入ってこない。

　実際に光環境を調べてみてわかったことが2点ある。一つは，ルーバーによって直射日光がうまく拡散されていることである。窓際に寄ってもまぶしく感じないくらいに直射日光を遮りつつ，反射光を室内に拡散させている。そしてそれは，居室の北側の方まで十分な明るさを得るのに足りているのである。

　もう一つは，晴れの日も曇りの日も，居室の明るさ感がほとんど変わらないということである。屋外においては，晴れと曇りでは明るさにかなり差が出るが，ルーバーによって晴れの日の直射日光は遮り，曇りの日にも屋外の明るさは十分に取り入れることで，室内は天気にあまり左右されない，安定した光環境となっていたといえる。

　このように夏においては，冬とは逆に，ルーバーによってある程度安定した明るさを確保する，程よく制御された空間であった。

夜間は柔軟に変えられる光環境を

　夜間の人工照明は，住宅においてはそれほど明るさを必要としない時もある。LCCM住宅デモンストレーション棟においては，多灯分散照明方式のタスク照明とアンビエント照明を採用している。

　アンビエント照明は，主に天井や壁からの反射光が室全体を照らす。実験において計測してみると，約50lxの均質な光環境となっていた。光源が見えないため，まぶしいと感じることもない。普通の住宅と比べれば少し暗いようにも感じるが，就寝前の環境としては程よい感じを覚える。タスク照明は食事や勉強，仕事の時など，ある程度の明るさが必要なところを十分に照らす。照明の明るさの調整が利く多灯分散照明は，居住者のライフスタイルに柔軟に対応しやすいであろうことを，実験を通して感じられた。

北側にものびやかな光環境を

　北側のキッチンや洗面室など，通常は薄暗くなりがちな場所にも，印象的な光の状況がつくられていた。壁の入隅部分には，床から天井までスリット状の窓がある。そのおかげで，北側の安定した自然光が取り込まれ，壁と壁が出会うエッジの部分が淡く輝いて，行き止まり感のない，のびやかな光環境がつくられていた。

ダイレクトゲインモード
写1 昼光の制御

ルーバー使用時

ハニカムスクリーン使用時

ルーバーによる光の拡散
写2 ルーバーによる光環境

晴れの日のリビング・ダイニング

曇りの日のリビング・ダイニング

アンビエント照明
写3 人工照明の計測

タスク照明

照度計測風景

写4 縦桟と水平ルーバーによる光の格子

写5 スリットからの光によって，北面の壁を明るくする

151

住まい方 5

LCCM住宅デモンストレーション棟のエネルギー収支の実際
前 真之＋中川あや

　LCCM住宅デモンストレーション棟は，ここまで述べてきたような建物外皮の高断熱・高気密化・建具の調整能力拡充，高効率設備の導入により，暖冷房・給湯・照明の各用途の徹底的な省エネ化が図られており，電力・ガスの消費量が大幅に削減されている。その上で，大容量の太陽光発電設備により発電を行い，住戸内の電力負荷を賄いつつ余剰分を売電することで，大きなCO_2削減効果が得らえるよう計画されている。ここでは各季節の1週間にわたる居住実験の結果に基づき，日々のCO_2発生量と太陽光発電によるCO_2削減効果について検証する。

カーボンマイナスに向けて

　各季節の1週間にわたる居住実験の中で，実際にLCCM住宅デモンストレーション棟で生産・消費されたエネルギー量から，実際のCO_2排出量を算出した結果を示す。実験期間中は燃料電池を稼働させている。CO_2削減効果は，

　燃料電池・調理によるガス消費分＋系統買電分－太陽光発電分

で求められる。

　なお，電力のCO_2排出原単位は 0.561（CO_2-kg/kWh）（環境省公表代替値），都市ガスのCO_2排出原単位は 2.21（CO_2-kg/m³）（東京ガス公表値）として計算を行った。

　グラフを見ると，ほとんどの日においてエネルギー消費に伴うCO_2排出量に対し，太陽光発電によるCO_2償還量が上回っており，全体のCO_2収支はマイナスとなった。居住実験でのCO_2排出量は冬季 -9.1kg/日，夏季 -14.7kg/日，中間期 -5.5kg/日であり，住めば住むほどカーボンマイナスになることが実証されたことになる。

　また，用途別のCO_2排出量の削減に寄与した事柄として，以下のことが挙げられる。

エネルギー負荷の低減
●暖冷房
　建物のモード切替によりエアコンの運転を最低限に抑えられた。
●給湯
　節湯措置によって給湯負荷の低減がなされ，CO_2排出量の低減につながった。特に，夏季には燃料電池の排熱のみで給湯負荷を賄えており，高い効率での運用が可能であった。
●照明
　多灯分散のLED照明によりCO_2排出量が低く抑えられた。
●家電
　省エネルギー家電（テレビ，冷蔵庫，洗濯機など）の採用で，家電によるCO_2排出量も従来と比較して少な目であった。

発電設備によるカーボンマイナス
●太陽光発電
　多い日では約 55kWh/日の発電量があった。
●燃料電池
　コージェネレーションの効果で従来型ガス給湯器に比べ，CO_2排出量の低減が実現された。

　なお，住環境計画研究所の調査によると，2007年の1世帯（4人）当たりのCO_2排出量は約 10.6kg/日である。LCCM住宅デモンストレーション棟（4人）でのCO_2排出量（グラフの値から太陽光売電分を除いた値）は，冬季 11.1kg/日，夏季 8.6kg/日，中間期 6.3kg/日となっており，快適性を損なわずにエネルギー負荷が従来の住宅に比べ減少しており，さらに太陽光発電の大きなCO_2削減効果によりLCCMを実現しているといえる。

　これまでで LCCM 住宅デモンストレーション棟のCO_2削減効果は実証されてきているが，今後も継続して居住実験を続け，より「上手な」住まい方を模索していく予定である。

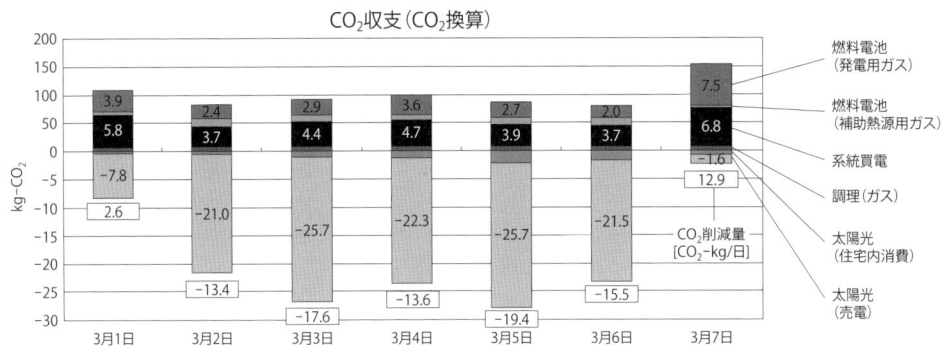

図1 冬季居住実験における CO_2 収支

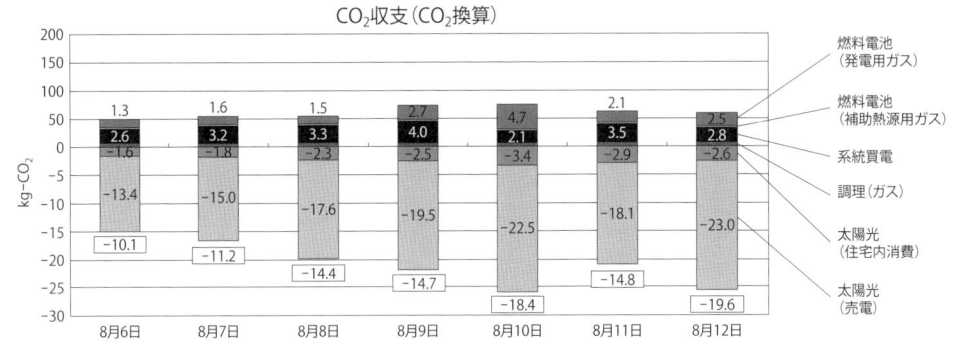

図2 夏季居住実験における CO_2 収支

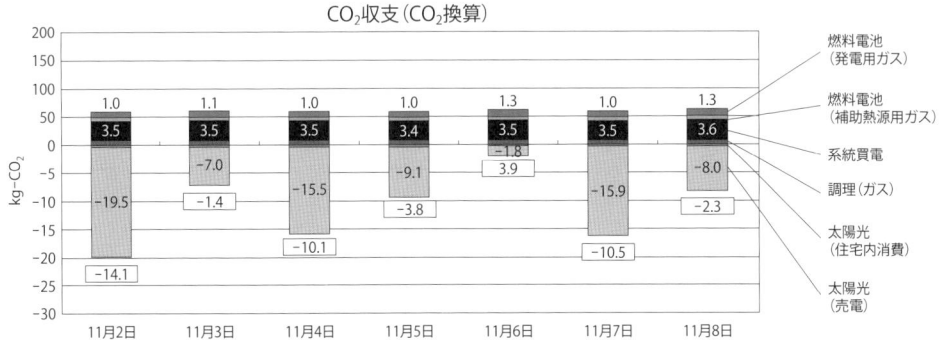

図3 中間期（秋）居住実験における CO_2 収支

[kg-CO_2/（世帯・年）]

年	暖房	冷房	給湯	照明・家電 その他	合計
1970	801	23	437	869	2,130
1975	675	54	744	1,107	2,580
1980	648	30	887	1,099	2,664
1985	732	82	940	1,146	2,899
1990	760	97	929	1,378	3,163
1995	852	120	980	1,521	3,473
2000	931	119	929	1,613	3,591
2001	981	111	922	1,623	3,636
2002	890	120	931	1,773	3,715
2003	889	95	970	1,897	3,851
2004	790	129	937	1,867	3,722
2005	918	121	965	1,884	3,889
2006	837	103	971	1,903	3,814
2007	737	115	970	2,051	3,872

出典：住環境計画研究所推計

表1 世帯当たり用途別 CO_2 排出量の推移（全国）（kg-CO_2/（世帯・年））

住まいのあり方と省エネ

白石靖幸

省エネ行動とは

　LCCM住宅デモンストレーション棟の住まい方も含め，一般に省エネに寄与するような住まい方は，表1に示すように，①住まいや住まい手の工夫により設備機器を使用しない，もしくは使用抑制につながる手法（表1の"建物""居住者"の項目）と，②設備機器の使用を前提とするが，設備機器の操作や選定などにより省エネにつながる手法（表1の"設備"の項目）に分類できる。

　①の「住まい」による工夫としては，主に開口部における光と熱の季節別や昼夜別の制御を意味し，屋外環境が住まい手にとって望ましい状態の場合は，外に対して開き，積極的に光と熱を室内に取り入れ，逆に劣悪な状態では閉じて遮蔽することになる（表1の"建物"の中の"開口部"の項目全般）。LCCM住宅デモンストレーション棟の6つの環境制御モードはこれに対応する。さらに，①の「住まい手」による工夫としては，室内の温熱・光環境が快適となるような住まい手の積極的な行動を意味し，居住空間の共有・変更や着衣の調節などがそれにあたる。LCCM住宅デモンストレーション棟における個々の行為に相応しい場所を，住まい手自らが選択するといった行為もこれに対応する。

　②の設備機器の省エネ手法に関しては，機器ごとの特性を踏まえ，詳細な行為を表中に列挙している。LCCM住宅デモンストレーション棟の省エネ・省CO_2効果の事前推計や居住実験による性能検証でも，これらの行為は考慮されているが，実際の運用段階においては住まい手の工夫や努力により，さらなる省エネが期待できる可能性がある。

住まいの省エネと住まい手の関与

　LCCM住宅デモンストレーション棟の環境計画では，さまざまなパッシブ環境制御が全面的に採用されているため，建物の断熱性能や日射遮蔽性能などの制御の担い手は，住まい手である。すなわち，住まい手が各種物理環境のセンサーとなり，屋内外の環境を感知しつつ，必要に応じて望ましい室内環境となるように，建具の開閉や居住空間の移動を行うことが前提となっている。したがって，住まいや設備のハードとしての性能に加え，設計段階で想定された住まい方の実践によって，さらなる省エネが達成される（図1）。

　一方で想定された住まい方が実践されないと，想定された省エネ効果は得られない可能性もある。LCCM住宅デモンストレーション棟の場合，住まい手が特定されていないため，設計段階における省エネ効果の推計の際には，各種環境制御モードに対応したパターンどおりの住まい方を前提としている。しかし，通常の住宅で同レベルの環境制御を考えた場合，住まい手の負担や制御そのものの複雑さや難しさによって，設計段階で想定された住まい方が運用段階で実践されず，結果として十分な省エネ性能を

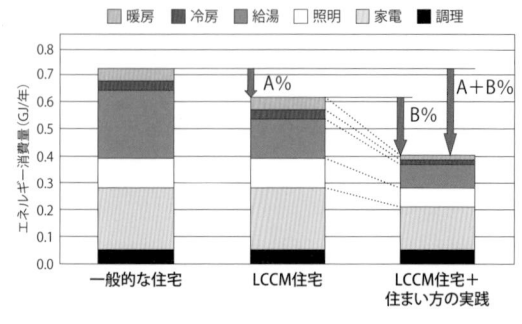

図1　エネルギー消費への住まい方の寄与（イメージ）

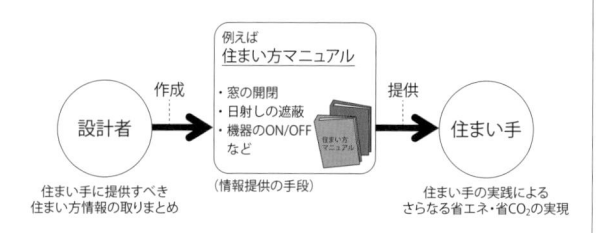

図2　住まい方の情報提供と省エネの実現

表1 省エネに寄与する住まい方・行為リストの例

分類				No	行為	朝	昼	夕	夜	夏季	冬季	通年
建物	開口部	熱	日射 内部遮蔽	1	内部遮蔽による調節(カーテン,ブラインド,ロールスクリーンなど)	○	○	○		○	○	
			日射 外部遮蔽	2	外部遮蔽による調節(ブラインド,すだれ,オーニング等)	○	○	○		○	○	
			外気 室温の低下に寄与	3	卓越風を把握・考慮した開閉パターン	○				○		
				4	間仕切壁,内部建具の移動					○		
				5	窓を開放する(ナイトパージ,夜間冷気の活用)				○	○		
				6	窓を閉める(夜間での蓄冷気利用)		○			○		
			外気 室温低下の防止	7	窓・雨戸を閉めきる(断熱)	○		○	○	○	○	
				8	窓を閉める(昼間の蓄暖気利用)	○			○	○	○	
				9	気密テープなどによる隙間風の防止					○	○	
			外気 体感温度の低下に寄与	10	窓を開け通風の促進	○	○	○		○		
		光	昼光 内部遮蔽	11	内部遮蔽による調節(カーテン,ブラインド,ロールスクリーンなど)	○	○	○				○
			昼光 外部遮蔽	12	外部遮蔽による調節(ブラインド,すだれ,オーニングなど)	○	○	○				○
	躯体			13	夜間に蓄冷して日中の冷房負荷抑制(No.5と連動)	○				○		
				14	昼間に蓄熱して夜間の暖房負荷削減(No.1と連動)		○				○	
	外構			15	樹木の手入れ(日射遮蔽,通風に影響)	○						○
居住者	温熱環境			16	冬季,室内でも厚着をして過ごす	○	○	○	○		○	
				17	夏季,室内で薄着する	○	○	○	○	○		
				18	夏季,うちわや扇子であおぐ	○	○	○	○	○		
				19	打ち水を行う	○		○		○		
				20	冷たい飲物や冷菓をとる		○			○		
				21	日当たりのよい部屋で過ごす		○				○	
				22	家族が同じ部屋で団らんする			○	○			○
	照明			23	家族が同じ部屋で団らんする			○	○			○
				24	日当たりのよい場所で過ごす	○	○					
	その他			25	カーシェアリングを行う	○	○	○				○
				26	雨水利用(樹木の手入れ,散水など)							○
				27	定期報告会への参加							○
				28	在宅時の活動時間を季節によって変更							○
設備	エネルギー消費量表示設備(HEMS)			29	ピークカット機能を利用する							○
				30	エネルギー消費量を把握する							○
	暖冷房機器	エアコン		31	冷房時間,期間を減らす					○		
				32	冷房する部屋の数を減らす					○		
				33	冷房の設定温度を高めにする					○		
				34	暖房時間,期間を減らす						○	
				35	暖房する部屋の数を減らす						○	
				36	暖房の設定温度を低めにする						○	
				37	扇風機を併用する					○		
				38	間仕切を閉め切って冷暖房がよく効くようにする							○
		全般		39	非使用時にプラグを抜く							○
	照明機器			40	照明をこまめに消す							○
				41	1日1時間照明の点灯時間を減らす							○
	給湯・給水関連機器	風呂		42	風呂のお湯の使用量を減らす							○
				43	シャワーを使用する際に節水する							○
				44	入浴後は蓋を閉める							○
				45	給湯温度は控えめに設定する							○
				46	連続して入浴する							○
		洗面		47	歯磨き,洗顔時などに節水をする							○
				48	夏の洗顔,炊事等での水の使用					○		
				49	給湯の設定温度を低くする							○
		電気ポット		50	水量を少なめにする							○
				51	低温で保温する							○
				52	保温時間を短くする							○
		台所		53	冬季以外は皿洗いに湯を使わない							○
	厨房関連機器	冷蔵庫		54	熱いものは常温に冷ましてから入れる							○
				55	物を詰め込みすぎないようにする							○
				56	開閉回数を少なく,開閉時間を短くする							○
				57	放熱面に物を載せないようにする							○
		食洗乾燥機		58	まとめて洗う							○
				59	設定温度を調節する							○
		その他全般		60	非使用時にプラグを抜く							○
	その他家電機器	テレビ		61	使用時間を減らす							○
				62	つけたまま他の用事をしない							○
				63	画面を明るくしすぎないようにする							○
				64	音量を上げすぎないようにする							○
				65	非稼動時に主電源を切る							○
		洗濯機		66	洗濯機を使用する際はまとめ洗いをする							○
				67	風呂の残り湯を洗濯に使いまわす							○
		ドライヤー		68	髪をよく拭いてから使用する							○
		温水洗浄便座		69	季節ごとに温度調節する							○
				70	非使用時に蓋を閉める							○
		全般		71	非使用時にプラグを抜く							○

発揮できないといった状況も考えられる。このため，通常の住宅では，設計段階で設計者が住まい手のニーズ，ライフスタイルの指向などに十分配慮するとともに，運用方法に関する情報提供を住まい手に十分に行い，適切に指導するなどの対応が必要である。現状としては，このような情報提供や住まい方の指導がなされている例は，極めて少ないといえる。

住まい方の情報提供

LCCM住宅のように高度に環境に配慮した住宅の場合，設計段階で想定された環境性能を最大限に発揮するためには，設計意図や環境配慮事項を設計者自ら住まい手に説明するとともに，複雑な環境制御を伴う場合は，情報提供手段として住まい方マニュアル（住まいの取扱説明書）などを準備し，提供するといった対応が考えられる(図2)。一般的な省エネ行為全般に関しては「かしこい住まい方ガイド（(財)省エネルギーセンター発行）」を用いた情報提供も考えられるが，例えば，パッシブ的手法による季節別・昼夜別の対応を要するような環境配慮型の住宅では，専用のマニュアルなどを作成し，住まい手の理解が深められるように十分に配慮すべきである。

情報提供の際には，最低限，以下に示す内容は示した方がよい。
①エネルギー消費量増大の原因，省エネの基本的な考え方（省エネの原理）
②エネルギー消費用途別の対処方法（トレードオフ関係にある住まい方への対応も含む）
③パッシブ手法関連では，季節別，昼夜別，天候別の対処方法
④具体的な手法，技術とその定量的な効果（効果の大小関係程度）

また，情報提供の対象は子供から大人まで幅広く，省エネに対する意識も多様と考えられるため，情報提供はビジュアルかつシンプルな内容とし，住まい手側に十分に配慮することも重要である。

住まい方マニュアルの例

設計者から住まい手への情報提供手段として，住まい方マニュアルの一例を紹介する。図3に示す環境配慮型の集合住宅では，"エコライフマニュアル"と称するマニュアルを作成・配布することによって，住まい手による省エネ行為の実践を促している。マニュアルの例は図4のとおりであるが，集合住宅を対象としているため，一般的な省エネ行為も含む内容となっている。

このマニュアルでは，特に住まい手による省エネ行為の重要性やその定量的効果を示すとともに，自然エネルギーの利用や開口部の開閉などのパッシブ的な行為を優先的に促し，必要に応じて設備機器を適切に使用するといった省エネ行為の優先順位や流れを明確に示すことに，重点が置かれている。またこの集合住宅では，全世帯に同マニュアルの配布・説明を行うとともに，年に1回開催される定期報告会にて，各世帯のマニュアルの活用状況とその効果について意見交換を行うといった，省エネ意識や行為を継続的に促すための取組みも試みられている。

より簡易な情報提供手段の例

住まい方マニュアルでは，住まい方を丁寧に解説すればするほど枚数も多くなり，逆に住まい手にとって煩わしいものとなり，利用頻度が低くなる可能性もある。このため，前述の集合住宅では図4に示すようなパンフレットやより簡易なチェックリスト（A4で1枚程度）を準備し，住まい手のニーズや嗜好に配慮した情報提供を行っている。日常的にはパンフレットやチェックリストを使用し，住まい手が省エネ行為の詳細を把握したい時などにマニュアルを参照するという活用方法も可能である。

HEMSによる省エネ支援

近年，エネルギー消費量の見える化によって省エネを促すツールとして，HEMS（Home Energy Management System）が普及しており，LCCM住宅デモンストレーション棟にも導入されている。最近では，図5に示すように屋内外の環境（温度など）の見える化によって住まい手に窓の開閉を促したり，省エネ行為をアドバイスするシステムも提案されている。これらのシステムを活用すれば，住まい手の負担を軽減しつつ，気づきを与えることによって，適切な住まい方が実践され，さらなる省エネにつながる可能性もある。

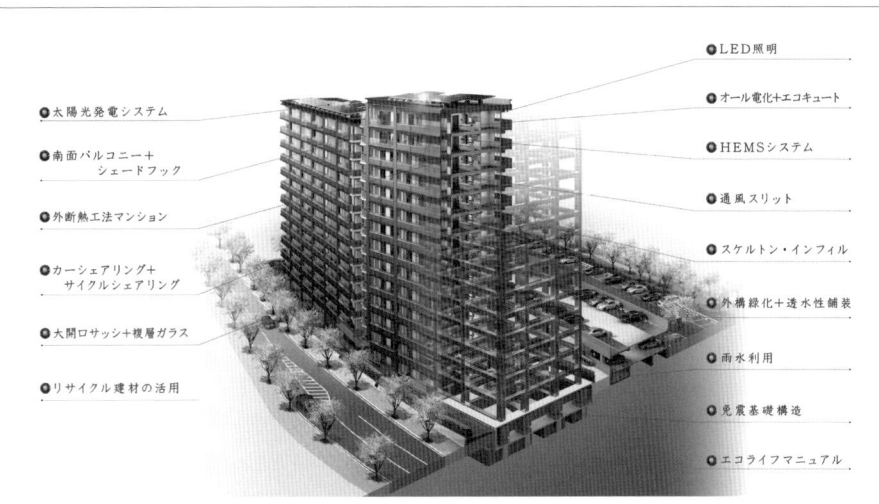

図3 北九州市の環境配慮型集合住宅(平成21年度国土交通省住宅・建築物省CO_2推進モデル事業に採択。北九州市の環境モデル都市先導プロジェクトとして位置付けられている)。図中の"エコライフマニュアル"は，住まい方マニュアルに対応する。

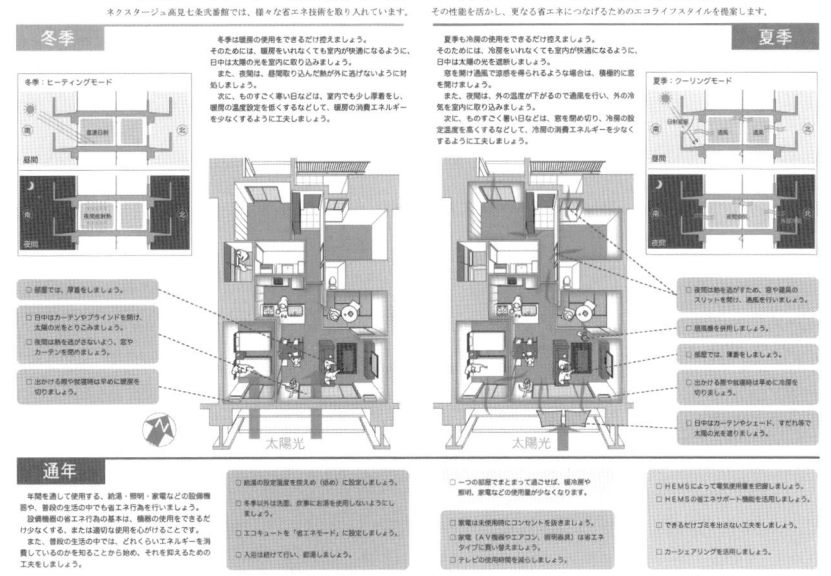

図4 北九州市の環境配慮型集合住宅におけるマニュアル(パンフレット版)の例

1) 環境の見える化

2) 見える化＋アドバイス

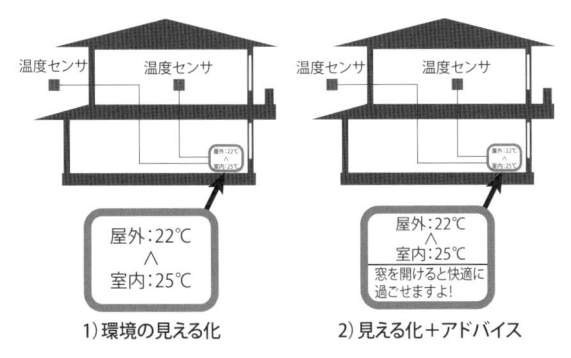

図5 HEMSによる省エネ支援の例

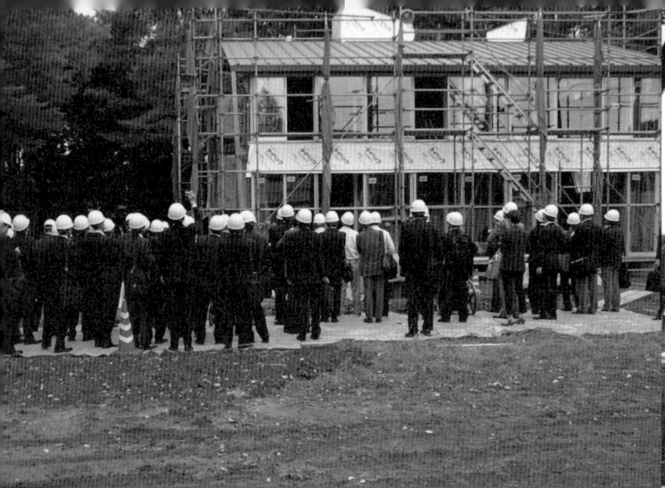
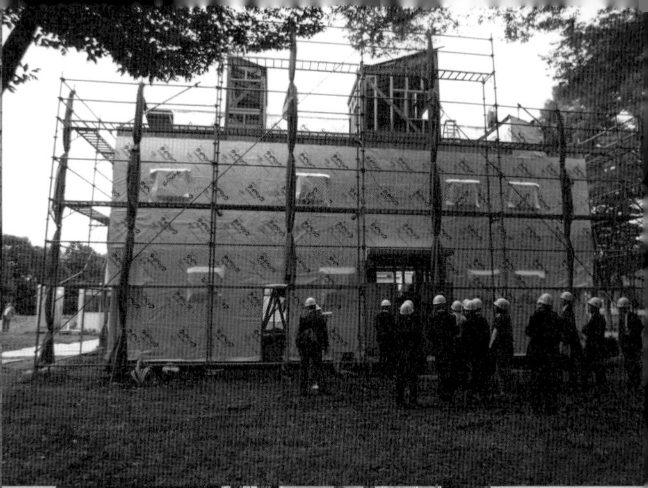
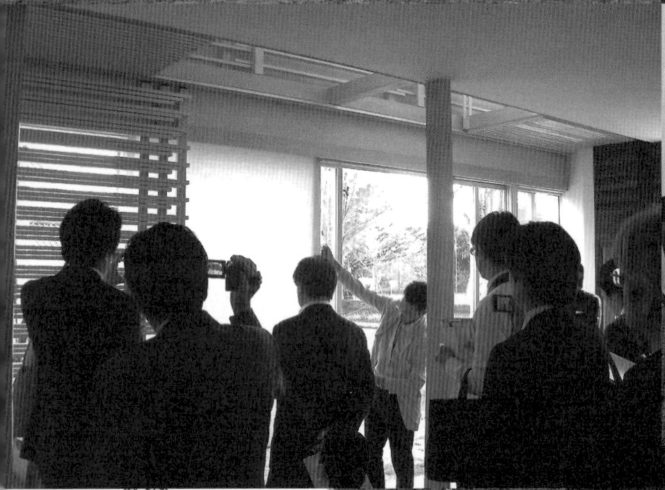
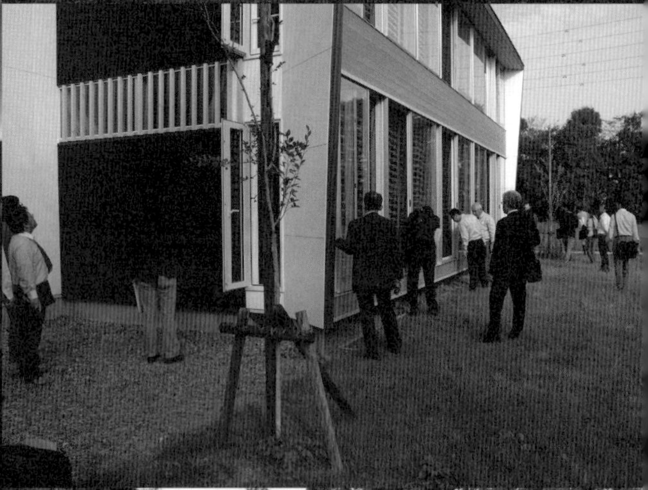
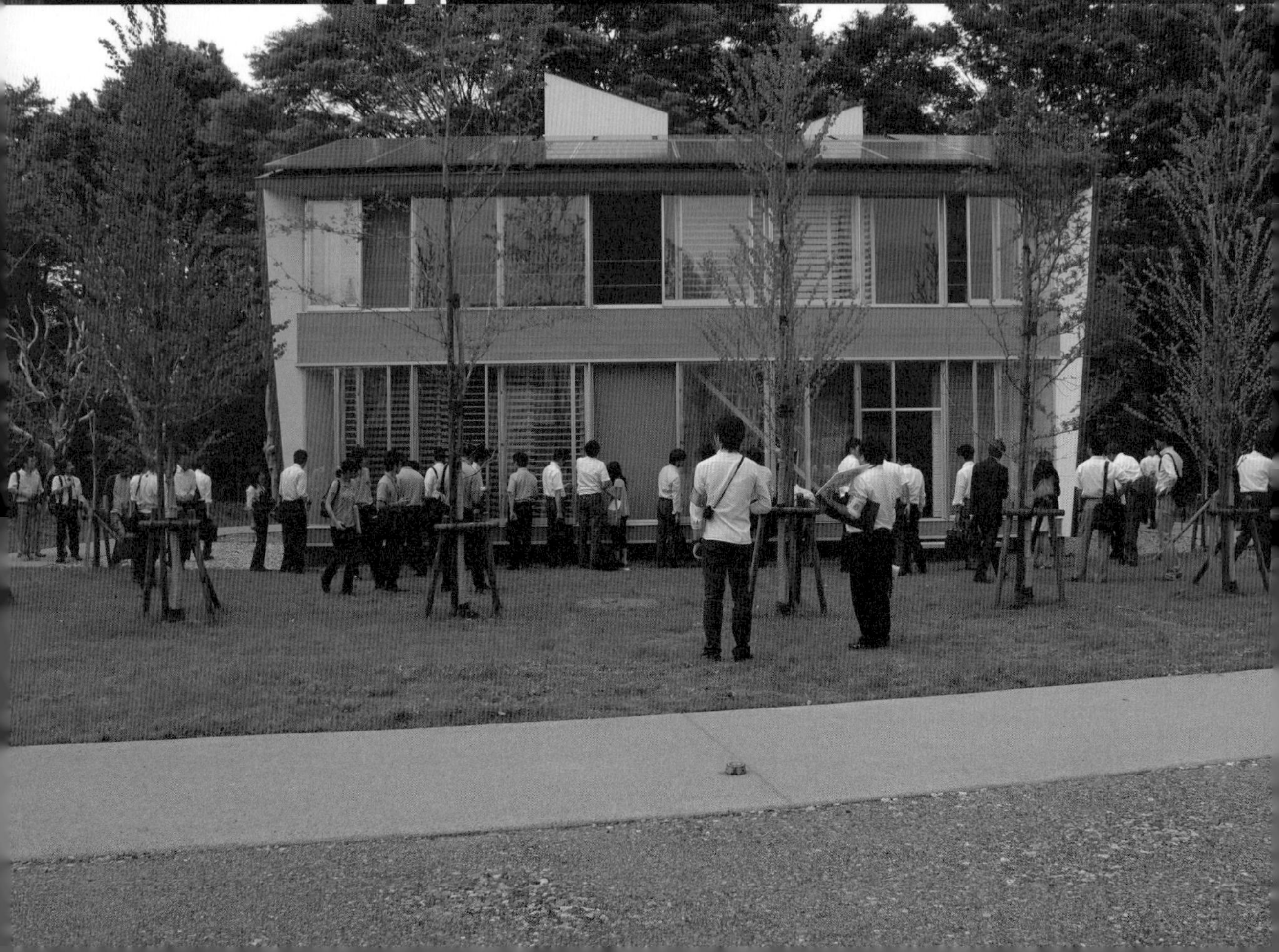

第6章
LCCM住宅の普及に向けて

　20世紀後半，石油などの安価で大量なエネルギーが供給可能になり，暖冷房技術に代表される人工環境技術が急速に普及してきた。それにともなうエネルギー消費の増大は，温室効果ガスの排出量を高め，温暖化などの地球環境負荷の要因として認識されることとなった。わが国の CO_2 排出量の推移をみると，業務用および家庭用のエネルギー消費に起因する民生部門における増加が著しく，地球温暖化対策を進めるうえで，民生部門におけるさらなる努力が不可欠だ。そのため，住宅におけるライフサイクルカーボンマイナス（LCCM）が，今後ますます重要となってきている。ここでは，究極の省 CO_2 住宅である LCCM 住宅の普及促進を図るために始まった LCCM 住宅の認定制度と，諸外国のゼロ CO_2 規制の動向について紹介する。

LCCM認定 1

LCCM住宅の認定

吉野 博＋秋元孝之

　地球温暖化対策が喫緊の課題とされる中，CO_2 排出量の削減が最も重要な課題の一つとなっている。近年，世界各国において，建築分野の CO_2 削減の方策のひとつとして，ゼロカーボン建築（Zero Carbon Building：ZCB），カーボンニュートラル建築（Carbon Neutral Building：CNB），ゼロエネルギー建築（Zero Energy Building：ZEB），ゼロエネルギー住宅（Zero Energy House：ZEH），などが提唱され，いくつもの活動が行われつつある。日本国内でも民生部門におけるエネルギー消費量が増加しているなかで，住宅分野についても低炭素化の取組みを一層強化することが求められている。このため，住宅の省エネルギーをさらに一歩進め，住宅の長い寿命の中で，建設時，運用時，修繕・更新・解体時においてできるだけ省 CO_2 に取組み，さらに太陽光発電などを利用した再生可能エネルギーの創出により，住宅建設段階の CO_2 排出量も含め，生涯での CO_2 の収支をマイナスにするライフサイクルカーボンマイナス（LCCM）が今後ますます重要となってきた。こうした状況から，財団法人 建築環境・省エネルギー機構は，住宅のライフサイクル全体を通じた CO_2 排出量を低減した，先導的な住宅の開発と普及の促進に寄与することを目的として，建築環境総合性能評価システム CASBEE（Comprehensive Assessment System for Built Environment Efficiency）の評価・認証の枠組みに基づき，「LCCM 住宅認定制度」を 2011 年 12 月からスタートさせた。

日本における LCCM（ライフサイクルカーボンマイナス）住宅認定

　LCCM 住宅の認定は，究極の省 CO_2 住宅である，LCCM 住宅の普及促進を図るためのものである。LCCM 住宅は，設計思想，生産思想のパラダイムシフトである。ライフサイクルにおける CO_2 収支をマイナスにするということは，すなわち，建設段階の CO_2 排出量（プラス値）を，運用段階の CO_2 償還量（創エネによるマイナス量）が上回る関係とならなければならない。これを実現するためには，最先端の技術を組み合わせることが必要となり，その評価も複雑となるので，専門的な判断が必要である。そこで，認定制度によって LCCM 住宅の信頼性を確保することが重要となる。LCCM 住宅に対し，第三者による客観的評価を与え，これを認定し公表することで，住宅の「建設」「修繕・更新・解体」「運用」のライフサイクルを通じた CO_2 排出量を低減した住宅の開発と普及を促進することができる。

　LCCM 住宅認定制度の対象となる住宅は，特定の一棟の新築一戸建専用住宅である。ここで新築と定義される住宅は，竣工後 3 年以内のものである。LCCM 住宅認定制度における認定の種類には，下記に示す個別認定，部分型式認定，部分型式個別認定がある。

①個別認定
　特定の一棟の住宅を評価した結果を認定するもの。
②部分型式認定
　特定しない複数の住宅に共通する取組みがなされる場合，その共通した多数の取組みに該当する採点項目の評価結果を認定するもの。
③部分型式個別認定
　部分型式認定を受けた共通の取組みを行っている住宅において，特定の一棟で個別に評価した結果を認定するもの。

　LCCM 住宅として認定される住宅の評価には，LCCM 住宅☆☆☆☆☆および LCCM 住宅☆☆☆☆の二つの種類がある。LCCM 住宅☆☆☆☆☆および LCCM 住宅☆☆☆☆の認定基準は，まず CASBEE 戸建評価認証制度に基づき認証された環境効率ランクが A または S である必要がある。そのうえで，ライフサイクル CO_2 ランクが☆☆☆☆☆のものが LCCM 住宅☆☆☆☆☆であり，ライフサイクル CO_2 ランクが☆☆☆☆のものが LCCM 住宅☆☆☆☆である。表1 に，LCCM 住宅として認定される住宅の評価を示す。LCCM 住

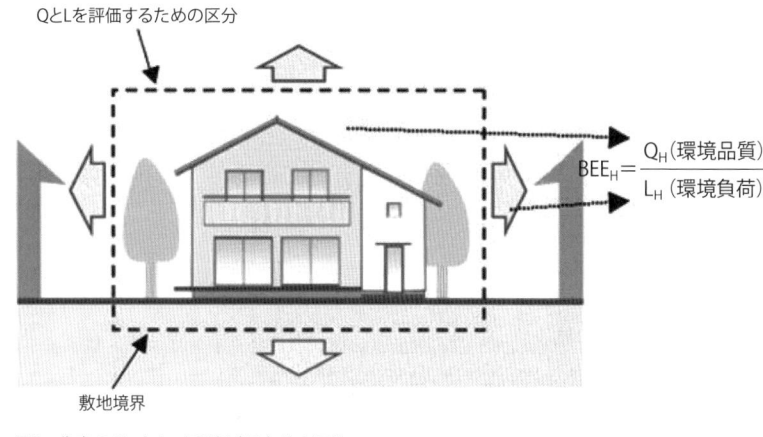

図2 住宅の Q_H と L_H を評価するための区分

$$BEE_H = \frac{Q_H(環境品質)}{L_H(環境負荷)}$$

環境品質・性能（Q）が高いことを評価する

Q1 室内環境を快適・健康・安心にする
Q2 長く使い続ける
Q3 まちなみ・生態系を豊かにする

環境負荷（L）を低減する取り組みを（LR）[※]で評価する

LR1 エネルギーと水を大切に使う
LR2 資源を大切に使いゴミを減らす
LR3 地球・地域・周辺環境に配慮する
※LRは環境負荷低減性と呼び Load Reduction の略

図1 LCCM 住宅認定のロゴマーク

図3 QとLの3つの評価の分野

評価のランク	CO_2 排出率（CASBEE 戸建—新築 標準計算で設定）	難易度
1）LCCM 住宅☆☆☆☆☆	排出率 0%以下（緑☆☆☆☆☆）	高い
2）LCCM 住宅☆☆☆☆	排出率 50%以下（緑☆☆☆☆）	やや高い

表1 LCCM住宅として認定される住宅の評価

として認定を受けた住宅は，その旨を表示することができる。図1に，LCCM 住宅認定のロゴマークを示す。

CASBEE 戸建評価認証制度は，CASBEE 戸建評価員が後述する建築環境総合性能評価システム「CASBEE 戸建-新築」を用いて評価した結果を基に，財団法人建築環境・省エネルギー機構が第三者として的確・妥当であるかを審査し，確認するものである。「CASBEE 戸建-新築」は，戸建住宅の環境性能を評価し，見える化するためのシステムであり，住宅が実現する快適性や周辺環境，まちなみ，景観などへの貢献といった環境性能や省エネ，省資源，リサイクルなどの環境負荷の面などを総合的に評価格付けするツールである。

戸建住宅用の建築環境総合性能評価システム「CASBEE 戸建―新築」

戸建住宅は，日本にある住宅の中で約半分を占め，毎年約 50 万戸が建設されている。これらがよりよい住環境を提供し，長く使われ，省エネルギーや省資源

に配慮されていれば，日本全体の環境負荷を大きく削減することができ，また，日本全体の住生活の質を向上させることができる。CASBEE 戸建 - 新築のねらいは，このような優良な住宅ストックを日本中に増やすことである。CASBEE 戸建 - 新築では，戸建住宅の総合的な環境性能を戸建住宅自体の環境品質（Quality の "Q"）と，戸建住宅が外部に与える環境負荷（Load の "L"）の 2 つに分けて評価する。図2 に，住宅の Q_H と L_H を評価するための区分を示す。Q と L にはそれぞれ図3 に示す 3 つの評価の分野があり，さらにその中で具体的な取組みを評価することになっている。

それぞれの分野について評価を実施した後に，「環境品質（Q）/ 環境負荷（L）」により戸建住宅の環境効率（BEE）を求め，これに基づき総合的な環境性能の格付け（赤星によるランキング）を行う。このような分野に従って評価するので，CASBEE 戸建 - 新築で総合的な評価が高い住宅とは，「快適・健康・安心（Q1）で長く使い続けられる（Q2）性能が備えられており，エネルギーや水を大切に使い（LR1），建設時や解体時にできるだけゴミを出さない（LR2）ように環境負荷を減らす努力をしており，良好な地域環境形成に役立っている（Q3，LR3）住宅」といえる。CASBEE 戸建 - 新築の評価項目は全 6 分野合わせて 54 項目から構成されており，それぞれの項目について 5 点満点で採点する。この結果を，それぞれの階層ごとに集計することで，どの分野の取組みが優れているか，あるいは劣っているかを確認することができる。採点結果は，さらに Q_H と L_H それぞれで集計され，最終的には 100 点満点の点数に変換される。CASBEE では，Q_H（の点数）が高く，L_H（の点数）が低い建築物が高い評価を得るようになっており，この関係を次に示す比率，環境効率（BEE_H 値）に置き換えて評価する。この値が高いか低いかで，環境に対する総合的な評価を行う仕組みとなっている。

CASBEE 戸建 - 新築の環境効率　$BEE_H = Q_H/L_H$

　BEE_H：すまいの環境効率（Building Environmental Efficiency の略）

　Q_H：すまいの環境品質（Quality の略）

　L_H：すまいの環境負荷（Load の略）

H の添え字は Home の略で，「すまい」の評価結果であることを表している。

さらに，BEE_H 値の増加に対応して，戸建住宅は「赤★★★★★（S ランク）」から「赤★（C ランク）」の 5 段階にランク付けされる。それぞれのランクは，表2 に示す評価の表現に対応する。各ランクは基本的に BEE_H の傾きによって決まるが，S ランクのみは Q_H のスコアに対して足切り点（50 点以上）を設けている。表 2 に CASBEE 戸建 - 新築における BEE_H に基づくランク，図4 に BEE_H を用いたランク付けの例を示す。

さらに CASBEE 戸建 - 新築では，評価項目を採点すると，BEE_H に加え，地球温暖化防止性能としてライフサイクル CO_2 排出量の目安が算定される。これは全 54 の採点項目のうち，住宅の寿命や省エネルギーに係わる採点結果を参照して自動的に算定するもので，一般的な戸建住宅のライフサイクル CO_2 排出量（参照値）に対する割合（排出率）の大小に応じて，取組みの高さを評価するものである。排出率の大小に応じて，「緑☆☆☆☆☆」から「緑☆」までの 5 段階にランク付けされる。表3 に CASBEE 戸建 - 新築におけるライフサイクル CO_2 排出率によるランク，図5 にライフサイクル CO_2 排出率によるランク付けの例を示す。

LCCM住宅, 省エネルギー住宅を取り巻く状況

LCCM 住宅として認定されるということは，CASBEE 戸建評価認証における環境効率が高く，CO_2 排出率が極めて少ないということである。CASBEE 戸建―新築の使い方としては図6 があるが，LCCM 住宅はその最上級の評価結果として考えてよい。

LCCM 住宅の考え方は，国土交通省の先導的な省エネ住宅・建築物に対する支援事業である「住宅・建築物省 CO_2 先導事業」で取り上げられているが，現時点では LCCM 住宅であることに対しての減税や補助はない。しかしながら，税制優遇のある省エネルギー住宅認定制度や省エネルギー法改正といった検討中の省エネルギー住宅普及政策と連動していく可能性もある。また，カーボンクレジットの取引などが，住宅におけるライフサイクル CO_2 の考え方として一般的になれば，LCCM 住宅の価値は一層高まるだろう。

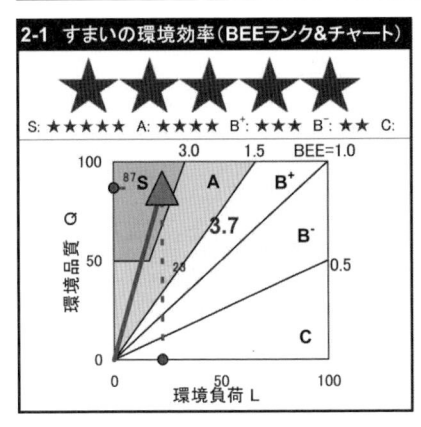

図4 CASBEE 戸建 - 新築における BEE_H を用いたランク付けの例

ランク	評価	BEE_H 値	ランク表示
S	Excellent 素晴らしい	BEE_H=3.0 以上	赤★★★★★
A	Very Good 大変良い	BEE_H=1.5 以上～3.0 未満	赤★★★★
B+	Good 良い	BEE_H=1.0 以上～1.5 未満	赤★★★
B-	Fairy Poor やや劣る	BEE_H=0.5 以上～1.0 未満	赤★★
C	Poor 劣る	BEE_H=0.5 未満	赤★

表2 CASBEE 戸建 - 新築における BEE_H に基づくランク

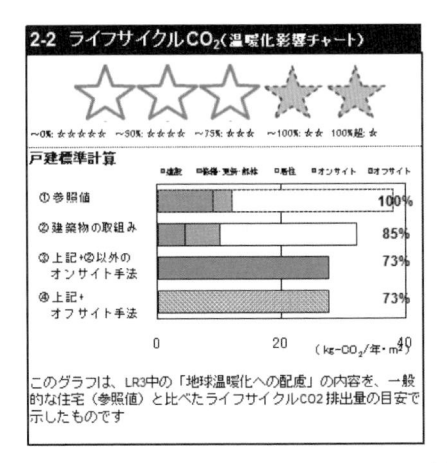

図5 CASBEE 戸建 - 新築における BEE ランクとライフサイクル CO_2 の表示例

排出率	低炭素化にかかわる性能水準のイメージ	ランク表示
0%以下	≒規模の大きい太陽光発電の導入などにより達成できるレベル。例：LCCM 住宅	緑☆☆☆☆☆
50%以下	≒建物や設備の省エネ，高耐久などにおおむね取り組み，一般的規模の太陽光発電を設置するレベル	緑☆☆☆☆
75%以下	≒建物や設備の省エネ，高耐久などの積極的な取組で達成できるレベル	緑☆☆☆
100%以下	≒現在の一般的なレベルの住宅	緑☆☆
100%を超える	非省エネ住宅	緑☆

表3 CASBEE 戸建 - 新築におけるライフサイクル CO_2 排出率によるランク

---

①新築における環境配慮設計ツール
②施主・設計・施工などのコミュニケーションツール
③環境ラベリングツール
④居住者に環境配慮型の住まい方を伝える啓発ツール

図6 CASBEE 戸建一新築の使い方

諸外国のゼロCO_2規制の動向

吉野 博＋秋元孝之

CO_2削減を目指すアイディア

　CO_2削減を目指した住宅，建築の考え方としてはゼロカーボン，カーボンニュートラルがある。ゼロカーボンとは，①建物の熱負荷，エネルギー需要を最小限にし，②そのうえで必要となるエネルギーをオンサイト手法（敷地内の手法）における再生可能エネルギーでまかない，③さらに不足する場合にオフサイト手法（敷地外の手法）の再生可能エネルギーで賄うという考え方である。

　一方のカーボンニュートラルは，ゼロカーボンと同様に負荷を最小限にし，再生可能エネルギーを利用するという考え方であるが，さらに森林地などにおける炭素固定やグリーン電力の購入など，オフサイト手法のCO_2削減の工夫によるオフセットを含むこととされる。現在は，建物運用段階のCO_2排出量のみがゼロカーボン，カーボンニュートラルの対象として検討されることが多いが，実際には建物の建設時や改修，さらには廃棄時におけるCO_2排出量も考慮すべきであり，CASBEEにおけるライフサイクルCO_2排出量の評価はこの考え方に則ったものである。

英国におけるCSH
(the Code for Sustainable Homes)

　英国では，2007年の政策レポートにおいて2016年以降，すべての新築住宅はゼロカーボンとすることを提案している。英国建築研究所BREのEcoHomes（BREEAM：the Building Research Establishment Environmental Assessment Methodの住宅評価版）をベースとして開発されたCSHは，住宅の環境性能向上，エネルギー性能向上を目指したプログラムであり，2007年4月から英国の新築住宅のサステナビリティを評価するために適用されている評価基準である。住宅の性能は1つ星から6つ星の範囲で格付けされる。最高レベル6がゼロエネルギー住宅（Net Zero Energy House）であり，またゼロカーボン住宅のレベルである。2008年5月から，新築住宅はCSHによる評価を受けることが義務化されている。CSHでは9つの評価カテゴリーについて評価するが，このうちゼロカーボンに関連する項目であるエネルギー/CO_2排出量と水の2つのカテゴリーのみにレベル別の基準が設けられている。その他のカテゴリーは最低要件のみ，もしくは加点要素の扱いである。表1にCSHにおける9つの評価カテゴリー，表2にエネルギー/CO_2排出量と水の2カテゴリーのレベル別基準を示す。

　CSHにおけるゼロカーボン住宅の具体的な条件は，住宅で使用するすべての運用段階のCO_2排出量がゼロもしくはそれ以下の住宅である。暖冷房，給湯，換気，照明，調理，その他のすべての家電機器によるエネルギー消費に伴うCO_2排出量が含まれる。この際，オンサイト手法による再生可能エネルギーは計算に含めるが，オフサイト手法による再生可能エネルギーについては，専用の系統が用意されていて直接供給される場合のみに計上できる。図1にCSHの評価証書の例，写1にBRE敷地内のInnovation Parkに建設されたCSHレベル6を実現する住宅の例（左：Kingspan Lighthouse，右：Barrat Green House）を示す。

米国におけるカーボンニュートラルとLEED
(Leadership in Energy & Environmental Design)

　米国では，非営利組織のArchitecture 2030によって，2006年から実施されている「2030 Challenge」という全国市長会や米国建築学会（AIA），米国グリーンビル評議会（USGBC），米国冷凍空調学会（ASHRAE），などの多くの組織，団体を巻き込んだ活動がある。すべての新築建物における化石燃料の削減量を増やす目標を掲げており，2030年には建物運用段階において化石燃料を使用せず，温室効果ガスを排出しないカーボンニュートラル化を実現することを目指している。さまざまなグループが協調しており，米国においてカーボンニュートラル化が急速に進むことが予想される。

　USGBCによって開発され運用されている，建物の環境性能評価システムであるLEEDは広く知られ

ているが，CO_2 排出量の評価に重点を置くなどのカーボンニュートラル化を睨んだ改訂が進みつつあるようだ。この戸建住宅評価のための LEED for Homes についても，同様の見直しが考えられる。すべての LEED 認定建物は，エネルギー消費量の実績値の報告が必要となるとの発表も行われており，今後実質的なカーボンニュートラル化との連動が実現するであろう。

【参考文献】
横尾昇剛：諸外国における新築建築物のゼロ CO_2 規制，IBEC 2009 年 11 月号，No.175，Vol.30-4，財団法人建築環境・省エネルギー機構

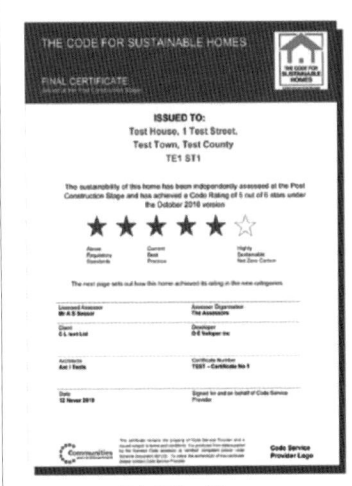

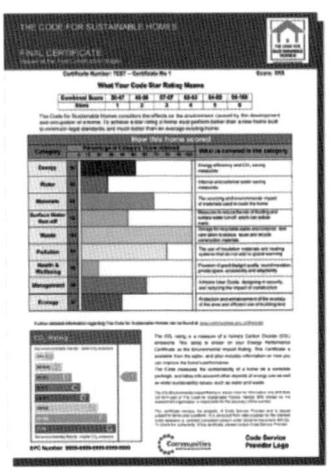

図1 CSH の評価証書の例

写1 CSH レベル 6 を実現する住宅の例（左：Kingspan Lighthouse，右：Barrat Green House）

注：エネルギー／CO_2 基準については，
レベル 5 は暖冷房・給湯・換気・照明・調理に関してゼロエミッション
レベル 6 はその他のエネルギーも含めて住宅で使用するすべての運用段階の CO_2 排出量に関してゼロエミッション

カテゴリー	基準など
エネルギー／CO_2 排出量	6 レベルごとに基準あり
水	
材料	最低要件のみ
地表水管理	
廃棄物	
空気汚染	加点要素
健康	
維持管理	
環境性	

表1 CSH における 9 つの評価カテゴリー

カテゴリー	エネルギー／CO_2		水		
レベル	基準（2006年建築基準に比して削減率：%）	得点	基準（l/人・日）	得点	その他に必要とする加点
1 (★)	10	1.2	120	1.5	33.3
2 (★★)	18	3.5	120	1.5	43.0
3 (★★★)	25	5.8	105	4.5	46.7
4 (★★★★)	44	9.4	105	4.5	54.1
5 (★★★★★)	100	16.4	80	7.5	60.1
6 (★★★★★★)	Net Zero Energy House	17.6	80	7.5	64.9

表2 CSH におけるエネルギー／CO_2 排出量と水の 2 カテゴリーのレベル別基準

あとがき

　LCCM 住宅研究開発委員会が発足してから，ほぼ3年がたった。建築物の環境への負荷を考えれば，ライフサイクルでの CO_2 収支をマイナスにすることを考えなければならない。でも，本当にそんなことができるのか。環境工学・構法・材料・計画・意匠などの各分野の研究者を交えたディスカッションが始まり，検証と普及を目的としたデモンストレーション棟を建設することとなった。研究的なスタンスのシミュレーションや計算と，実地の設計作業とが同時並行するプロセスである。また，多くの関係者によるさまざまな角度からの提案を，ひとつの設計案に収斂させるのは容易ではない。約1年半という期間で実現できたのは，奇跡的ともいえる。この場を借りて，研究開発・設計建設に関わった関係各位に感謝したい。

　いざ，ライフサイクルで建築を捉え直すと，さまざまなことを考えさせられた。たとえば，日射遮蔽のためのルーバーは温熱環境的には外付けが望ましいが，その場合，素材は耐久性を考えるとアルミニウムとなり，製造に関わる CO_2 は跳ね上がる。果たして，木製ルーバーで内付けとしたときと比較すると，トータルでどちらが有利なのか……。

　かつて，ODA で，ある発展途上国の工事現場に赴任した監督から，資源が貴重であるゆえに，型枠に用いた釘を1本1本引き抜いて，曲がっているものを直し，再度別の場所に使うという話を聞いたことがある。また，オーストラリアをベースに気候風土を活かした住宅作品をつくるグレン・マーカットにインタビューをしたとき，彼がクライアントの経済学者から "Less material, more labor." であるべきだといわれ，納まりのために素材をふかすことを戒められたとのエ

ピソードを聞いた。私たちが手間暇を惜しむことで，知らず知らずに環境負荷を増大させているという実態が浮かび上がってくる。あらためて，建築をつくるときの姿勢を見つめ直さねばならないのではないか……（そこで手間を惜しむまいと思い直し，労の多い設計プロセスを乗り切ったのだが）。

　そこで，LCCM住宅デモンストレーション棟の設計・建設を通して行われた広範な議論を記録し，これからの建築のあり方を考える手がかりとしていただきたい，というねらいで本書をまとめることとした。もちろんその議論は，デモンストレーション棟という個別の住宅建築のためのものであるが，その内容は住宅だけでなく，建築全般にあてはまる普遍性を有する事項である。個別の概念や要素技術もさることながら，建築関係者としての姿勢を読み取っていただければ，幸いである。

　最後に，ここで建設されたデモンストレーション棟は，あくまでLCCMの技術検証と概念普及のための建物（住宅）である。決してモデル棟として，この建物がそのまま広まることを想定しているものではない。地域性や敷地条件，コスト条件，ライフスタイルなどによって，違った装いとなってしかるべきである。要素技術の組み合わせ方もさまざまだろうし，その結果としての住まいの形もいろいろあり得るだろう。エンドユーザーや住宅に関わる専門家が，それぞれのスタイルで，究極のエコハウスともいえるLCCM住宅を追求・実現していくことが期待される。

小泉雅生

LCCM住宅研究・開発委員会

- 委員長　村上周三　建築研究所理事長

幹事会
- 幹事長　村上周三　建築研究所理事長
- 幹事長補佐　清家　剛　東京大学大学院准教授

先導技術・開発委員会

LCCO₂部会
- 部会長　伊香賀俊治　慶應義塾大学教授
- 部会長補佐　本藤祐樹　横浜国立大学准教授

環境設備部会
- 部会長　桑沢保夫　建築研究所上席研究員
- 部会長補佐　前　真之　東京大学大学院准教授

実証実験WG
- 主査　桑沢保夫　建築研究所上席研究員

構法技術部会
- 部会長　清家　剛　東京大学大学院准教授
- 部会長補佐　兼松　学　東京理科大学准教授
- 部会長補佐　名取　発　東洋大学准教授

事例収集WG
- 主査　清家　剛　東京大学大学院准教授

普及技術・開発委員会
- 委員長　清家　剛　東京大学大学院准教授
- 幹事　秋元孝之　芝浦工業大学教授
- 幹事　白石靖幸　北九州市立大学准教授

LCCM住宅設計部会
- 部会長　小泉雅生　首都大学東京大学院教授
- 部会長補佐　村田　涼　東京工業大学大学院助教

LCCMマニュアル作成WG
すまい方検討WG
- 主査　白石靖幸　北九州市立大学准教授

LCCM住宅認定委員会
- 委員長　吉野　博　東北大学大学院教授
- 幹事　清家　剛　東京大学大学院准教授
- 幹事　秋元孝之　芝浦工業大学教授

LCCM住宅基準認定WG
LCCM住宅認定審査部会

委員会組織図

執筆者略歴

村上周三
Shuzo Murakami

1942年生まれ
1965年　東京大学工学部建築学科 卒業
1967年　東京大学大学院工学系研究科建築学専攻修士課程 修了
1972年　博士（工学）（東京大学より取得）
1968年　東京大学生産技術研究所助手
講師，助教授を経て
1985～2001年　東京大学生産技術研究所教授
1999年　デンマーク工科大学客員教授
2001～08年　慶應義塾大学理工学部教授
2006～09年　中国同済大学顧問教授
2003年　東京大学名誉教授
2008年　独立行政法人建築研究所理事長（現職）
2008年　慶應義塾大学大学院 SDM 研究科特別研究教授（現特任教授）

公的活動
2002年～10年　国土交通省 中央建築士審査会 会長
2003年～　（財）建築環境・省エネルギー機構理事長
2003年～　建築・住宅国際機構会長
2004～09年　国土交通省社会資本整備審議会部会長
2005～11年　日本学術会議議員
2011年～　日本学術会議連携会員

学会活動
2005年11月～　A Foreign Member of KAST (The Korean Academy of Science and Technology)
2005～07年　日本建築学会会長
2002～04年　空気調和・衛生工学会会長
1996～2000年　日本風工学会会長
1998～1999年　日本数値流体力学会会長
2000～01年　日本流体力学会会長

主な著書
「CFDによる建築・都市の環境設計工学」
東京大学出版会, 2000年
「CASBEE 住まい「戸建」入門」（共著）
建築技術, 2007年
「教室の環境と学習効率」（共著）
建築資料研究社, 2007年
「サステナブル生命建築」（共著）
共立出版, 2006年
「ヴァナキュラー建築の居住環境性能」
慶應義塾大学出版会, 2008年
「低炭素社会におけるエネルギーマネジメント」（共著）慶應義塾大学出版会, 2010年

主な受賞
1989年　日本建築学会賞（論文部門）
「建築・都市環境工学に関する一連の研究」
1975～2007年　空気調和・衛生工学会賞（計15回）
1998年　アメリカ暖房冷凍空調学会（ASHRAE）ベストペーパー賞（CROSBY FIELD AWARD）
2001年　アメリカ暖房冷凍空調学会（ASHRAE）ASHRAE Fellow Award
2002年　SCANVAC the John Rydberg Gold Medal
2004年　平成15年度日本風工学会学会賞（功績賞）
2007年　SB07-SEOUL Award of Excellency in Research
2007年　世界風工学会（IAWE）ALAN G. DAVENPORT MEDAL

秋元孝之
Takashi Akimoto
1963 年生まれ
1986 年　早稲田大学理工学部建築学科卒業
1988 年　同大学院理工学研究科修士課程修了
1988〜93，95〜99 年　清水建設（株）
1993〜95 年　米国カリフォルニア大学バークレー校環境計画研究所
1999〜2004 年　関東学院大学工学部建築設備工学科 助教授
2004〜07 年　同大学教授
2007 年　芝浦工業大学工学部建築工学科教授
現在に至る
博士（工学），一級建築士

主な著書
「サステイナブルハウジング」（監修）
東洋経済新報社，2003 年
「CASBEE 入門」（共著）日経 BP 社，2004 年
「床吹出し空調 Q & A 104 の質問」（共著）
理工図書，2006 年
「建築環境工学 熱環境と空気環境」（共著）
朝倉書店，2009 年
「健康維持増進住宅のすすめ」（共著）
大成出版社，2009 年
「最新 建築設備工学（改訂版）」（共著）
井上書院，2010 年

主な受賞
2002 年　日本建築学会奨励賞
2007 年，2010 年　空気調和・衛生工学会学会賞技術賞

伊香賀俊治
Toshiharu Ikaga
1959 年生まれ
1981 年　早稲田大学理工学部建築学科卒業
1983 年　同大学院理工学研究科修士課程修了
1983〜98，2000〜05 年　（株）日建設計
1998〜2000 年　東京大学助教授
2000 年　博士（工学）
2006 年　慶應義塾大学理工学部システムデザイン工学科教授
現在に至る

主な著書
「建物の LCA 指針」丸善，1999 年
「地球環境建築のすすめ」彰国社，2002 年
「CASBEE すまい［戸建］入門」（共著）
建築技術，2007 年
「健康維持増進住宅のすすめ」（共著）
大成出版社，2009 年
「建築と知的生産性」テツアドー出版，2010 年
「熱中症」へるす出版，2011 年

主な受賞
2004 年　空気調和・衛生工学会功労賞受賞
2010 年　日本 LCA 学会功績賞
2011 年　計測自動制御学会論文賞

伊藤教子
Noriko Ito
1973 年生まれ
1996 年　東京女子大学文理学部英米文学科卒業
2000 年　東京理科大学工学 II 部建築学科卒業
2002 年　工学院大学大学院工学研究科建築学専攻修士課程修了
2008〜10 年　関東学院大学工学部建築学科非常勤講師
1997 年　ZO 設計室
現在　同社室長，首都大学東京都市環境学科研究室博士後期課程，東海大学工学部建築学科非常勤講師

主な著書
「建築設備入門」（共著）オーム社，2008 年
「考え方進め方建築設備設計」（共著）オーム社，2009 年
「建築環境設備ハンドブック」（共著）オーム社，2009 年

主な受賞
2002 年　山崎賞（工学院大学大学院）

柿沼整三
Seizo Kakinuma
1950 年生まれ
1977 年　工学院大学工学専攻科建築学専攻修了
1977〜81 年　同大学中島研究室研究主任
1981 年　ZO 設計室設立
現在　同社代表取締役，東京理科大学非常勤講師

主な著書
「わかる建築設備」オーム社，2001 年
「建築断熱の考え方」オーム社，2004 年
「木造住宅納まり詳細図集」（共著）
エクスナレッジ，2008 年
「建築環境設備ハンドブック」（共著）オーム社，2009 年
「図解建築設備用語集」（共著）東洋書店，2010 年
「世界で一番やさしいエコ住宅」
エクスナレッジ，2011 年
「世界で一番幸福な国ブータン」（共著）
エクスナレッジ，2012 年

門脇耕三
Kozo Kadowaki
1977 年生まれ
2000 年　東京都立大学工学部建築学科卒業
2001 年　同大学院工学研究科建築学専攻修士課程修了
2001 年　同大学院工学研究科助手
2005 年　首都大学東京都市環境学部助手
2007 年　同大学助教
2011 年　博士（工学）
現在に至る

主な著書
「建築系学生のための卒業設計の進め方」（共著）
井上書院，2007 年
「長く暮らすためのマンションの選び方・育て方」（共著）彰国社，2008 年
「団地をリファインしよう。」（共著）住宅新報社，2009 年

金子尚志
Naoshi Kaneko
1967 年生まれ
1992 年　東洋大学工学部建築学科卒業
2003 年　神戸芸術工科大学大学院修士課程修了
1992〜2001 年　西松建設（株）建築設計部
2003 年　神戸芸術工科大学芸術工学研究所特別研究員
2006 年　（株）エステック計画研究所
現在　同社取締役，東京造形大学非常勤講師，明星大学非常勤講師

主な著書
「資源・エネルギーと建築」（共著）彰国社，2004 年
「建築環境設備ハンドブック」（共著）オーム社，2009 年
「建築デザイン用語辞典」（共著）井上書院，2009 年
「設計のための建築環境学―みつける・つくるバイオクライマティックデザイン」（共著）彰国社，2011 年

主な受賞
2010 年　グッドデザイン賞
2011 年　ソーラーエネルギー住宅デザインコンペティション佳作
2012 年　財団法人建築環境・省エネルギー機構奨励賞

兼松 学
Manabu Kanematsu
1972 年生まれ
1996 年　東京大学工学部建築学科卒業
1998 年　同大学院工学系研究科建築学専攻修士課程修了
1999 年　同大学院工学系研究科助手
2006 年　東京理科大学工学部建築学科講師
2009 年　同大学理工学部建築学科准教授
2011 年　米国カリフォルニア大学バークレー校客員研究員
現在に至る
博士（工学）

主な著書
「建築工事標準仕様書 JASS5」（共著）
日本建築学会，2009 年
「ベーシック建築材料」（共著）彰国社，2010 年
「建築材料活用事典」（共著）産業調査会，2007 年
「これからの建築仕上げ」（共著）
テツアドー出版，2009 年
「ディテール別冊 マテリアル・デザイン」（共著）
彰国社，2008 年

主な受賞
2009 年セメント協会論文賞
2009 年 JCI 論文奨励賞

川鍋亜衣子
Aiko Kawanabe
1973 年生まれ
1996 年　日本女子大学家政学部住居学科卒業
1999 年　東京大学大学院工学系研究科建築学専攻修士課程修了
2003 年　同大学院博士課程修了，博士（工学）
2003 年　秋田県立大学木材高度加工研究所流動研究員
2005 年　同大学木材高度加工研究所講師
2007 年　同大学准教授
現在に至る

主な著書
「地震に強い［木造住宅］マニュアル」（共著）
エクスナレッジ，2003 年

桑沢保夫
Yasuo Kuwasawa
1963 年生まれ
1992 年　東京大学大学院工学系研究科博士課程建築学専攻修了
1993 年　同大学助手
1998 年　建設省建築研究所　第五研究部主任研究員
2001 年　国土交通省国土技術政策総合研究所建築研究部主任研究官
2004 年　同環境設備基準研究室室長
2006 年　独立行政法人建築研究所環境研究グループ上席研究員
現在に至る
博士（工学）

主な著書
「シックハウス事典」（共著）日本建築学会，2001 年
「自立循環型住宅への設計ガイドライン」（共著）財団法人建築環境・省エネルギー機構，2005 年
「室内温熱環境測定規準・同解説」（共著）日本建築学会，2008 年
「住宅事業建築主の判断の基準におけるエネルギー消費量計算方法の解説」（共著）財団法人建築環境・省エネルギー機構，2009 年
「自立循環型住宅への設計ガイドライン蒸暑地版」（共著）財団法人建築環境・省エネルギー機構，2010 年
「既存住宅の省エネ改修ガイドライン」（共著）財団法人建築環境・省エネルギー機構，2010 年
「シックハウス対策マニュアル」（共著）日本建築学会，2010 年

主な受賞
2004 年　国土技術開発賞（共同開発）

小泉雅生
Masao Koizumi
1963 年生まれ
1986 年　東京大学工学部建築学科卒業
1986 年　同大学院在学中にシーラカンスを共同設立
1988 年　同大学院工学系研究科建築学専攻修士課程修了
1998 年　（株）シーラカンス・アンド・アソシエイツに改組，代表取締役
2001 年　東京都立大学大学院助教授
2005 年　小泉アトリエ設立
2010 年　首都大学東京大学院都市環境科学研究科建築学域教授
現在に至る
博士（工学）

主な著書
「ハウジング・フィジックス・デザイン・スタディーズ」INAX 出版，2008 年
「環境のイエ」学芸出版社，2010 年
「住宅の空間原論」（共著）彰国社，2011 年

主な受賞
2007 年　日本建築学会作品選奨
2008 年　日本建築士会連合会賞奨励賞
2008 年　JIA 環境建築賞優秀賞

腰原幹雄
Mikio Koshihara
1968 年生まれ
1994 年　東京大学大学院修士課程修了
1994 〜 2000 年　構造設計集団〈SDG〉
2001 年　東京大学大学院博士課程修了，博士（工学）
2001 年　同大学院助手
2005 年　同大学生産技術研究所助教授
現在　同大学生産技術研究所准教授

主な受賞
2010 年　土木学会デザイン賞最優秀賞

斉藤雅也
Masaya Saito
1970 年生まれ
1994 年　武蔵工業大学工学部建築学科卒業
1996 年　同大学院工学研究科建築学専攻博士前期課程修了
1999 年　同大学院工学研究科建築学専攻博士後期課程満期退学
1999 年　武蔵工業大学大学院工学研究科客員研究員
2000 年　博士（工学）
2000 年　実践女子大学生活科学部非常勤講師
2001 年　札幌市立高等専門学校インダストリアル・デザイン学科専任講師
2003 年　コーネル大学客員研究員（文部科学省在外研究員）
2007 年　札幌市立大学デザイン学部専任講師
2011 年　同大学准教授
現在に至る

主な著書
「設計のための建築環境学—みつける・つくるバイオクライマティックデザイン」（共著）彰国社，2011 年
「エクセルギーと環境の理論—流れ・循環のデザインとは何か 改訂版」（共著），井上書院，2010 年
「北方型住宅の熱環境計画 2010」（共著）社団法人北海道建築技術協会，2010 年

篠崎正彦
Masahiko Shinozaki
1968 年生まれ
1997 年　東京大学大学院工学系研究科建築学専攻修了
1997 〜 98 年　JICA 派遣専門家（在ベトナム・ホイアン）
1998 年　昭和女子大学短期大学部講師
2006 年　東洋大学工学部助教授
現在　東洋大学理工学部建築学科准教授
博士（工学）

主な著書
「環境行動のデータファイル—空間デザインの道具箱」（共著）彰国社，2003 年
「第 2 版コンパクト設計資料集成〈住居〉」（共著）丸善，2006 年

白石靖幸
Yasuyuki Shiraishi
1970 年生まれ
1997 年　早稲田大学大学院理工学研究科修士課程修了
1998 年　東京大学大学院工学系研究科博士課程中退
1998 年　東京大学生産技術研究所助手
2002 年　博士（工学）
2002 年　北九州市立大学国際環境工学部講師
2005 年　同大学助教授
2008 年　東京大学生産技術研究所研究員
2011 年　九州大学芸術工学部非常勤講師
現在　北九州市立大学国際環境工学部准教授

主な著書
「建築環境工学実験用教材 改訂版」（共著）丸善，2010 年

主な受賞
2001 年　日本風工学会研究奨励賞受賞

清家 剛
Tsuyoshi Seike
1964 年生まれ
1987 年　東京大学工学部建築学科卒業
1989 年　同大学院工学系研究科建築学専攻修了
1991 年　同大学助手
1999 年　東京大学大学院新領域創成科学研究科助教授
現在　同大学院准教授

主な著書
「カーテンウォールってなんだろう」（共著）日本カーテンウォール工業会，1995 年
「図解事典 建築のしくみ」（共著）彰国社，2001 年
「東京の環境を考える」（共著）朝倉書店，2002 年
「サステイナブルハウジング」（共同監修）東洋経済新報社，2003 年

高瀬幸造
Kozo Takase
1983 年生まれ
2007 年　東京大学工学部建築学科卒業
2009 年　同大学院工学系研究科建築学専攻修士課程修了
2012 年　同大学院博士課程修了，博士（工学）
2007 〜 12 年　同前研究室大学院生
現在　東京大学前研究室特任研究員

主な受賞
2011 年　サステナブル住宅賞，財団法人建築環境・省エネルギー機構理事長賞

唐木研介
Kensuke Toki
1981 年生まれ
2005 年　東京理科大学理工学部建築学科卒業
2005 〜 06 年　東京大学工学部社会基盤学科景観研究室
2006 〜 07 年　株式会社ワークヴィジョンズ
2007 年　小泉アトリエ
現在に至る

主な受賞
2009 年　グッドデザイン賞

中川あや
Aya Nakagawa
1988 年生まれ
2011 年　東京大学工学部建築学科卒業
2013 年　同大学院工学系研究科建築学専攻
現在に至る

中村芳樹
Yoshiki Nakamura
1956 年生まれ
1986 年　東京工業大学大学院修士課程修了
1986 年　同大学助手
1993 年　東京工業大学准教授
現在に至る

主な著書
「建築環境のデザインと設備」（共著）
市ヶ谷出版社，2011 年

主な受賞
2002 年　照明学会論文賞

深澤たまき
Tamaki Fukazawa
1981 年生まれ
2003 年　東京都立大学工学部建築学科卒業
2005 年　同大学工学研究科建築学専攻修士課程修了
2008 年　首都大学東京工学研究科建築学専攻博士課程修了，博士（工学）
2005 〜 08 年　首都大学東京 21 世紀 COE プログラムリサーチアシスタント
2008 〜 09 年　同大学都市学部建築学科特任助教
2009 〜 11 年　神奈川大学工学部建築学科特別助手

主な著書
「BIOCLIMATIC HOUSING INNOVATIVE DESIGNS FOR WARM CLIMATES」（共著）
Earthscan/James & James LTD，2007 年
「ハウジング・フィジックス・デザイン・スタディーズ」（共著）INAX 出版，2008 年
「設計のための建築環境学―みつける・つくるバイオクライマティックデザイン」（共著）
彰国社，2011 年

前 真之
Masayuki Mae
1975 年生まれ
1998 年　東京大学工学部建築学科卒業
2003 年　同大学院工学系研究科建築学専攻博士課程終了，博士（工学）
2003 年　日本学術振興会特別研究員
2004 年　独立行政法人建築研究所　研究員
2004 年　東京大学大学院東京電力寄付講座客員助教授
2008 年　東京大学大学院工学系研究科建築学専攻准教授
現在に至る

主な著書
「節電・創エネ住宅がわかる」（共著）日経 BP，2011 年

松下 進
Sususmu Matsushita
1966 年生まれ
1990 年　京都大学大学院工学研究科建築学第二専攻修了
1990 〜 99 年　大手照明メーカーにて照明設計に従事
2006 〜 10 年　東京都市大学建築学科非常勤講師
2000 年　松下進建築・照明設計室設立
現在に至る

主な著書
「図解入門よくわかる最新照明の基本と仕組み」
秀和システム，2008 年

主な受賞
2002 年　照明学会照明デザイン奨励賞

三木保弘
Yasuhiro Miki
1970 年生まれ
1993 年　千葉大学工学部建築学科卒業
1995 年　同大学工学研究科建築学専攻修士課程修了
1998 年　同大学院自然科学研究科環境科学専攻博士後期課程修了，博士（工学）
2000 年　旧建設省建築研究所研究員
2001 年　国土交通省国土技術政策総合研究所住宅研究部住環境計画研究室主任研究官
現在に至る

主な著書
「光と色の環境デザイン」（共著）オーム社，2001 年
「自立循環型住宅への設計ガイドライン」（共著）
財団法人建築環境・省エネルギー機構，2005年

村田 涼
Ryo Murata
1973 年生まれ
1999 年　東京工業大学大学院理工学研究科建築学専攻修了
1999 〜 2008 年　エステック計画研究所
2006 〜 2007 年　村田靖夫建築研究室
2006 年　秋田県立大学特別講師
2008 年　東京工業大学大学院理工学研究科建築学専攻助教
現在に至る

主な著書
「自立循環型住宅への設計ガイドライン」（共著）
財団法人建築環境・省エネルギー機構，2005年
「現代住居コンセプション」（共著）INAX 出版，2005 年
「INVISIBLE FLOW 省エネルギー建築ガイド」（共著）財団法人建築環境・省エネルギー機構，2001 年

主な受賞
2005 年　グッドデザイン賞

吉野 博
Hiroshi Yoshino
1948 年生まれ
1971 年　横浜国立大学工学部建築学科卒業
1973 年　東京大学大学院工学系研究科修士課程修了
1974 年　同大学院工学系研究科博士課程中退
1976 年　博士（工学）
1974 年　同助手（東京大学生産技術研究所・計測技術開発センター）
1978 年　東北大学工学部建築学科助教授
1988 〜 89 年　米国カリフォルニア大学・ローレンスバークレー研究所留学
1992 年　東北大学工学部建築学科教授
1997 〜 2012 年　同大学院工学研究科都市・建築学専攻教授
現在に至る

主な著書
「建築環境学 1」丸善，1992 年
「日本建築学会叢書 4 省エネ住宅とスマートライフでストップ地球温暖化」日本建築学会，2006 年
「シックハウス症候群を防ぐには―長期に亘る実態調査をふまえて」東北大学出版会，2011 年

主な受賞
1992 年　日本建築学会賞（論文）
2005 年　空気調和・衛生工学会学術論文部門論文賞
2007 年　Contributing to the award of the Nobel Peace Prize for 2007 to the IPCC ［IPCC (Intergovernmental Panel on Climate Change) 気候変動に関する政府間パネル］

編集協力：小林絵理（小泉アトリエ）

LCCM住宅の設計手法
デモンストレーション棟を事例として

発行	2012年3月30日
編者	LCCM住宅研究・開発委員会
発行者	橋戸幹彦
発行所	株式会社建築技術
	〒101-0061
	東京都千代田区三崎町3-10-4千代田ビル
	TEL03-3222-5951　FAX03-3222-5957
	http://www.k-gijutsu.co.jp
	振替口座 00100-7-72417
造本・DTP組版	有限会社ペーパー・スタジオ
印刷・製本	三報社印刷株式会社

落丁・乱丁本はお取り替えいたします。
ISBN978-4-7677-0133-2
ⓒ LCCM住宅研究・開発委員会　2012,
Printed in Japan